Basiswissen Sozialwirtschaft und Sozialmanagement

Reihe herausgegeben von

Klaus Grunwald, Duale Hochschule BW Stuttgart, Stuttgart, Baden-Württemberg, Deutschland

Ludger Kolhoff, Fakultät Soziale Arbeit, Ostfalia Hochschule, Wolfenbüttel, Niedersachsen, Deutschland

Die Lehrbuchreihe „Basiswissen Sozialwirtschaft und Sozialmanagement" vermittelt zentrale Inhalte zum Themenfeld Sozialwirtschaft und Sozialmanagement in verständlicher, didaktisch sorgfältig aufbereiteter und kompakter Form. In sich abgeschlossene, thematisch fokussierte Lehrbücher stellen die verschiedenen Themen theoretisch fundiert und kritisch reflektiert dar. Vermittelt werden sowohl Grundlagen aus relevanten wissenschaftlichen (Teil-)Disziplinen als auch methodische Zugänge zu Herausforderungen der Sozialwirtschaft im Allgemeinen und sozialwirtschaftlicher Unternehmen im Besonderen. Die Bände richten sich an Studierende und Fachkräfte der Sozialen Arbeit, der Sozialwirtschaft und des Sozialmanagements. Sie sollen nicht nur in der Lehre (insbesondere der Vor- und Nachbereitung von Seminarveranstaltungen), sondern auch in der individuellen bzw. selbstständigen Beschäftigung mit relevanten sozialwirtschaftlichen Fragestellungen eine gute Unterstützung im Lernprozess von Studierenden sowie in der Weiterbildung von Fach- und Führungskräften bieten.

Beiratsmitglieder
Holger Backhaus-Maul
Philosophische Fakultät III
Universität Halle-Wittenberg
Halle (Saale), Sachsen-Anhalt
Deutschland

Waltraud Grillitsch
Fachhochschule Kärnten
Feldkirchen, Österreich

Andreas Langer
Department Soziale Arbeit
HAW Hamburg
Hamburg, Deutschland

Peter Zängl
Hochschule für Soziale Arbeit
Fachhochschule Nordwestschweiz
Olten, Schweiz

Marlies Fröse
Evangelische Hochschule Dresden
Dresden, Sachsen, Deutschland

Andreas Laib
Fachbereich Soziale Arbeit
Fachhochschule St. Gallen
St. Gallen, Schweiz

Wolf-Rainer Wendt
Stuttgart, Baden-Württemberg
Deutschland

Weitere Bände in der Reihe http://www.springer.com/series/15473

Waltraud Grillitsch · Monika Sagmeister

Projektmanagement in Organisationen der Sozialwirtschaft

Eine Einführung

Waltraud Grillitsch
Fachhochschule Kärnten
Feldkirchen in Kärnten
Kärnten, Österreich

Monika Sagmeister
Duale Hochschule Baden-Württemberg
Stuttgart, Deutschland

ISSN 2569-6009 ISSN 2569-6017 (electronic)
Basiswissen Sozialwirtschaft und Sozialmanagement
ISBN 978-3-658-33944-9 ISBN 978-3-658-33945-6 (eBook)
https://doi.org/10.1007/978-3-658-33945-6

Die Deutsche Nationalbibliothek verzeichnet diese Publikation in der Deutschen Nationalbibliografie; detaillierte bibliografische Daten sind im Internet über http://dnb.d-nb.de abrufbar.

© Springer Fachmedien Wiesbaden GmbH, ein Teil von Springer Nature 2021
Das Werk einschließlich aller seiner Teile ist urheberrechtlich geschützt. Jede Verwertung, die nicht ausdrücklich vom Urheberrechtsgesetz zugelassen ist, bedarf der vorherigen Zustimmung des Verlags. Das gilt insbesondere für Vervielfältigungen, Bearbeitungen, Übersetzungen, Mikroverfilmungen und die Einspeicherung und Verarbeitung in elektronischen Systemen.
Die Wiedergabe von allgemein beschreibenden Bezeichnungen, Marken, Unternehmensnamen etc. in diesem Werk bedeutet nicht, dass diese frei durch jedermann benutzt werden dürfen. Die Berechtigung zur Benutzung unterliegt, auch ohne gesonderten Hinweis hierzu, den Regeln des Markenrechts. Die Rechte des jeweiligen Zeicheninhabers sind zu beachten.
Der Verlag, die Autoren und die Herausgeber gehen davon aus, dass die Angaben und Informationen in diesem Werk zum Zeitpunkt der Veröffentlichung vollständig und korrekt sind. Weder der Verlag, noch die Autoren oder die Herausgeber übernehmen, ausdrücklich oder implizit, Gewähr für den Inhalt des Werkes, etwaige Fehler oder Äußerungen. Der Verlag bleibt im Hinblick auf geografische Zuordnungen und Gebietsbezeichnungen in veröffentlichten Karten und Institutionsadressen neutral.

Planung/Lektorat: Stefanie Laux
Springer VS ist ein Imprint der eingetragenen Gesellschaft Springer Fachmedien Wiesbaden GmbH und ist ein Teil von Springer Nature.
Die Anschrift der Gesellschaft ist: Abraham-Lincoln-Str. 46, 65189 Wiesbaden, Germany

Inhaltsverzeichnis

1	**Einleitung**	1
2	**Grundlagen Projekt und Projektmanagement**	7
2.1	„Projekt" und „Projektmanagement" definieren	8
2.2	Anwendungsfelder ausloten	10
2.3	Ziele abstecken	10
2.4	Projektablauf überblicken	14
2.5	Projekte organisatorisch einbetten	15
2.6	Anwendungsbeispiel – Zentrum für Kindheit und Jugend e. V.	18
2.7	Fragen und Musterlösungen zu Grundlagen der Projektarbeit	22
	Literatur	25
3	**Projektleitung und Projektteam**	27
3.1	Teamzusammenarbeit und Teamleitung etablieren	28
3.2	Rollen und Zuständigkeiten im Projekt festlegen	32
3.3	Teamentwicklung mitgestalten	35
3.4	Projekte erfolgreich begleiten	39
3.5	Multiprojektmanagement meistern	42
3.6	Anwendungsbeispiel: Projekte des Zentrums für Kindheit und Jugend e. V.	44
3.7	Fragen und Musterlösung zu den Projekten des Zentrums für Kindheit und Jugend e. V.	46
	Literatur	51

4	**Projektstart und Projektauftrag**	53
4.1	Projektauftrag klären	54
4.2	Projektziele konkretisieren	59
4.3	Projektumfeldanalyse vornehmen	62
4.4	Projektstärken und -schwächen sowie Chancen und Risiken analysieren	66
4.5	Projektrisikomanagement installieren	68
4.6	Anwendungsbeispiel der Neugestaltung des Freizeitpädagogischen Angebotes	74
4.7	Fragen und Musterlösung zum Projekt Freizeitpädagogisches Angebot	78
	Literatur	87
5	**Projektplanung und Projektkonzept**	89
5.1	Planungsgrößen in Projekten berücksichtigen	90
5.2	Methoden der Aufgaben- und Ablaufplanung anwenden	90
5.3	Methoden der Ressourcenplanung kennenlernen	95
5.4	Projekte finanzieren	98
5.5	Planungstools zusammenfassen	99
5.6	Anwendungsbeispiel der Einführung des Qualitätsmanagements	100
5.7	Fragen und Musterlösungen zu Grundlagen der Projektarbeit	102
	Literatur	105
6	**Projektdurchführung**	107
6.1	Planungen umsetzen	108
6.2	Projektinformationsmanagement etablieren	109
6.3	Projekte steuern und Projektcontrolling vornehmen	111
6.4	Abweichungen bearbeiten und Änderungsmanagement vornehmen	115
6.5	Individuelle Kompetenzen und organisationales Lernen in Projekten fördern	118
6.6	Eine Jubiläumsfeier zum 100jähren Bestehen wird durchgeführt	120
6.7	Fragen und Musterlösungen zur Jubiläumsfeier	121
	Literatur	124

7	**Projektabschluss**	127
	7.1 Projekte systematisch abschließen	128
	7.2 Projekte inhaltlich finalisieren	130
	7.3 Projektergebnisse dokumentieren	134
	7.4 Projektergebnisse präsentieren	139
	7.5 Evaluationsinstrumente einsetzen	142
	7.6 Die Beispielprojekte des Zentrums für Kindheit und Jugend e. V. abschließen	145
	7.7 Fragen und Musterlösungen zum Abschluss der Beispielprojekte	147
	Literatur	161
8	**Projektreview**	163
	8.1 Projektmanagementprozesse reflektieren und verbessern	164
	8.2 Projektwissen sichern	168
	8.3 Erkenntnisse für Folgeprojekte nutzen	169
	8.4 Projekte personell und sozial abrunden	173
	8.5 Nachträgliche Projektprüfung meistern und Dokumentation für Folgeprojekte sichern	175
	8.6 Anwendungsbeispiel Jubiläumsfeier und Freizeitpädagogisches Angebot	178
	8.7 Fragen und Musterlösungen zur Phase des Projektreview der beiden Projekte	180
	Literatur	189
9	**Besonderheiten des agilen Projektmanagements**	191
	9.1 Projekte agil und anpassungsfähig gestalten	192
	9.2 Projektstart und Projektauftrag klären	197
	9.3 Projektplanung und Projektkonzept agil gestalten	203
	9.4 Projektdurchführung methodisch begleiten	207
	9.5 Projektabschluss und Projektreview laufend integrieren	213
	9.6 Digitale Tools zur Unterstützung einsetzen	214
	9.7 Anwendungsbeispiel: Agilität der Projekte des Zentrums für Kindheit und Jugend e. V	215
	9.8 Fragen und Musterlösungen zum agilen Projektmanagement im Zentrum für Kindheit und Jugend e. V.	217
	Literatur	223

10 Zusammenfassung und Ausblick	225
Literatur	227

Abbildungsverzeichnis

Abb. 2.1	Magisches Projektdreieck	9
Abb. 2.2	Zusammenhang von Projekt-, Rahmen- und Ergebnisziel	13
Abb. 2.3	Projektablauf	15
Abb. 2.4	Projektteams aus der Linienorganisation bilden	17
Abb. 2.5	Stabs-Projektorganisation	17
Abb. 2.6	Reine Projektorganisation	18
Abb. 2.7	Organigramm Zentrum für Kindheit und Jugend e. V. im Überblick	21
Abb. 3.1	Prozessmodell des Managements verteilter Teams	37
Abb. 3.2	Prozessmodell der Team- und Gruppenarbeit	40
Abb. 3.3	Phasen des Multiprojektmanagements	43
Abb. 3.4	Hauptamtliche der Organisation, die parallel in der Projektarbeit tätig sind	47
Abb. 4.1	Phase des Projektstarts als Teilprozess des Projektmanagements	55
Abb. 4.2	Zusammenhang zwischen Organisations- und Projektzielen	60
Abb. 4.3	Exemplarisches Formular zur Zielgruppenanalyse	66
Abb. 4.4	Aufbau einer SWOT-Analyse	66
Abb. 4.5	SWOT-Normstrategien	69
Abb. 4.6	Schritte des Risikomanagements	70
Abb. 4.7	Links: Beispiel zur Definition von Eintrittswahrscheinlichkeit und Schadensklassen. Rechts: Beispiel einer Risikomatrix	74
Abb. 4.8	Organigramm des Projektteams „Freizeitpädagogisches Angebot"	76

Abb. 4.9	Musterlösung zur SWOT-Analyse	86
Abb. 4.10	Beispielhafte SWOT-Normstrategien für die „Action- und Sportwoche"	86
Abb. 5.1	Projektplanung verortet im Gesamtablauf	91
Abb. 5.2	Zusammenhang von Teilaufgaben und Arbeitspakten	92
Abb. 5.3	Muster einer Arbeitspaketbeschreibung	92
Abb. 5.4	Projektstrukturplan – Arbeitspakete in zeitlicher Reihenfolge	93
Abb. 5.5	Projektbalkenplan „schriftliche Arbeit"	94
Abb. 5.6	Funktionendiagramm: Darstellen von Verantwortlichkeiten	95
Abb. 5.7	Personalaufwandsplanung	96
Abb. 5.8	Gesamtkostenplan	98
Abb. 5.9	Beteiligte des Projektteams „Qualitätszirkel"	101
Abb. 5.10	Musterlösung zum Projektbalkenplan	101
Abb. 6.1	Projektdurchführung verortet im Gesamtablauf	109
Abb. 6.2	Projektbalkenplan Soll-Ist-Vergleich	113
Abb. 6.3	Kreislauf der Projektkontrolle mit Änderungsmanagement	116
Abb. 6.4	Darstellung Projektteam Jubiläumsfeier	120
Abb. 7.1	Projektabschluss verortet im Gesamtablauf	129
Abb. 7.2	Muster eines internen Projektabschlussberichts	138
Abb. 7.3	Schritte zur erfolgreichen Projektpräsentation im Überblick	140
Abb. 7.4	Musterlösung eines Projektabschlussberichtes zum Freizeitpädagogischen Angebot	159
Abb. 8.1	Projektreview verortet im Gesamtablauf	165
Abb. 8.2	Beispiel für einen Feedbackbogen für Projektteammitglieder	174
Abb. 9.1	Projektmanagementphasen im Kontext des agilen Projektmanagements	193
Abb. 9.2	Unterschied von traditionellem und agilem Projektmanagement	195
Abb. 9.3	Schematische Darstellung eines Scrum Taskboards mit Erklärungen	206
Abb. 9.4	Beispiel für ein Kanban-Board mit Erklärungen zur Grafik	207

Abb. 9.5	Bausteine des agilen Projektmanagement	208
Abb. 9.6	Musterbeispiel einer Persona – Evelin, die Erfahrene	217
Abb. 9.7	Musterlösung zur Persona – Anna, die Anfängerin	220

Tabellenverzeichnis

Tab. 2.1	Beispiele für Projekte in der Sozialen Arbeit	11
Tab. 3.1	Unterscheidungsmerkmale zwischen Gruppen- und Teamarbeit	29
Tab. 3.2	Übersicht über verschiedene Teamtypen mit Anwendungsbeispielen	30
Tab. 3.3	Teamentwicklungsphasen	36
Tab. 4.1	Projektauftrag	58
Tab. 4.2	SMARTE Ziele	61
Tab. 4.3	Strategien der Stakeholderkommunikation	64
Tab. 4.4	Die Prozessphasen des Risikomanagements im Überblick	72
Tab. 4.5	Risikobewertungs- und Planungstabelle	74
Tab. 4.6	Beispielhafter Projektauftrag für das Freizeitpädagogische Projekt	80
Tab. 4.7	Musterlösung zur Nutzung der SMART-Formel für die Konkretisierung von Projektzielen	82
Tab. 4.8	Exemplarische Stakeholdermatrix für das Freizeitpädagogische Projekt	83
Tab. 4.9	Musterlösung zur Zielgruppenanalyse	84
Tab. 4.10	Musterlösung mit einer Risikobewertungs- und Planungstabelle	85
Tab. 7.1	Allgemeine Kriterien für die Gestaltung des Berichtswesens	137
Tab. 7.2	Musterlösung zur Gestaltung der Projektdokumentation zur Jubiläumsfeier	153
Tab. 7.3	Musterlösung zur Gestaltung der Projektdokumentation Freizeitpädagogisches Angebot	155

Tab. 9.1	Erster Überblick über wichtige agile Techniken	200
Tab. 9.2	Story Map/Roadmap und Product Backlog/User Story Backlog im Überblick	205
Tab. 9.3	Scrum-Rahmenwerk	209
Tab. 9.4	Wesentliche Unterschiede zwischen Scrum und Kanban	212

Einleitung 1

Soziale Arbeit und Sozialwirtschaft haben permanent mit Projekten zu tun, diese reichen von kleinen Freizeitmaßnahmen bis hin zu komplexen Veränderungsprozessen in der Organisation. Dabei verstehen wir Projekte als Maßnahmen, die zeitlich, sachlich und bezogen auf die zur Verfügung stehenden Ressourcen begrenzt sind (zur genauen, fachlichen Definition von Projekten siehe Kap. 2). Die Soziallandschaft ist sehr unterschiedlich aufgestellt, was den Umgang mit Projekten betrifft. In einigen Organisationen gibt es ausgefeilte Projektmanagementprozesse, in denen durchgängig Projektwerkzeuge eingesetzt werden. In anderen Organisationen dominieren eher pragmatische Herangehensweisen zur Bearbeitung der anstehenden Aufgaben. Meist ist dieser experimentelle Zugang nur bedingt erfolgreich. Eine systematische Herangehensweise führt zur Schonung von Ressourcen und einem professionellen Außenauftritt auf Augenhöhe mit fachfremden Kooperationspartner*innen.

Soziale Organisationen haben meist knappe Ressourcen und einen gewissen Legitimationsdruck, ein Projektvorhaben muss daher Kriterien der Effizienz und Effektivität standhalten. Dies gilt besonders dann, wenn die Projekte drittmittelfinanziert sind. Effizienz bedeutet, dass die Projektziele mit den definierten, meist knappen personellen, zeitlichen und finanziellen Möglichkeiten erreichbar sein müssen, Effektivität hat das erfolgreiche Projektergebnis im Fokus. Durch professionelles Projektmanagement wird der Überblick über die anfallenden Tätigkeiten, die zur Verfügung stehenden Ressourcen, das zu erreichende Ziel und den zeitlichen Rahmen des Vorhabens ermöglicht.

Das vorliegende Werk liefert Grundlagen für Studierende und Praktiker*innen der Sozialen Arbeit, die in der Projektarbeit Fuß fassen und Sicherheit gewinnen wollen. Um dieses Ziel zu erreichen, benötigt man Klarheit darüber, wann sich Projektmanagement als adäquates Arbeitsinstrument eignet. Fachleute müssen daher wissen, wie Projekte definiert und zeitlich strukturiert sind. Im Projektmanagement gibt es bewährte Projektabläufe. Der Aufbau dieses Buches orientiert sich an einem exemplarischen Ablauf von Projekten und führt in häufig anwendbare Projektmanagementwerkzeuge ein. Ein besonderes Anliegen der Autorinnen ist, die menschliche Komponente (Teamarbeit, Projektleitung) zu berücksichtigen und die Lernchancen aufzuzeigen, die Projekte für Individuen, Teams und Organisationen bieten.

Neben der fundierten, theoretischen Herangehensweise ist daher die Fallstudie des „Zentrums für Kindheit und Jugend e. V." ein Kernelement des Buches, das die Leserschaft in jedem Kapitel begleitet. In der Fallstudie werden typische Herausforderungen und Probleme der Projektarbeit von sozialen Organisationen aus der Praxis angesprochen. Dies kann dazu führen, dass Ihnen der Fall bekannt erscheint, oder Sie ähnliche Themen aus Ihrer beruflichen Praxis kennen. Der Fall selbst wurde jedoch von den beiden Autorinnen in einem kreativen Dialog- und Schreibprozess entwickelt. Ähnlichkeiten mit realen Fällen sind daher zufällig und nicht beabsichtigt, insbesondere gilt dies auch für die Beschreibung von Personen und deren Namen sowie für Situationsdarstellungen. Organisationen, Projekte und Projektphasen weisen ähnliche Merkmale und Herausforderungen auf, dies ermöglicht überhaupt erst theoretische Überlegungen und Empfehlungen. Die Autorinnen haben sich von eigenen Erfahrungen sowie zahlreichen Erzählungen von Studierenden, Lehrenden, Kolleg*innen im Rahmen der langjährigen Lehrtätigkeit inspirieren lassen. Gerade der gemeinsame Dialog- und Schreibprozess hat bewirkt, dass das Zentrum für Kindheit und Jugend e. V. ein gewisses Eigenleben im Buch entwickelt hat, was sehr realitätsnahe Aufgabenstellungen zur Folge hat.

Die Intention der Fallstudie ist, die theoretischen Ausführungen und die beschriebenen Methoden und Zugänge in ihrer Anwendung zu zeigen. Am meisten profitieren Sie als Leser*in von der Fallstudie, wenn Sie die Angabe genau lesen und die daran anschließenden Fragen zur Fallstudie eigenständig mit Hilfe der theoretischen Kapitel lösen. Die Empfehlung lautet, sich erst dann die Musterlösungen anzusehen und diese mit den eigenen Lösungen zu vergleichen. So können Sie gleich den Transfer Ihres theoretischen Wissens in die Praxis in einem abgesicherten Rahmen testen.

Kap. 2 führt in das Thema Projektmanagement ein. Zu Beginn wird geklärt, wie ein Projekt zu definieren ist. Anwendungsfelder für Projekte werden vorgestellt und grundsätzliche Zielebenen von Projekten aufgezeigt. Im nächsten Schritt wird ein klassischer Projektablauf erläutert. Dieser Ablauf strukturiert auch die folgenden Kapitel des Buches und wird mehrfach wieder aufgegriffen.

1 Einleitung

Da Projekte eine eigene organisationale Struktur darstellen, werden verschiedene Optionen vorgestellt, wie Projekte in bestehende Organisationen einzubetten sind. Abschließend wird der Verein Zentrum für Kindheit und Jugend e. V. mit drei unterschiedlichen Projektzugängen vorgestellt, die Sie im weiteren Buch begleiten. Die Projekte befassen sich mit der Planung einer Jubiläumsfeier, der Neuentwicklung eines Freizeitpädagogischen Angebots im Kinder- und Jugendhilfebereich und mit der Einführung des Qualitätsmanagements in der Gesamtorganisation. Es folgen erste Lern-/Kontrollfragen und die dazugehörige Musterlösung.

Kap. 3 widmet sich der Thematik der Projektleitung und des Projektteams. Inhaltlich werden die Unterschiede zwischen Gruppen- und Teamarbeit abgegrenzt, Teams werden genauer analysiert, indem unterschiedliche Teamtypen vorgestellt sowie Rollen und Zuständigkeiten in Projekten diskutiert werden. Die Voraussetzungen für effektive Teamarbeit im Projektteam sowie in der Organisation werden ebenso angesprochen wie die Phasen der Teamentwicklung, Aufgaben und Spannungsfelder im Team selbst. Ziele und Aufgaben eines Multiprojektmanagements und die drei Projekte des Zentrums für Kindheit und Jugend e. V. mit Lern- und Kontrollfragen sowie einer Musterlösung bilden den Abschluss des Kapitels.

Kap. 4 widmet sich der Phase des Projektstarts und Projektauftrages, erläutert die Vorprojektphase, die Ideenfindung und den Weg zu einem realisierbaren Projektauftrag, wobei auf Unterschiede zwischen organisationsinterner Projektbeauftragung und externen Projektanträgen kurz eingegangen wird. Anschließend folgen Hinweise zur Konkretisierung von Projektzielen und Erläuterungen zur organisatorisch-sozialen und sachlich-inhaltlichen Projektumfeldanalyse mit den exemplarischen Instrumenten, der Stakeholder- und Zielgruppen-Analyse, der SWOT-Analyse und der Projektrisikoanalyse. Das Kapitel endet mit dem Fallbeispiel „Freizeitpädagogisches Angebot" des Zentrums für Kindheit und Jugend e. V., mit Lern- und Kontrollfragen sowie einer Musterlösung zum Anwendungsbeispiel.

Kap. 5 hat die Projektplanung und Projektkonzeption zum Inhalt. Das Gesamtvorhaben wird in Teilaufgaben und diese wiederum in untergeordnete Arbeitspakete zerlegt. Es wird aufgezeigt, wie die Teilaufgaben in eine zeitliche Abfolge gebracht und das Ergebnis über Meilensteine gesichert werden kann. Den Aufgaben werden Verantwortlichkeiten zugeordnet. Als weiteren Schritt werden die benötigten Ressourcen betrachtet. Hier nimmt das Kapitel insbesondere den Personalaufwand und die finanziellen Ressourcen in den Blick. Um das eigene Projekt auch mit externen Mitteln finanzieren zu können, werden Anregungen zur Fördermittelakquise gegeben. Das Kapitel endet mit dem Fallbeispiel

Qualitätsmanagement des Zentrums für Kindheit und Jugend e. V., bei dem wesentliche Planungsaufgaben angewendet und im Rahmen der Musterlösung überprüft werden.

Kap. 6 befasst sich mit der Durchführungsphase von Projekten. Zu Beginn wird darauf eingegangen, wie Personen, die bisher noch nicht in die Projektplanung involviert waren, aber unmittelbar davon betroffen sind, mittels Informationsmanagement in die Projekte einbezogen werden. Anschließend wird erläutert, worauf bei der Umsetzung der Pläne zu achten ist. Im Mittelpunkt steht dabei die Überwachung, ob Ziele erfüllt werden, der Zeitplan eingehalten und die Ressourcen richtig geplant wurden. Dazu wird erläutert, wie die Pläne, die im Rahmen der Planungsphase entwickelt wurden, gesteuert und wenn nötig angepasst werden. Im Fokus steht dabei der Kreislauf der Projektkontrolle. Eine auftretende Abweichung von den Plänen kann unterschiedlich gravierend sein, deshalb wird auf die Bearbeitung von einfachen Anpassungen bis hin zu einem großen Änderungsmanagement eingegangen. Abschließend werden Chancen zur Kompetenzerweiterung für Individuen und die Organisation durch Projektmanagement aufgezeigt. Als Praxisbeispiel für die Lernzielkontrolle dient eine Jubiläumsfeier. Das Kapitel endet mit einer Musterlösung.

Kap. 7 ist der Phase des Projektabschlusses gewidmet. Herausforderungen und Möglichkeiten des Projektabschlusses werden angeführt. Die Rollen des Projektteams und der auftraggebenden Stellen in der Abschlussphase werden reflektiert. Die Bedeutung der Projektdokumentation und Berichtslegung sowie der Ergebnissicherung in Projekten wird angesprochen. Die idealtypischen Schritte zur Projektpräsentation und Wege der Öffentlichkeitsarbeit sind ebenso Teil des Kapitels wie die Projektevaluation. Die theoretischen Betrachtungen werden mit Lern- und Kontrollfragen zu allen drei Projekten des Zentrums für Kindheit und Jugend e. V. vertieft und können mit den Musterlösungen verglichen werden.

Kap. 8 beschäftigt sich mit der Phase des Projektreviews. Dabei stehen der Abschluss von Projektmanagementprozessen und die Sicherung von Projekterfahrungen für Nachfolgeprojekte im Mittelpunkt. Die Erhebung von Projektwissen bezieht sich einerseits auf Good/Best Practices (gute/optimale Praktiken) und „Lessons Learned" (gelernte Lektionen) aus den Projekten selbst und andererseits auf die Optimierung der Projektmanagementprozesse innerhalb der Organisation. Dazu muss das Projektwissen in Folgeprojekten produktiv genutzt werden, verschiedene Möglichkeiten der Nutzung werden erläutert. Zum Projektreview gehört auch die Gestaltung des sozialen Projektabschlusses und die professionelle Dokumentation und Ablage von Projektunterlagen für nachträgliche Projektprüfungen oder für künftige Projektteams. Im Fallbeispiel des Zentrums für Kindheit und Jugend e. V. stehen die Projektreviews für die beiden Projekte der Jubiläumsfeier

1 Einleitung

und des „Freizeitpädagogischen Angebots" auf dem Plan und werden mit Lern- und Kontrollfragen sowie Musterlösungen begleitet.

Kap. 9 greift das Thema „agiles Projektmanagement" auf. Unterschiede zum klassischen Projektmanagement werden dargestellt. Agiles Projektmanagement eignet sich demnach vor allem dann, wenn das Ziel eines Projektes nicht eindeutig formuliert werden kann, andererseits aber die zur Verfügung stehenden Ressourcen und die Zeit definiert sind. Es werden Methoden und Techniken des agilen Projektmanagements vorgestellt, insbesondere die Methoden „Scrum" und „Kanban". Abschließend wird noch auf digitale Unterstützungstools im Projektmanagement eingegangen. Zu guter Letzt werden die Möglichkeiten des agilen Projektmanagements und konkrete Techniken anhand von Fragen und Lösungen am Beispiel des Qualitätsmanagements aufgegriffen.

Im vorliegenden Buch wird aus mehreren Gründen auf genaue Zitierweise Wert gelegt. Als Lehrbuch hat das Werk eine Vorbildfunktion für Studierende, die sich selbst dem wissenschaftlichen Schreiben im Zuge ihres Studiums widmen. Plagiate (der Diebstahl von geistigem Eigentum) sind im wissenschaftlichen Kontext unzulässig. Eine genaue Zitierweise ist dadurch gekennzeichnet, dass der Beginn und das Ende eines Zitates oder Vergleiches im Text klar erkennbar sind. Für Praktiker*innen ergibt sich der Vorteil, dass interessante Themen oder Methoden, die hier in der gebotenen Kürze eines Lehrbuches knapp beschrieben werden, auch in anderen Quellen gefunden, nachgelesen und vertieft werden können, ohne selbst eine umfassende Recherchearbeit leisten zu müssen. Kann die Nennung der Namen den Lesefluss anfänglich stören, so kann beruhigt werden, dass sich der/die Leser*in rasch an die Form der Darstellung gewöhnen wird und die Autorinnen versichern, dass die Vorteile der klaren Zitierweise mögliche Nachteile definitiv übersteigen.

Anliegen der Autorinnen ist es, einen Theorie-Praxis-Transfer bezogen auf Beispiele in der Sozialen Arbeit herzustellen. Die theoretischen Betrachtungen werden daher in jedem Kapitel mit Fallstudien zu einem oder mehreren Projekten des Zentrums für Kindheit und Jugend e. V. vertieft, um Herausforderungen und Herangehensweisen des Projektmanagements in den jeweiligen Projektphasen zu verdeutlichen. Für die Praxis ist anzumerken, dass Projektarbeit immer auch Flexibilität braucht. Trotz exakter Planung und ausgefeilten Projektmanagementprozessen bietet der Projektalltag immer wieder Überraschungen und erfordert neue Lösungsansätze. Dies unterscheidet Projekte von Routineaufgaben und ist gleichzeitig eine Möglichkeit, sich kreativ zu erproben und Abwechslung in den Arbeitsalltag zu bringen. Die Autorinnen wünschen Ihnen viel Erfolg bei der Umsetzung der Anregungen zur Projektarbeit.

Grundlagen Projekt und Projektmanagement

Zusammenfassung

Dieses Kapitel enthält eine sehr grundlegende Einführung. Es zeigt auf, was unter den Begriffen „Projekt" und „Projektmanagement" zu verstehen ist. Es stellt Anwendungsfelder von Projekten vor und gibt einen Überblick über die Ziele und einen Projektablauf. Diesem Überblick liegt gleichzeitig auch die Gliederung des Buches zu Grunde. Abschließend wird erläutert, was den Unterschied zwischen einer Linien- und einer Projektorganisation ausmacht. Das Kapitel endet mit der Vorstellung des Fallbeispiels, das den gesamten Band begleitet.

Schlüsselwörter

Projekt • Projektmanagement • Projektziele • Anwendungsfelder von Projekten • Projektablauf • Organisation

Lernziele

- Sie lernen in diesem Kapitel wesentliche Begriffe rund um das Thema „Projekt" kennen.
- Sie erfahren, was ein Projekt ist und inwiefern es sich von Routineaufgaben einer Organisation unterscheidet.
- Sie erhalten Einblick in die verschiedenen Zieldimensionen von Projekten.
- Sie erfahren, wie Projekte in die Stammorganisation eingebunden werden können.
- Sie lernen das Fallbeispiel dieses Buches kennen, das Zentrum für Kindheit und Jugend e. V., eine Einrichtung der Jugendhilfe.

2.1 „Projekt" und „Projektmanagement" definieren

Wann spricht man denn eigentlich von einem „Projekt"? Am Anfang steht die Frage, was das eigentlich ist, ein Projekt. Das Wort leitet sich zunächst aus dem Lateinischen ab. „Proiectum" bedeutet im wörtlichen Sinne, „das nach vorn Geworfene" (Benkhofer et al., 2019, S. 13). Somit impliziert der Begriff bereits, dass etwas auf die Zukunft ausgerichtet ist. Etwas konkreter wird es, wenn man die Deutsche Industrienorm heranzieht:

Ein Projekt ist nach DIN 69901-5:2009-01 ein „Vorhaben, das im Wesentlichen durch die Einmaligkeit der Bedingungen in ihrer Gesamtheit gekennzeichnet ist, wie zum Beispiel

- Zielvorgabe,
- Zeitliche, finanzielle, personelle oder andere Begrenzungen,
- Projektspezifische Organisation." (Benkhofer et al., 2019, S. 14)

Ein Projekt muss also bestimmte Merkmale aufweisen. Ein Projekt braucht ein *Ziel*. Das Projekt will etwas erreichen. Dieses Ziel muss vorher sehr konkret festgelegt sein und die Zielerreichung wird am Ende überprüft. Ein Projekt ist *zeitlich befristet*. Die Maßnahme fängt also zu einem bestimmten Zeitpunkt an. Aber noch viel wichtiger ist, dass ein Projekt auch wieder endet. Fortlaufende Maßnahmen gehören also nicht zu den Projekten, selbst wenn sie im alltäglichen Sprachgebraucht so bezeichnet werden. Im Projekt werden *Ressourcen* gebunden. Die finanzielle und personelle Begrenzung der Definition aus der DIN-Norm macht deutlich, dass es ein finanzielles Budget für Projekte gibt, aber auch Ressourcen wie die Arbeitszeit der Mitarbeitenden festzulegen und zu bedenken sind. Projekte sind zudem gegenüber anderen Vorhaben abzugrenzen, es handelt sich in der Regel um eine *einmalige Aktion,* die *neuartig* zu sein hat. Diese Merkmale verdeutlichen bereits, dass ein Projekt ziemlich komplex werden kann. Es kann mit vielen verschiedenen Menschen und arbeitsteiligen Aufgaben verbunden sein. Und weil es zudem aus der üblichen hierarchischen Struktur der Organisation herausfällt, braucht es eine bestimmte Form der Organisation und des Managements. Es bedarf bestimmter Methoden der Planung, Umsetzung und Kontrolle der Vorhaben, die im Unternehmen als Projekt durchgeführt werden, eben Projektmanagement. (Benkhofer et al., 2019, S. 13).

Projektmanagement ist laut Ries (2019, S. 17) „das systematische und strukturierte Vorgehen bei der Abwicklung und Leitung von Projekten. Ein Projekt richtig führen (= managen), heißt sowohl Ziel, als auch Ressourcen und Zeit stets und ständig im Blick zu haben." Das „magische Projektdreieck" (Ries, 2019,

S. 15) bestehend aus erstens Zielen zu Leistungen und Qualität, zweitens den Ressourcenplanungen zu Personal und Kosten sowie drittens den Terminen, hat das Projektmanagement zu planen, die Durchführung zu begleiten und die Einhaltung zu kontrollieren bzw. Anpassungen vorzunehmen (Millner & Majer, 2013, S. 342). Das Projektmanagement bedient sich dabei bestimmter Methoden und Instrumente, die im Verlauf des Buches noch genauer vorgestellt werden. Das unabdingbare Zusammenspiel aus Ziel, Ressourcen und Zeit, sowie Beispiele für Methoden und Instrumente zeigt die Abb. 2.1.

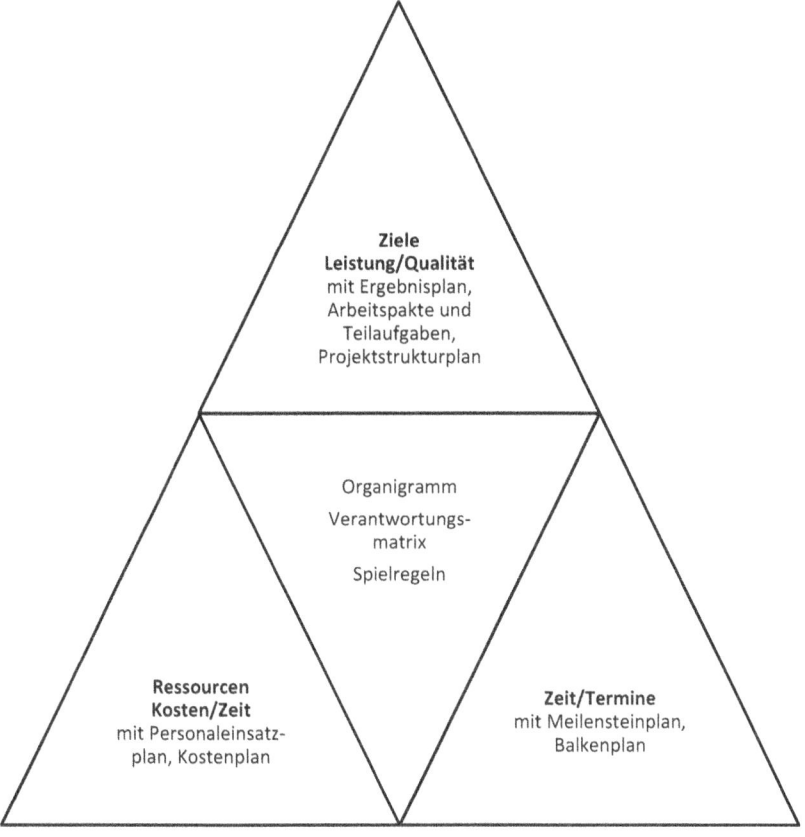

Abb. 2.1 Magisches Projektdreieck. (Eigene Darstellung in Anlehnung an Millner & Majer, 2013, S. 342 sowie Ries, 2019, S. 15)

In der Abb. 2.1 wird verdeutlicht, dass die Ziele, die Ressourcen und die Zeitplanung zusammenhängen. Dazu stehen verschiedene Instrumente zur Umsetzung zur Verfügung, die in der Abbildung beispielhaft benannt werden. Die mit den Zielen zusammenhängende Leistung und deren Qualität wird mit einem Plan über die Ergebnisse, zu schnürenden Arbeitspaketen und Teilaufgaben oder einem Projektstrukturplan im Blick behalten. Der Ressourcenverbrauch an Kosten und Arbeitszeit kann mit einem Personaleinsatzplan oder einem Kostenplan überwacht werden. Für die Termingestaltung, die den zeitlichen Ablauf strukturiert, dient ein Meilenstein- und Balkenplan. Beeinflusst wird das Projektmanagement von dem für das Projekt beschriebene Organigramm, in dem neben Funktionen im Projekt Weisungs- und Kommunikationswege festgelegt werden. Die Verantwortungsmatrix regelt Zuständigkeiten. Vereinbarte Spielregeln zu Kommunikation, Treffen usw. sind ebenfalls Einflussfaktoren. Für diese organisatorischen Rahmenbedingungen ist eine Person hauptverantwortlich, die Projektleitung.

2.2 Anwendungsfelder ausloten

Verschiedene Anforderungen in einer Einrichtung können durch eine Organisation in Form eines Projektes gelöst werden. Deshalb können Projekte sehr unterschiedlicher Art sein, wie in Tab. 2.1 aufgezeigt:

Die Tab. 2.1 stellt die vielfältigen Kriterien dar, Projekte in der Sozialen Arbeit zu differenzieren. Neben unterschiedlichen Handlungsfeldern, dem Blick auf die Dienstleistungserstellung oder die Projektdauer gibt es noch weitere Möglichkeiten, Projekte zu kategorisieren.

Ein Projekt ist häufig eine Aufgabe, die über Abteilungsgrenzen einer Organisation hinweg organisiert werden muss. Es liegt außerhalb der Alltagsroutine und muss Tätigkeiten und Menschen verbinden, die sonst in der Organisation nicht zwingend miteinander zu tun haben (Ries, 2019, S. 21).

2.3 Ziele abstecken

Bevor ein Projekt richtig geplant werden kann, muss zuerst deutlich werden, was man mit dem Projekt überhaupt erreichen will. Es bedarf einer konkreten Zielformulierung über das zu erreichende Ergebnis. Erst wenn das Ziel des Vorhabens deutlich ausformuliert ist, kann mit der Planung begonnen werden, wie das Projektziel erreicht werden soll und wie man konkret dabei vorgehen möchte.

2.3 Ziele abstecken

Tab. 2.1 Beispiele für Projekte in der Sozialen Arbeit. (Eigene ergänzte und erweiterte Darstellung in Anlehnung an Millner & Majer, 2013, S. 338; Kuster et al., 2019, S. 6; Benkhofer et al., 2019, S. 15)

Differenzierungskriterien	Projektarten	Beispiele in der Sozialen Arbeit
Handlungsfeld	Altenhilfe, Jugendhilfe, Behindertenhilfe	Neue ambulante Wohnformen für Menschen mit Behinderung, Streetwork im Neubaugebiet
Produkte und Dienstleistungen	Entwicklung von neuen Hilfeformen, Angebote für neue Zielgruppen	Einführung von Familienwohnen in der stationären Jugendhilfe, Mehrgenerationenwohnen
Organisationale Entwicklung	IT-Projekt, neues Leitungsmodell	Einführung von Onlineberatung in der Erziehungsberatung, Etablierung einer neuen Leitungsstruktur
Finanzierung	Öffentlich, privat	Mittel aus dem europäischen Sozialfonds, Mittel aus privaten Stiftungen
Projektdauer	Kurz-, mittel-, langfristig	Jubiläumsfeier, Gesundheitsfördernde Maßnahmen für Mitarbeitende, Neubau einer Einrichtung,
Investitionsphase gemäß Lebensdauer	Studien, Konzeption, Realisierung, Relaunch, Instandhaltung	Relaunch des Ferienprogramms für Kinder und Jugendliche, Erhebung des Pflegebedarfs in der Kommune
Komplexität	Niedrig, hoch	Weihnachtsfeier in der Wohngruppe, Umzug in ein neu zu erstellendes Gebäude mit 250 Personen

(Fortsetzung)

Ziele helfen dabei, Alternativen abzuwägen. Sie machen deutlich, welcher Weg eher zum geplanten Ergebnis führt. Sie helfen, Teilaktivitäten von verschiedenen Personen im Blick zu behalten. Es wird verhindert, dass Teilaktivitäten ein

Tab. 2.1 (Fortsetzung)

Differenzierungskriterien	Projektarten	Beispiele in der Sozialen Arbeit
Verhältnis zwischen Auftraggeber und Auftragnehmer	Impuls/Auftrag von innen oder außen	Gartenumgestaltung auf Wunsch der Jugendlichen und Mitarbeitenden, Gründung einer Wohngruppe für traumatisierte Kinder und Jugendliche beauftragt vom Jugendamt
Teilnehmende	Hauptamtliche und/oder ehrenamtliche Mitarbeitende	Hauptamtliche betreute Jugendwohngruppe, Hauptamtlich organisiertes Ferienprogramm mit ehrenamtlichen Betreuer*innen, ehrenamtlich betreuter Seniorennachmittag

Eigenleben entwickeln, wenn sich alle am Ziel wie an einem roten Faden orientieren. Sie dienen der Motivation der Projektteilnehmer*innen, denn schließlich will man das Ziel auch erreichen. Personen, die nicht am Projekt beteiligt sind, können mit Hilfe von Zielen informiert werden, was die Projektgruppe vorhat. Sie dienen zudem der Kontrolle, denn die Erreichung im Vorfeld klar formulierter Ziele kann überprüft werden. Gerade bei neuen Vorhaben, die als Projekt getestet werden, dienen Ziele der Legitimation und Glaubwürdigkeit. Sie können so leichter als Daueraufgabe übernommen werden (Bea et al., 2020, S. 112 f.).

Ohne Ziel gibt es kein Projekt. Doch wie kommt man nun zu gut formulierten Zielen? Hier gilt es verschiedene Aspekte zu beachten. Erstens ist zu berücksichtigen, auf welcher Ebene ein Ziel zu verorten ist. Es gibt neben übergeordneten Projektzielen solche, die sich als Rahmen- und Ergebnisziele daraus ableiten. Damit das Ergebnis später überprüfbar ist, muss es zweitens den Anforderungen entsprechen, wie ein Ziel formuliert sein soll. Es muss den sogenannten SMART-Kriterien entsprechen. Dann gibt es drittens noch Ziele, die sich unterschiedlichen Sachverhalten widmen. Ziele können sich auf ein Ergebnis beziehen, auf den zeitlichen Ablauf oder auf den benötigten Aufwand.

Ziele zu formulieren ist also nicht ganz einfach, allerdings der erste Schritt zum Erfolg. Deshalb widmet sich der nun folgende Abschnitt der ersten Anforderung an Ziele: Es gibt neben dem übergeordneten Projektziel Rahmenziele und solche, die dem Rahmenziel untergeordnet sind (vgl. Abb. 2.2). Ziele unterliegen somit

2.3 Ziele abstecken

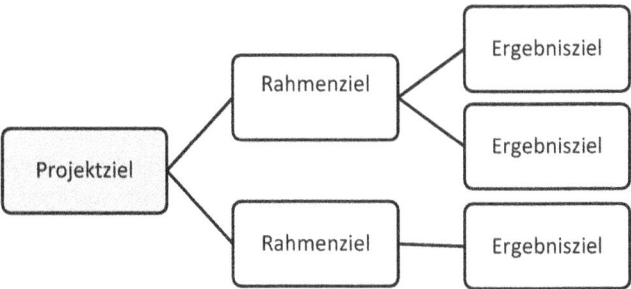

Abb. 2.2 Zusammenhang von Projekt-, Rahmen- und Ergebnisziel. (Eigene Darstellung in Anlehnung an Antes, 2014, S. 23)

einer Zielhierarchie.

Nach Bea et al. (2020, S. 116) wird beim Projektziel an sich geklärt, was das wesentliche Ziel des Vorhabens ist, sprich welche Bedeutung es hat. Die Rahmenziele betrachten die mittelfristige Ebene und zergliedern das große Ziel nochmal in sinnvolle Teilbereiche. Ergebnisziele blicken auf Kosten, die Zeitschiene und das Ergebnis in kleinen Teilen und beziehen sich auf die einzelnen Rahmenziele.

Damit die Ziele letztlich überprüft werden können, müssen sie die zweite Anforderung erfüllen und bestimmten Kriterien entsprechen, den sogenannten SMART-Kriterien. Die SMART-Formel trägt dazu bei, dass Ziele widerspruchsfrei, erreichbar und motivierend formuliert sind. SMART ist ein Akronym und steht für (Bea et al., 2020, S. 118; Meyer & Reher, 2016, S. 11; Timinger, 2017, S. 59):

- S – specific (spezifisch)
- M – measurable (messbar)
- A – achieveable (erreichbar, akzeptiert)
- R – relevant (relevant)
- T – time-bound (terminiert)

Nach dieser zweiten muss noch die dritte und letzte Anforderung bedacht werden. Ziele können sich auch unterschiedlichen Sachverhalten widmen. Hier ist ein Verweis auf das magische Projektdreieck in Abb. 2.1 hilfreich. Auch Ziele können sich auf diese drei Ebenen beziehen (Meyer & Reher, 2016, S. 12):

- Das Ergebnis des Projektes, also das eigentliche Projektziel und die zu erbringende Leistung
- Die benötigten Ressourcen, also die Aspekte Kosten und Zeit
- Die zeitliche Abfolge des Projektes, also die Einhaltung von Terminen

Bei „Ergebnis" wird beschrieben, welcher Zustand, welche Beschaffenheit, welches Angebot oder welche Veränderung in welcher Form vorliegen soll. Die Anforderungen an das Ergebnis werden formuliert. Da Projekte zeitlich befristet sind, wird unter „Zeit" ausgehend vom Endtermin festgelegt, wann welches Ergebnis erreicht werden soll. Unter „Zeit" wird das gesamte Projekt in Etappen gegliedert. Letztlich muss noch der „Aufwand" begutachtet werden. Es wird überprüft, wie viele Ressourcen in Form von Arbeitszeit, Geld für Material, Reisekosten, Miete usw. in das Projekt investiert werden müssen (Meyer & Reher, 2016, S. 12 f.).

Ob das Ergebnis in der vorgegebenen Zeit mit einem vertretbaren Aufwand erreicht werden kann, ist die grundlegendste Entscheidung im Projekt. Nur wenn diese positiv ausfällt, können weitere Planungen beginnen. Das bedeutet konkret, sich mit dem Projektablauf auseinanderzusetzen.

2.4 Projektablauf überblicken

Ein Projekt durchläuft bedingt durch die zeitliche Befristung einen bestimmten Ablauf (vgl. Abb. 2.3). Ein Projekt startet, es folgt die Phase der Durchführung und zum festgelegten Zeitpunkt endet es wieder. Das klingt vorerst sehr banal, doch jede Phase hat ihre eigenen Besonderheiten, die es zu berücksichtigen gilt. Vor dem eigentlichen Start muss das Projekt auf seine Machbarkeit hin durchdacht werden. Als Ergebnis der Planung wird ein sogenannter „Projektauftrag" formuliert, indem die Ziele und der Nutzen des Projektes beschrieben werden. Wird die Machbarkeit als positiv beurteilt, beginnt die Planung. Dazu müssen neben den Ressourcen und dem Zeitplan auch die Rollen im Projekt, wie etwa die der Projektleitung, festgelegt werden. Nach dem Start geht das Projekt in die Phase der Durchführung über. Die Durchführung ist geprägt davon, ob die einzelnen Ergebnis- und Rahmenziele erreicht werden. Über das sogenannte Projektcontrolling wird der regelmäßige Fortschritt überwacht und Methoden, Pläne und Ressourcen bei Bedarf angepasst. Wenn das Ziel erreicht ist und das zeitliche Ende des Projektes naht, wird es beendet. Die Tätigkeit im Projekt wird eingestellt, eingegangene Beziehungen beendet. Vorher sind wesentliche Ergebnisse aber noch zu dokumentieren. Ebenfalls Bestandteil eines gelungenen Projektes ist

2.5 Projekte organisatorisch einbetten

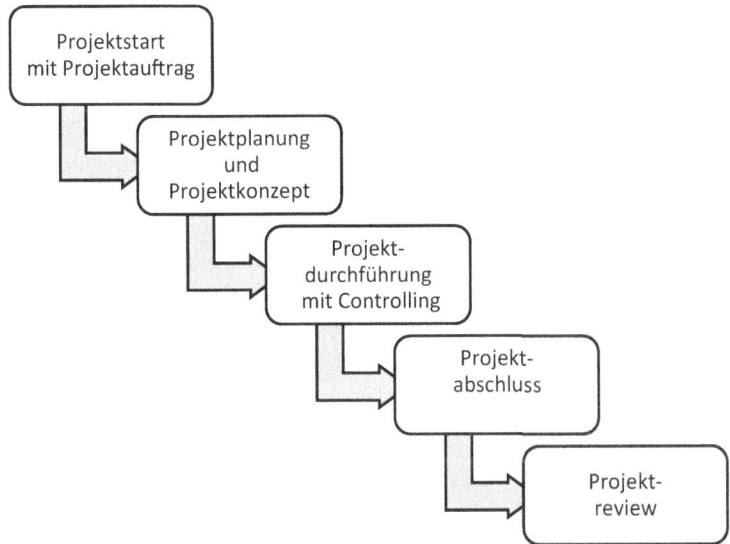

Abb. 2.3 Projektablauf. (Eigene Darstellung in Anlehnung an Benkhofer et al., 2019, S. 23; Patzak & Rattay, 1998; Ries, 2019, S. 18, 25)

die Evaluation. In diesem Review wird überprüft, ob das erwünschte Ergebnis erreicht wurde, die Ressourcenplanung funktioniert hat und die zeitliche Terminierung gelungen war. Der entstandene Nutzen wird überprüft (Millner & Majer, 2013, S. 342 ff.).

Jede Phase stellt einen bestimmten Abschnitt im Projekt dar und grenzt sich von den anderen Abschnitten ab. Jeder Abschnitt endet mit einem festgelegten, terminierten Ereignis, dem sogenannten Meilenstein. Ein bereits bekannter Meilenstein ist am Ende der Startphase der „Projektauftrag" (Ries, 2019, S. 25). Die in Abb. 2.3 dargestellten Phasen werden in den Kapiteln vier bis acht genauer beschrieben.

2.5 Projekte organisatorisch einbetten

Die üblichen Formen der Organisation, die auf klare Kommunikationswege und abgegrenzte Aufgaben setzen, sind bestens geeignet, um Routineaufgaben abzubilden. Oft ist die Organisationsform so gewählt, dass Spezialisten zu bestimmten

Themenbereichen, wie beispielsweise Verwaltung oder soziale Dienste in einer Abteilung gebündelt sind, damit sich das Fachwissen dort weiterentwickeln kann (Gareis, 2005; Ries, 2019, S. 20). Da Projekte aber eben keine Routineaufgaben sind, bedarf es hier einer anderen Form der Aufgabenverteilung.

Wie bereits deutlich wurde, haben Projekte eine eigene Form der Organisation, verbinden Menschen über Abteilungsgrenzen einer Organisation hinweg und laufen oft zusätzlich oder neben dem eigentlichen Alltag in einer sozialen Einrichtung mit. Projekte verfolgen andere Ziele als die regulären Aufgaben, weil sie zum Beispiel dazu dienen, innovative Ideen auszuprobieren. Dies ist in der regulären Organisationsstruktur nicht immer möglich, da dort Menschen zu sehr in die Abläufe und ihren Arbeitsalltag eingebunden sind. Projekte dienen „vor allem dazu, Vorhaben zu realisieren, die die Stammorganisation überfordern" (Millner & Majer, 2013, S. 339).

Laut Ries (2019, S. 21) ist Projektmanagement ein Management von Schnittstellen. Projektmanagement verknüpft, was in Linienorganisationen durch Abteilungsgrenzen getrennt ist. Damit werden Menschen unterschiedlicher Aufgabenbereiche in interdisziplinären Teams miteinander verbunden. Es entwickelt sich eine Nebenstruktur „Projektteam" in der eigentlichen Organisation, wie Abb. 2.4 verdeutlicht.

Das Projektteam besteht aus Personen, die in der Abbildung als Kreise dargestellt sind. Die einzelnen Abteilungen der Linienorganisation, dargestellt als eckige Kästchen, schicken Vertreter*innen in das Projektteam. Die organisatorische Überwindung von Abteilungen und Hierarchien ist im Projektteam gewollt.

Der Grad der Selbständigkeit einer Projektorganisation kann dabei unterschiedlich groß sein. Bei der *Stabs-Projektorganisation* besteht die Hauptaufgabe darin, Informationen zur Verfügung zu stellen, zu planen und zu beraten (Benkhofer et al., 2019, S. 120). Die Projektleitung hat keinen oder wenig formalen Einfluss (Millner & Majer, 2013, S. 340) und übernimmt überwiegend die Aufgabe der Koordination. Entscheidungen werden in der Linienorganisation getroffen. Wie Abb. 2.5 darstellt, verändern sich die Positionen der in das Projekt abgesandten Personen in der Linienorganisation nicht.

2.5 Projekte organisatorisch einbetten

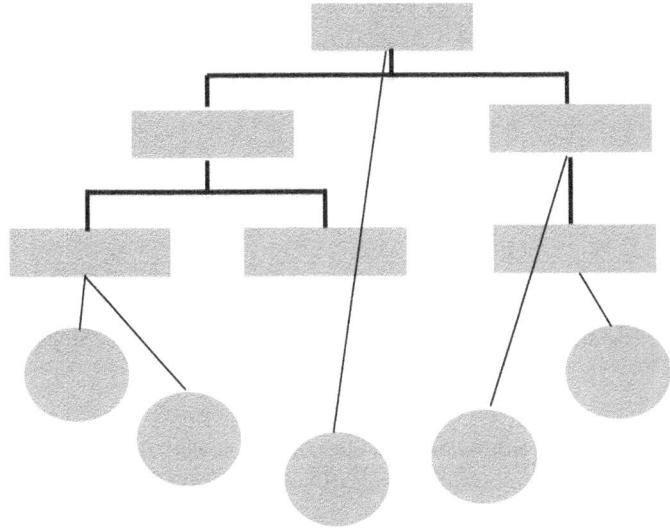

Abb. 2.4 Projektteams aus der Linienorganisation bilden. (Eigene Darstellung in Anlehnung an Nagel, 1999, S. 296)

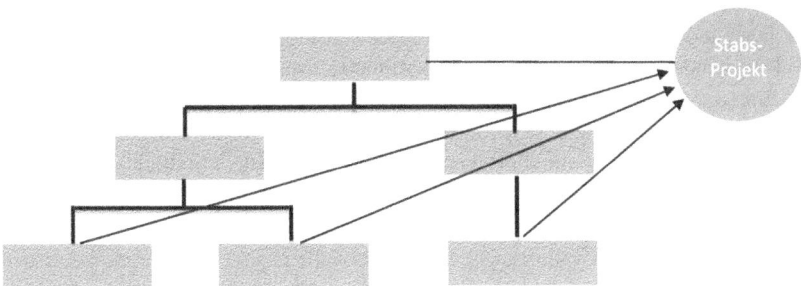

Abb. 2.5 Stabs-Projektorganisation. (Eigene Abbildung in Anlehnung an Bea et al., 2020, S. 93)

Vielmehr ist zu sehen, wie die Linienorganisation weiterhin unverändert besteht. Die Projektorganisation kommt zusätzlich dazu und ist in diesem konkreten Beispiel an die Leitungsfunktion angegliedert.

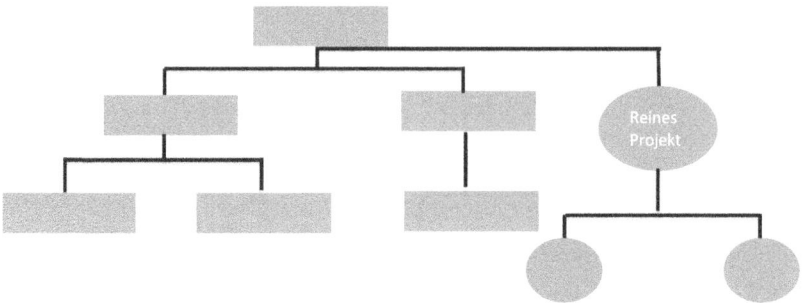

Abb. 2.6 Reine Projektorganisation. (Eigene Darstellung in Anlehnung an Millner & Majer, 2013, S. 340)

Die *reine Projektorganisation* stellt einen Gegenentwurf zum Stabsprojekt dar. Die Projektleitung ist mit weitreichenden Entscheidungsbefugnissen ausgestattet. Die Projektmitarbeitenden sind von der eigentlichen Aufgabe aus der Linie freigestellt und werden vorübergehend in das Projekt entsandt. Die Projektleitung hat formale Macht und kann ohne die Linienvorgesetzen entscheiden. Das Projekt existiert neben der eigentlichen Linienorganisation, wie Abb. 2.6 zeigt.

Das Projekt, dargestellt durch die Punkte, besteht als eigene Abteilung neben der Linienorganisation. Die Projektleitung, dargestellt als einzelner großer Punkt, ist gegenüber den Mitarbeitenden im Projekt weisungsbefugt und kann selbständig weitreichende Entscheidungen treffen (Millner & Majer, 2013, S. 341).

Eine weitere Möglichkeit, ein Projekt einzubinden, ist die *Matrix-Projektorganisation*. Dort teilen sich die Vorgesetzten in der Linienorganisation und die Projektleitung die Entscheidungsbefugnisse. Die Mitarbeitenden haben zwei Instanzen, denen sie zugeordnet sind und von denen sie Weisungen erhalten können. Bei Belangen zum Projekt ist dies die Projektleitung, bei fachlichen Fragen, z. B. bei verwaltungstechnischen Abläufen, sind die Vorgesetzten der Linienorganisation weisungsbefugt (Benkhofer et al., 2019, S. 121).

2.6 Anwendungsbeispiel – Zentrum für Kindheit und Jugend e. V.

Das Zentrum für Kindheit und Jugend e. V. ist ein Träger der Kinder- und Jugendhilfe und vereint verschiedene Angebote der Kinder- und Jugendarbeit unter einem Dach.

2.6 Anwendungsbeispiel – Zentrum für Kindheit und Jugend e.V.

Der Verein hat ca. 100 hauptamtliche Beschäftigte, wovon 60 % in Teilzeit in unterschiedlichsten Modellen arbeiten. Es handelt sich um ein interdisziplinäres Team, bestehend aus Psycholog*innen, Pädagog*innen, Sozialarbeiter*innen, Therapeut*innen, Erzieher*innen, Zivildienstleistenden oder junge Menschen im Freiwilligen Sozialen Jahr, Praktikant*innen, Erziehungshelfer*innen, Verwaltungskräfte, Personen in der Hauswirtschaft sowie der Reinigung und Pflege der Innen- und Außenanlagen. Die hauptamtlichen Beschäftigten werden durch ca. 50 ehrenamtlich Tätige bei ihren Aufgaben unterstützt. Sie begleiten vor allem bei freizeitpädagogischen Maßnahmen, bei schulisch-fachlichen Herausforderungen, unterstützen beim Fundraising, der Pflege der Anlagen und nutzen ihre Kontakte in das Gemeinwesen.

Der Verein hat seinen Sitz in Mooshausen, einer kleinen Gemeinde mit ca. 3000 Einwohnern, die in Stadtnähe angesiedelt, aber dennoch ländlich geprägt ist. Im Ort gibt es ein Schulzentrum mit Kindergarten, Grund- und Hauptschule, sowie eine Nachmittagsbetreuung im Hort. Es gibt neben einem Lebensmittelladen und einer Apotheke ein kleines Gemeindezentrum/Bürgerhaus, in dem ortsansässige Vereine ihrem Vereinsleben nachgehen können. Das betrifft vor allem den Trachten-, Musik- und Sportverein, die alle in der Jugendarbeit aktiv sind. Ebenso gibt es eine freiwillige Feuerwehr und die christliche Kirchengemeinde ist im Ort sehr präsent.

Das Zentrum für Kindheit und Jugend e. V. hat Angebote im stationären, teilstationären und ambulanten Bereich.

In der *stationären Jugendhilfe* gibt es vier verschiedene Angebote. Neben den vier Wohngruppen für verhaltenskreative Kinder- und Jugendlichen, gibt es eine Krisenwohngruppe für Kinder- und Jugendliche, die in Obhut genommen werden. Zudem bietet die stationäre Einrichtung zwei Wohngruppen für junge Mütter bis maximal 27 Jahren, sowie zusätzlich betreutes Einzelwohnen:

- 4 Wohngruppen
  mit jeweils 8 Plätzen für verhaltenskreative Kinder- und Jugendliche,
- 1 Krisenwohngruppe
  mit 5 Plätzen
- Mutter-Kind-Wohnen
  für junge Mütter bis max. 27 Jahre
  2 Wohngruppen mit Raum für 2 Familien pro Wohngruppe (->4 Mütter)
- Betreutes Außenwohnen
  1 Jugendwohngruppe, 4-mal Einzelwohnen für Jugendliche, 4-mal Einzelwohnen für Mütter mit Kindern.

In der *teilstationären Jugendhilfe* gibt es eine heilpädagogische Tagesgruppe im Auftrag des Jugendamtes. Die Kinder und Jugendlichen werden dort tagsüber von Montag bis Freitag betreut. Die Abende verbringen die Kinder und Jugendlichen im Elternhaus, ebenso die Wochenenden.

- heilpädagogische Tagesgruppe
  mit 8 Plätzen

In der *ambulanten Jugendhilfe* werden Angebote für Kinder und Jugendliche sowie deren Eltern realisiert, die noch Zuhause leben. Die Familien werden Zuhause in der Alltagsbewältigung durch pädagogische Fachkräfte unterstützt.

- Sozialpädagogische Familienhilfe/Familienintensivbetreuung (SPFH/FIB)

Das *freizeitpädagogische Angebot* umfasst eintägige Veranstaltungen, die vor allem in den Ferien angeboten werden. Es werden vor allem Kinder und Jugendliche im Rahmen der Jugendhilfe betreut. Prinzipiell können aber auch Kinder aus dem Ort und der ortsansässigen Schule teilnehmen.

- Eintägige Freizeitveranstaltungen, vor allem in den Ferien

Der Verein hat neben dem ehrenamtlichen Vereinsvorstand eine Doppelspitze in der Geschäftsführung. Es gibt sowohl eine wirtschaftliche als auch eine pädagogische Leitung mit je 50 % Stellenanteil. Die wirtschaftliche Leitung Frau Schmidt ist auch zeitgleich Leitung der Verwaltung, die pädagogische Leitung Frau Müller verantwortet den stationären Bereich der Kinder- und Jugendhilfe mit. Für die teilstationären, ambulanten und freizeitpädagogischen Maßnahmen gibt es eine weitere anteilige Leitungsstelle besetzt von Herrn Maus, der vor allem bei freizeitpädagogischen Angeboten aktiv eingebunden ist. Die einzelnen stationären Angebote haben je eine pädagogische Teamleitung und jeweils unterstützendes Personal, um das Angebot im Rahmen der rechtlichen Vorgaben umsetzen zu können. Im teilstationären und ambulanten Bereich arbeiten überwiegend Teilzeitkräfte, die in den Ferien auch freizeitpädagogische Angebote mitgestalten und personell unterstützen (Abb. 2.7).

Die Abb. 2.7 zeigt die Organisation des Zentrums für Kindheit und Jugend e. V. in Form eines Organigramms. Es wird die Leitungsstruktur mit pädagogischer und wirtschaftlicher Leitung dargestellt, sowie die dazugehörigen Organisationseinheiten.

2.6 Anwendungsbeispiel – Zentrum für Kindheit und Jugend e.V.

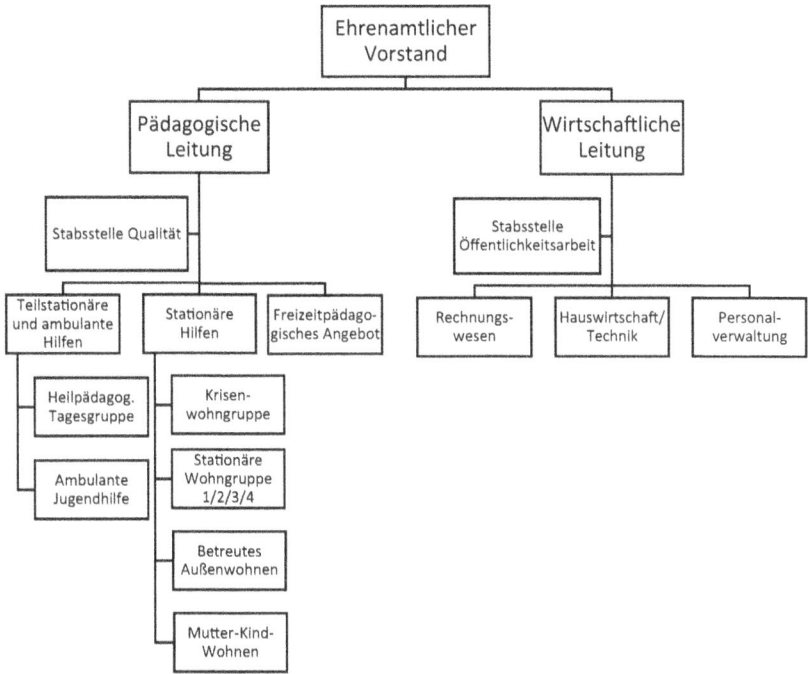

Abb. 2.7 Organigramm Zentrum für Kindheit und Jugend e. V. im Überblick. (Eigene Darstellung)

Das Zentrum für Kindheit und Jugend e. V. plant derzeit drei größere Maßnahme auf der Basis von Projekten.

Dazu zählt erstens die Jubiläumsfeier zum 100jährigen Bestehen der Einrichtung, zweitens die Umgestaltung des Bereichs „Freizeitpädagogisches Angebot" sowie drittens die Einführung von Qualitätsmanagement.

Das *100jährige Bestehen des Vereins* wird bereits freudig erwartet. Auch der ehrenamtliche Vereinsvorstand möchte sich hier intensiv einbringen. Aber auch interne Mitarbeiter*innen sind sehr an der Arbeit interessiert. Die Herausforderung zu Beginn ist es, ein geeignetes Projektteam zusammenzustellen und es mit entsprechenden Entscheidungskompetenzen auszustatten.

Das *freizeitpädagogische Angebot* ist bisher wenig inklusiv ausgerichtet und spricht die Kinder und Jugendlichen im Ort kaum an. Als Gründe werden der etwas in die Jahre gekommene Name sowie das unattraktive Angebot angegeben.

Die genaue Ursachenforschung steht jedoch noch aus. Die zukünftige Ausrichtung ist ebenfalls noch unklar. Jedenfalls sollten die freizeitpädagogischen Maßnahmen länger als einen Tag ausgerichtet sein, um Eltern mit Betreuungspflichten in den Ferien entlasten zu können.

Bei der *Einführung von Qualitätsmanagement* möchte sich der Verein noch stärker als bisher als qualitätsvolle und verlässliche Einrichtung bei Kostenträgern und anderen Stakeholdern positionieren. Insbesondere der Aspekt der „Wirkung" soll dabei neben den Arbeitsprozessen in den Blick genommen werden. Es wird eine Zertifizierung angestrebt, um auch von außen als verlässlicher Partner in der Kinder- und Jugendhilfe wahrgenommen zu werden. Eine langfristige Belegung durch das Jugendamt ist ein weiteres Ziel der Zertifizierung.

2.7 Fragen und Musterlösungen zu Grundlagen der Projektarbeit

Versuchen Sie die folgenden Fragen für das Anwendungsbeispiel aus dem Abschn. 2.6 zu beantworten:

- Begründen Sie, warum die drei Beispiele Projekte sind. Nehmen Sie Bezug zur Definition nach DIN.
- In welchen Anwendungsfeldern sind diese Projekte verortet?
- Welche Projektziele können Sie feststellen? Sind diese aus Ihrer Sicht schon ausreichend formuliert?
- In welcher Phase des Projektablaufes befindet sich das Projekt aus Ihrer Sicht?
- Wie sollten die Projekte organisatorisch verankert sein?

Musterlösung zum Begriff „Projekt"

- Jubiläumsfeier
  Eine Jubiläumsfeier ist eine einmalige Veranstaltung, deren Planung und Durchführung damit zeitlich befristet ist. Eine Jubiläumsfeier verfolgt ein Ziel. Die projektspezifische Durchführung wird noch nicht ganz offensichtlich, es wird aber davon gesprochen, ein Projektteam zusammenzustellen.
- Freizeitpädagogisches Angebot
  Das freizeitpädagogische Angebot soll überarbeitet werden. Somit ist ein Ziel vorhanden. Zur zeitlichen, finanziellen oder personellen Begrenzung des Projektes wird keine Aussage getroffen, ebenso wenig zur Organisation. Hier kann

noch keine eindeutige Aussage getroffen werden, ob es sich um ein Projekt handelt. Weitere Informationen bleiben abzuwarten.
- Qualitätsmanagement
Die Einführung von Qualitätsmanagement verfolgt ein klares Ziel. Es geht um die Positionierung bei den Kostenträgern, um die Messung von Wirkung und das Erlangen eines Zertifikats über ein Audit. Eine Einführung ist zeitlich befristet und endet mit dem Ende der Einführungsphase und der Übernahme in den Dauerbetrieb. Zur Projektspezifischen Organisation wird keine Aussage getroffen.

Musterlösung zu Anwendungsfeldern

- Jubiläumsfeier
Es handelt sich um ein kurzfristiges Projekt, mit niedriger Komplexität.
- Freizeitpädagogisches Angebot
Es handelt sich um ein mittelfristiges Projekt mit niedriger Komplexität, das neue Dienstleistungen entwickeln soll.
- Qualitätsmanagement
Es handelt sich um ein langfristiges Projekt mit hoher Komplexität. Es dient der organisationalen Entwicklung.

Musterlösung zu Projektzielen

- Jubiläumsfeier
Ziel ist es, ein Jubiläum zu feiern. Allerdings gibt es noch keine klar formulierten Ziele, die nach der SMART-Formel zu überprüfen sind.
- Freizeitpädagogisches Angebot
Das Angebot soll inklusiver werden und die Kinder aus dem Ort einbinden. Es gibt aber auch hier noch keine klar formulierten Ziele, die nach der SMART-Formel zu überprüfen sind.
- Qualitätsmanagement
Hier sind Ziele formuliert. Es geht um die Positionierung bei den Kostenträgern, um die Messung von Wirkung und das Erlangen eines Zertifikats über ein Audit. Allerdings entsprechen auch diese Ziele noch nicht den SMART-Kriterien und müssen konkretisiert werden.

Musterlösung zur Projektphase

- Jubiläumsfeier
  Das Projekt findet sich noch am Anfang und ist wenig konkret. Dabei handelt es sich um die Startphase.
- Freizeitpädagogisches Angebot
  Auch hier gibt es erst eine vage Vorstellung, mit welchem Ergebnis das Projekt abschließen soll. Das Ziel muss erst genau definiert werden, eine Aufgabe der Startphase.
- Qualitätsmanagement
  Das Projekt ist über die Stabstelle „Qualitätsmanagement" organisatorisch verankert. Ziele sind bereits formuliert. Das Projekt befindet sich in der Planungsphase.

Musterlösung zur organisatorischen Verankerung

- Jubiläumsfeier
  Die Jubiläumsfeier ist eine klassische Stab-Projektorganisation. Die Mitarbeitenden werden für diese Aufgabe in das Projekt entsandt, erbringen aber in der Linienorganisation den Hauptteil ihrer Arbeit. Das Projekt fällt zusätzlich zur täglichen Arbeit an. Die Durchführungsverantwortung liegt bei der Projektleitung, wesentliche Entscheidungen zu Budget, Termin usw. müssen aber von der Gesamtleitung des Unternehmens verantwortet werden.
- Freizeitpädagogisches Angebot
  Die Entwicklung eines neuen freizeitpädagogischen Angebotes entspricht am ehesten der reinen Projektorganisation. Es handelt sich um eine abgekoppelte Aufgabe in Projektform. Wenn das Projekt erfolgreich abgeschlossen wird, ist eine Integration in die Linienorganisation möglich.
- Qualitätsmanagement
  Auch das ist eine Stab-Projektorganisation, wenngleich die Dimensionen hier etwas umfassender sind als bei der Jubiläumsfeier. Die organisatorische Verankerung wird in der Stabstelle Qualität deutlich, die bereits im Organigramm vorgesehen ist. Diese hat jedoch innerhalb der Organisation als Stabstelle keine leitende Funktion, sondern berät in erster Linie die Gesamtleitung und den Vorstand bei ihren Entscheidungen.

Literatur

Antes, W. (2014). *Projektarbeit für Profis: Praxishandbuch für moderne Projektarbeit* (3. Aufl.). Beltz Juventa.

Bea, F. X., Scheurer, S., & Hesselmann, S. (2020). *Projektmanagement* (3. überarb. Aufl.). UTB GmbH.

Benkhofer, S., Esswein, W., Hülsbeck, M., Krippendorff, T., Liebens, P., & Mandel, C. (2019). *Projektmanagement nach DIN ISO 21500:2016-02*. Schäffer-Poeschel.

Gareis, R. (2005). *Happy projects!: Project and programme management, project portfolio management, management of the project-oriented organization, management in the project-oriented society; new theories, models, best practices, case studies*. MANZ.

Kuster, J., Bachmann, C., Huber, E., Hubmann, M., Lippmann, R., Schneider, E., Schneider, P., Witschi, U., & Wüst, R. (2019). Handbuch Projektmanagement. *Springer*. https://doi.org/10.1007/978-3-662-57878-0.

Meyer, H., & Reher, H.-J. (2016). Projektmanagement: Von der Definition über die Projektplanung zum erfolgreichen Abschluss. *Springer Gabler*. https://doi.org/10.1007/978-3-658-07569-9.

Millner, R., & Majer, C. G. (2013). Projekt- und Prozessmanagement. In R. Simsa, M. Meyer & C. Badelt (Hg.), *Handbuch der Nonprofit-Organisation* (S. 335–375). Schäffer-Poeschel.

Nagel, G. (1999). *Wagnis Führung: 365 Tage aus dem Leben eines Change-Managers*. Hanser.

Patzak, G., & Rattay, G. (1998). *Projekt-Management: Leitfaden zum Management von Projekten, Projektportfolios und projektorientierten Unternehmen* (3. Aufl.). Linde.

Ries, A. (2019). *Projektmanagement Schritt für Schritt: Arbeitsbuch*. UVK.

Timinger, H. (2017). *Modernes Projektmanagement: Mit traditionellem, agilem und hybridem Vorgehen zum Erfolg*. Wiley. Wiley. https://www.wiley-vch.de/publish/dt/books/ISBN978-3-527-53048-9/. Zugegriffen: 15. Dez. 2020.

Projektleitung und Projektteam 3

Zusammenfassung

Dieses Kapitel thematisiert die Unterschiede zwischen Gruppen- und Teamarbeit, beschreibt verschiedene Teamtypen und Merkmale von Teams. Rollen und Zuständigkeiten in Projekten und Projektteams werden dargestellt, wobei auf formale und informelle Rollen und deren Ausprägungen eingegangen wird. Die Phasen der Teamentwicklung und das Aufgabenverhalten in Teams werden diskutiert, sowie Spannungsfelder in der Zusammenarbeit aufgezeigt. Es folgt eine exemplarische Darstellung der Voraussetzungen für effektive Teamarbeit und eine kurze Analyse der erfolgsversprechenden Rahmenbedingungen innerhalb einer Organisation für Projekt- und Teamarbeit. Die Zielsetzungen und Aufgaben von Multiprojektmanagement werden im Anschluss beschrieben. Das Kapitel schließt mit einem Fallbeispiel, Lern- und Kontrollfragen sowie einer Musterlösung zum Anwendungsbeispiel.

Schlüsselwörter

Teammerkmale · Teamtypen · Teamleitung · Projektrollen · Spannungsfelder in Teams · Teamentwicklung · Teamarbeit in Organisationen · Teameffektivität · Multiprojektmanagement · Anwendungsbeispiel

Lernziele
- Sie sind in der Lage, die Unterschiede zwischen Gruppen- und Teamarbeit zu benennen.
- Sie kennen Merkmale von Teams und können unterschiedliche Teamtypen zuordnen.
- Sie verstehen die Rollen und Zuständigkeiten der Teammitglieder in Projekten und wie sich diese ergänzen können.
- Sie wissen um die Phasen der Teamentwicklung und können deren Bedeutung für ein Team analysieren, sowie Empfehlungen zur Teamentwicklung abgeben.
- Sie kennen die Voraussetzungen für effektive Teamarbeit sowie der hilfreichen Rahmenbedingungen in Organisationen.
- Sie verstehen die Bedeutung des Multiprojektmanagements und können dessen Aufgaben beschreiben.

3.1 Teamzusammenarbeit und Teamleitung etablieren

Projekte werden durch gute Teamarbeit geprägt und zum Erfolg geführt. Doch was unterscheidet nun eine Gruppe von einem Team? Die folgende Tab. 3.1 gibt einen Überblick über gängige Unterscheidungsmerkmale:

Tab. 3.1 zeigt, dass sich Teamarbeit durch den Gemeinschaftssinn, die Flexibilität und Lösungsorientierung von Gruppen abhebt, Teammitglieder nach Fähigkeiten und Kompetenzen einbezieht und die Teamleistung sowie Teamzusammenarbeit im Fokus stehen. Gruppen können sich zu funktionierenden Teams weiter entwickeln, um leistungsfähiger zu werden.

„Teamorientierte Zusammenarbeit bedeutet, dass die Mitglieder eines Projektteams ihre spezifischen Kompetenzen zur Erreichung eines Projektzieles einbringen." (Diethelm, 2001, S. 45). Nagel (1999) erläutert, dass Teams komplexe Probleme wesentlich besser lösen können, als Einzelkämpfer*innen und definiert folgende wesentliche Kennzeichen „wirklicher" Teams:

- Teams haben ein gemeinsames Ziel,
- ein Zusammengehörigkeitsgefühl,
- sind bewusst zusammengesetzt,
- haben eine klare Führung,
- vereinbarte Spielregeln sowie

Tab. 3.1 Unterscheidungsmerkmale zwischen Gruppen- und Teamarbeit. (Darstellung nach Diethelm & Bernard (2000, S. 47)

Gruppenarbeit	Teamarbeit
Gefühl des Getrennt-Seins – „Die-Gefühl"	Gefühl der Gemeinsamkeit – „Wir-Gefühl"
Fixiertes Vorgehen (nach bekannten Regeln)	Flexibles Vorgehen (nach Bedarf für ein Vorhaben)
Weitgehend durch Organisationsregeln/–prozesse und/oder Organisationshandbücher bestimmt	Problemlösungsorientiert, Suche nach neuen Wegen im Prozess nötig
Weitgehend berechenbar in Qualität und Quantität	Nur schwer vorhersehbar in Qualität und Quantität
Einzelkämpfertum, Schwächere bleiben zurück	Integration von Stärken der Teammitglieder
Einzelleistung ist nachvollziehbar und messbar (Fokus auf die eigene Leistung)	Einzelleistung geht in die Teamleistung ein und wird damit schwer messbar (jeder für jeden)
Begrenzte Einsatzbereitschaft	Unbegrenzte/kaum begrenzte Einsatzbereitschaft
Formal-hierarchische Stellung	Zusammenarbeit als „Gleiche unter Gleichen" bzw. Projektleitung als „Erste/r unter Gleichen"

- sind in der Aufbau- und Ablauforganisation klar definiert. (Nagel, 1999, S. 291)

Teamtypen können in der Praxis sehr unterschiedlich sein. Die folgende Tab. 3.2 gibt einen Überblick über verschiedene Arten von Teams mit Anwendungsbeispielen:

Tab. 3.2 Übersicht über verschiedene Teamtypen mit Anwendungsbeispielen. (Darstellung in Anlehnung an Gareis, 2005, S. 111–112). leicht modifiziert und ergänzt um Beispiele)

Teamtypen	Merkmale	Anwendungsbeispiele
Dauerhaft installierte Teams	Langfristig orientiert, Kontinuität	Qualitätszirkel, Monitoringteams
Zeitlich befristete Teams	Aufbau, Management und Auflösung	Projektteams, Arbeitsteams
Arbeitsgruppen	Fokus auf den Arbeitsauftrag	Teilautonome Arbeitsgruppen
Leitungs-/Managementteams	Fokus auf die Leitungs-/Managementtätigkeit	Bereichs-/Abteilungsleitungsteams für (strategische) Entwicklungsaufgaben
Große Teams	Teams bis zu 12 Personen	Für komplexere Teamaufgaben oder in größeren Organisationen
Kleine Teams	Teams bis zu 6 Personen	Für überschaubare Teamaufgaben oder in kleineren Organisationen
Heterogene Teams	Unterschiedliche Kompetenzen der Teammitglieder	Inter- und multidisziplinäre Teams, abteilungsübergreifende Teams
Homogene Teams	Ähnliche Kompetenzen der Teammitglieder	Teammitglieder kommen von einer Disziplin oder Profession
Lokale Teams	Gleicher Arbeitsort, direkte Interaktion	Teams an einem Standort
Virtuelle/verteilte Teams	Unterschiedliche Arbeitsorte, nutzen diverse Kommunikationsmedien	Standort- und/oder organisationsübergreifende Teams

3.1 Teamzusammenarbeit und Teamleitung etablieren

Die Tab. 3.2 zeigt verschiedene Teamtypen, die in der Praxis kombiniert auftreten. So kann es beispielsweise ein kleines, zeitlich befristetes Projektteam geben, das strategische Leitungs- und Managementaufgaben bearbeitet, heterogen mit Leitungspersonen aus unterschiedlichen Bereichen zusammengesetzt ist und sich im virtuellen Raum trifft, da die Standorte der Organisation räumlich entfernt sind. Ein Team ist damit nicht eindeutig einem einzelnen Merkmal der obigen Tabelle zuzuordnen, sondern die Merkmale treten in verschiedensten Konstellationen auf. Prinzipiell lässt sich festhalten, dass heterogene Projektteams prinzipiell besser geeignet sind, um innovative Projekte zu entwickeln, jedoch mehr Interessensvielfalt und potenzielle Konflikte auftreten können als in homogenen Teams. Hier sind Projektleiter*innen in ihrer koordinierenden und gestaltenden Rolle gefragt, um die Potenziale von Teams zur Wirkung zu bringen.

Projektleiter*innen sind jedoch im Gegensatz zu klassischen Leitungspositionen dabei mit wenig formaler Macht ausgestattet und mit der Herausforderung konfrontiert, ein zumeist heterogenes Projektteam aus unterschiedlichen Disziplinen und/oder Abteilungen auf Projektziele auszurichten. (Millner & Majer, 2013, S. 345) Laut Gareis (2005) haben Team- oder Projektleitungen folgende Aufgaben im Projektverlauf:

- Informationen weitergeben
- Einigung über Zielsetzungen und Aufgabenverteilung erwirken
- Qualitätskontrolle und Feedback institutionalisieren
- Entscheidungen (mit dem Team) treffen
- Zur Konfliktlösung beitragen
- Rahmenbedingungen zur Motivation der Teammitglieder schaffen
- Lernen und Weiterentwicklung der Teammitglieder und des Teams fördern (Gareis, 2005, S. 115)

Timinger (2017) beschreibt Projektleitung als „Führung ohne disziplinarisches Weisungsrecht". Das disziplinarische Weisungsrecht bezieht sich auf die Einhaltung von gültigen Unternehmens- und Verhaltensnormen und beinhaltet Belohnungs- oder Sanktionsmöglichkeiten. Beim fachlichen Weisungsrecht hingegen entscheidet die vorgesetzte Stelle über die Art und Weise der fachlichen Aufgabenerfüllung, ohne disziplinarische Hilfsmittel nutzen zu können. Dies bedeutet, dass Projektleiter*innen eine hohe Kompetenz brauchen, in der Praxis jedoch selten Schulungen oder Unterstützung in der Rolle der Projektleitung erhalten. (Timinger, 2017, S. 330 f.)

Projektleiter*innen brauchen soziale, methodische und fachliche Qualifikationen, generalistisches Wissen und den Blick für das Ganze. Sie sollten sich als „Erste unter Gleichen" verstehen, Teammitglieder bei Entscheidungen einbeziehen, deren Kompetenzen und Stärken wirksam werden lassen, Arbeitspakete (statt einzelner Aufgaben) nach Absprache übertragen. Projektleiter*innen klären Rahmenbedingungen, verfolgen die Projektziele, koordinieren und schaffen Transparenz über gegebenenfalls nötige Veränderungen und kontrollieren den Projektfortschritt. (Antes, 2014, S. 160).

In Teams besteht die Chance, dass wechselseitiger Austausch, gute Arbeitsteilung und gegenseitige Unterstützung motivierend wirken kann. Das Prinzip der rotierenden Leitung ermöglicht, dass jedes Teammitglied sich nach eigenen fachlichen Stärken einbringen kann. (Diethelm, 2001, S. 45) Die rotierende Leitung bedeutet, dass je nach Fachthema oder Arbeitspaket eine andere Person für die Zeit der Bearbeitung des betreffenden Teiles Leitungsverantwortung übernehmen kann. Die Leitungsrolle wird somit im Arbeitsprocedere auf das Team verteilt, obwohl es natürlich nach wie vor die offizielle Projektleitung nach außen und innen gibt. Voraussetzung dafür ist ein guter Zusammenhalt des Teams und wechselseitiges Vertrauen sowie ein klares Verständnis für Rollen und Zuständigkeiten im Team. Die vielfachen Facetten von Teamrollen und die sich daraus ergebenden Möglichkeiten der Gestaltung von Zuständigkeiten in Projekten sind Gegenstand des nächsten Kapitels.

3.2 Rollen und Zuständigkeiten im Projekt festlegen

Rollen und Zuständigkeiten in Projekten können sehr unterschiedlich ausgestaltet sein, je nach Organisationsgröße, Anzahl der Leitungsebenen, Projektumfang, Größe des Projektteams, Dauer des Projekts, Orientierung nach innen oder außen. Die ausgewählten Rollenmodelle in diesem Kapitel geben einen Überblick über formelle Rollen (Drews et al., 2016), über informelle Rollen in Teams und damit verbundenes Arbeitsverhalten (Gareis, 2005) sowie über handlungs-, kommunikations- und wissensorientierte Rollen und Eigenschaften von Teammitgliedern (Belbin, 1993, 2004). Die Rollenmodelle ergänzen einander hinsichtlich der Zuständigkeiten sowie dem Rollenverhalten in Projekten und Projektteams.

Drews et al. (2016) definieren sieben formale Rollen in Projekten, die für eine erfolgreiche Projektarbeit in der Organisation sowie in Projektteams geklärt werden sollten und die vor allem folgende Aufgaben erfüllen:

3.2 Rollen und Zuständigkeiten im Projekt festlegen

- Projektleiter*in: Management des Projekts auf Zeit, Abstimmung der Ziele mit Auftraggeber*in, Ziele/Maßnahmen im Team vereinbaren/planen; umsetzen und kontrollieren, Aufgaben delegieren, das Team (methodisch) steuern, Projektfreigabe mit Auftraggeber*in
- Projektcontroller*in: Wirkt bei Bedarf ergänzend zu Projektleiter*in, überwacht Projekt und Projektstatus, analysiert Soll-Ist-Prozesse/Ergebnisse und Abweichungen, formuliert Handlungsempfehlungen für Projektleiter*in und/oder Projektauftraggeber*in
- Projektauftraggeber*in: Häufig Projektinitiator*in, übergibt Projektauftrag an Projektleiter*in und Projektteam, kann organisationsintern oder -extern sein, ist bei wichtigen Entscheidungen einzubeziehen, finanziert das Projekt und nimmt es nach Fertigstellung ab
- Projektteammitglied: Verantwortlich für die korrekte Durchführung von Teilaufgaben und Arbeitspaketen, informieren Projektleitung über Stand der Aufgaben, weisen auf Probleme und Hindernisse hin, schlagen Korrekturmaßnahmen vor und führen diese in Abstimmung mit Projektleitung durch
- Expertenteam/Fachausschuss: Kann bei Bedarf in Projekte eingebunden werden, wenn bestimmtes Fachwissen ergänzend zum Projektteam nötig ist, soll in der Projektstartphase mit bestimmten Stundenkontingent eingeplant werden
- Steuerungsgremium: Besteht z. B. aus Geschäftsführung, Leitungspersonen und Projektleiter*innen, wichtige Weichenstellungen für den Fortgang von Projekten in der Organisation werden gestellt und Projektentscheidungen getroffen hinsichtlich Projektkosten, Wirtschaftlichkeit, Dringlichkeit und/oder strategischer Ausrichtung
- Lenkungsausschuss: Kann bei Bedarf als zusätzliche Steuerungsebene eingerichtet werden, ernennt die Projektleitung und genehmigt den Projektplan, kann Projekt stoppen oder fortsetzen, genehmigt den Abschlussbericht und entlastet Projektleitung beim Projektabschluss

(Drews et al., 2016, S. 115–135).

Informelle Rollen in Teams treten ergänzend zu den formalen Strukturen auf. Sechs mögliche informelle Rollen, die in Teams auftreten benennt Gareis (2005), wobei das Arbeitsverhalten als Fokus der Betrachtung dient:

- Performer*innen: Lenken das Team durch die eigene Meinung und Engagement
- Analytiker*innen: Betrachten Situationen genau und entwickeln Lösungen
- Integrationsfiguren: Entwickeln die Teambeziehungen und Teamkultur

- Controller*innen: Fokussieren die Zeitgestaltung und den zielgerichteten Prozess
- Mitläufer*innen: Vermeiden Konflikte
- Arbeitsorientierte: Engagieren sich in der konkreten Arbeit (Gareis, 2005)

Das Rollenmodell von Belbin (1993, 2004) beschreibt neun Teamrollen, unterteilt in handlungsorientierte, kommunikationsorientierte und wissensorientierte Rollen mit vorteilhaften und nachteiligen Merkmalen. Teammitglieder können eine oder mehrere dieser Rollen einnehmen:

- Handlungsorientierte Rollen:
  - Umsetzer*innen: Diszipliniert, organisiert, verlässlich, auf bestehende Konzepte und Strukturen aufsetzend, bodenständig, unflexibel
  - Perfektionist*innen: Gewissenhaft, terminorientiert, detailverliebt, fehlervermeidend, ängstlich, delegiert nur ungern
  - Macher*innen: Mutig, dynamisch, überwindet Hindernisse, orientiert am Wesentlichen, ungeduldig, neigt zu Provokationen, manchmal arrogant
- Kommunikationsorientierte Rollen:
  - Koordinator*innen/Integrator*innen: Selbstsicher, zielstrebig, entschlussfreudig, delegationsorientiert, sehen das große Ganze, teils manipulativ
  - Teamarbeiter*innen: Kooperativ, diplomatisch, beliebt, durchsetzungsschwach, unentschlossen
  - Wegbereiter*innen: Kontaktstark, umfeldorientiert, extrovertiert, enthusiastisch, optimistisch, verliert Kernthema aus dem Auge und nach Wegbereitung das Interesse
- Wissensorientierte Rollen:
  - Beobachter*innen: Analytisch, konzentriert, kritisch, eher introvertiert, skeptisch
  - Spezialist*innen: Hohe fachliche Kompetenz, detailverliebt, kein Blick fürs Ganze
  - Erfinder*innen/Innovator*innen: Bringen neue Ideen und Lösungsansätze ein, kreativ, teils gedankenverloren, schlecht kritikfähig (Belbin, 1993, 2004)

Rollenmodelle können dazu beitragen, dass Projektteammitglieder, Projektleiter*innen und/oder Auftraggeber*innen die Bedeutung von unterschiedlichen, sich ergänzenden Rollen besser verstehen und diese bei der Gestaltung von Projekten in der Organisation sowie bei der Zusammensetzung des Projektteams mitdenken können. Nicht alle Rollen müssen in jedem Projektteam vorkommen, doch sollte nach Möglichkeit bei der Teamzusammenstellung reflektiert werden, welche Rollen für die Lösung der Aufgabenstellung des Projektteams wichtig wären.

Sowohl formale als auch informelle und soziale Rollen sollten laut Timinger (2017) berücksichtigt werden. Bei einer fehlenden Rolle sollten die Auswirkungen des Fehlens analysiert werden (z. B. Innovationsprojekte ohne Innovator*innen oder Spezialist*innen sind wenig erfolgsversprechend). Sind Rollen doppelt besetzt, erhöht sich die Konfliktwahrscheinlichkeit (z. B. Spezialist*innen mit sehr unterschiedlicher Ausrichtung), diesen Konflikten ist im Projektverlauf vorzubeugen bzw. ist Konfliktbegleitung einzuplanen. In der Praxis wird es nicht möglich sein, Teams frei und ideal zusammenzustellen. Sollten aber Probleme oder Konflikte aufgrund fehlender Passfähigkeit von Teammitgliedern vorhersehbar sein, sollte die Teamleitung mit projektauftraggebenden Gremien und Ressourcenverantwortlichen in Kontakt treten und mögliche Alternativen besprechen. (Timinger, 2017, S. 319).

Je stimmiger die Zusammensetzung des Projektteams, desto konstruktiver und effizienter kann die Teamentwicklung verlaufen, die im nächsten Kapitel thematisiert wird.

3.3 Teamentwicklung mitgestalten

Jedes Team ist unterschiedlich und doch gibt es ähnliche Phasen der Teamentwicklung, die Tuckman (1965) speziell für „small groups" formuliert und die vielfach von anderen Autor*innen als Phasen des „Forming, Storming, Norming, Performing" zitiert wurden. Tuckman und Jensen (1977) haben in einem weiteren Artikel die Phase des „Adjourning" als letzte Phase der Teamentwicklung ergänzt. Tab. 3.3 zeigt die Phasen und führt die dazugehörige Gruppenstruktur und das Aufgabenverhalten aus.

Die in Tab. 3.3 dargestellten Phasen der Teamentwicklung sind nach wie vor bedeutsam in der fachlichen Literatur. Dabei sind diese nicht als striktes Schema zu verstehen, sondern eine Wiederholung von Phasen oder Phasenteilen im Laufe des Teamprozesses ist in der Praxis durchaus normal. Insbesondere kann eine Rückschleife in die Forming- oder Stormingphase auftreten, wenn beispielsweise neue Mitglieder ins Team kommen oder bestimmte Ziel-, Aufgaben- oder Rollenkonflikte erneut auftreten, oder sich nötige Anpassungen durch äußere Einflüsse oder innerhalb des Teams ergeben. Die Teamentwicklungsphasen nach Tuckmann

Tab. 3.3 Teamentwicklungsphasen (Darstellung in Anlehnung an Tuckmann, 1965, S. 365; Tuckman & Jensen, 1977 & Heinrich, 2002, S. 320; leicht modifiziert und ergänzt)

Phasen	Tuckman (1965); Tuckman und Jensen (1977)	Gruppenstruktur	Aufgabenverhalten
Forming Kennenlernphase	Stage 1: Testing and dependance	Unsicherheit, Aufgaben und Rollen sind unklar	Orientierung an der Gruppenaufgabe
Storming Konfliktphase	Stage 2: Intragroup conflict	Auftreten von Aufgaben- und Rollenkonflikten	Emotionale Ablehnung der Aufgabenanforderung
Norming Stabilitätsphase	Stage 3: Development of group cohesion	Gemeinsame Normen, gegenseitige Unterstützung	Offener Austausch von Meinungen, Kooperation
Performing Produktivitätsphase	Stage 4: Functional-role relatedness	Flexibles und funktional orientiertes Rollenverständnis	Konzentration auf die Aufgabenstellung
Adjourning Auflösungsphase	Stage 5: Adjourning	Bedauern der Auflösung und zeitlichen Begrenzung	(Selbst-)Evaluation und (Selbst-)Reflexion

(1965) und Tuckman und Jensen (1977) dienten und dienen als Orientierungsrahmen für weiterführende Betrachtungen sowie für weitere Phasensystematiken, die noch einmal an bestimmten Kontexten orientiert oder weiter ausdetailliert sind.

Ein Prozessmodell des Managements insbesondere von „verteilten Teams" beschreiben Boos et al. (2017). Auch wenn dabei vier Phasen beschrieben werden, erinnern diese an das Grundmodell von Tuckman und Jensen, die „Stormingphase" wird in dieser Systematik weitgehend ausgeklammert bzw. in die Phase „Teamarbeit" integriert. Somit bleibt Forming „Vorbereitung", Norming und Performing in „Start" und „Teamarbeit" enthalten, Adjourning entspricht dem „Wandel/Auflösung". Die Phasensystematik von Boos et al. (2017) ist bei den nötigen Schritten detaillierter und bietet konkrete Handlungsanleitung für insbesondere verteilte Teams, wie die nachstehende Abbildung zeigt:

3.3 Teamentwicklung mitgestalten

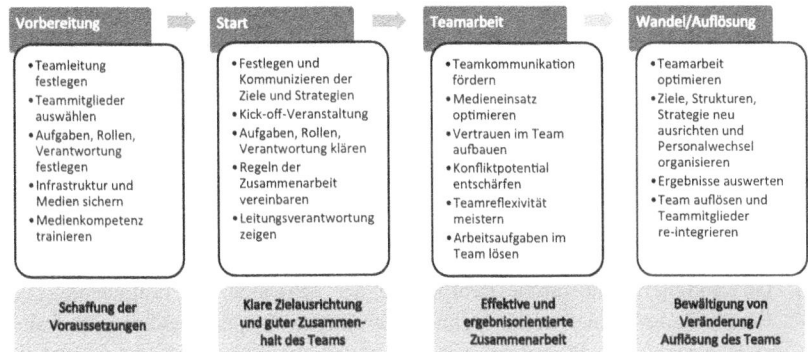

Abb. 3.1 Prozessmodell des Managements verteilter Teams. (Darstellung in Anlehnung an Boos et al., 2017)

Die Abb. 3.1 zeigt die Teamentwicklungsphasen, Aktivitäten und Maßnahmen innerhalb der jeweiligen Phasen und die Ergebnisse, die aus der jeweiligen Phase am Ende resultieren sollten. Wie für alle Phasensystematiken gilt auch für diese Abbildung, dass ein idealtypischer Prozess beschrieben wird, in der Praxis gibt es Mischformen zwischen den Phasen oder auch die „Rückkehr" in eine vorherige Phase im Rahmen des Teamverlaufes. Phasenschemen helfen Leitungspersonen und Team im Sinne einer Orientierung, sollten aber nicht zu strikt und sequentiell verstanden werden.

Buchinger (2009) beschreibt zehn Spannungsfelder, mit denen Teams konfrontiert sind:

1. Die Spannung Individuum – Gruppe: Individuen weisen Mehrfachzugehörigkeiten und Autonomiestreben auf, gleichzeitig entsteht Gruppenzugehörigkeit und Gemeinsamkeit, die handelnden Personen gewinnen an Gewicht im Vergleich zu Regeln der Gesamtorganisation.
2. Die Spannung von Aktion und Reflexion: Routine kann durch Aktion bewältigt werden, solange diese unter konstanten Bedingungen stattfinden. Jedoch wird es für dynamische Organisationen nötig, „routinemäßige Reflexionsschleifen ins Tun einzuziehen," um die Sinnhaftigkeit von nächsten Handlungsschritten zu bedenken.
3. Die Spannung von Einheit und Unterschied: Unterschiede werden in Gruppen vor allem am Beginn häufig als störend erlebt, doch können diese durch Anerkennung der Unterschiede zu einer Ressource in Teams werden.

4. Die Spannung von Sache und Emotion: Je unklarer Rollen, Funktionen und Abläufe sind, desto mehr Gewicht erhält die Emotion, die sich positiv und negativ auf das Gruppen– und Organisationsgeschehen auswirken kann, obwohl Arbeitsbeziehungen prinzipiell an Sachlichkeit orientiert sind.
5. Die Spannung von Engagement und Distanzierung: Distanzfähigkeit ermöglicht Reflexion und innovatives Denken, Engagement hingegen braucht die Identifikation der Personen mit Aufgaben, mit Gruppen und mit der Organisation.
6. Die Spannung von Resultat und Prozess: Die Konzentration auf das Resultat ermöglicht eine rasche Bearbeitung der Aufgaben, die Betrachtung des Prozesses ist immer nötig, wenn es Störungen/Adaptionsbedarf gibt, kann aber auch selbst Störungen oder Verzögerungen auslösen – dennoch ist Prozesskompetenz unverzichtbar in lernenden Organisationen.
7. Die Spannung von psychischem Erleben und Kommunikation: Ein Überschuss von psychischem Erleben wird in Organisationen durch informellen Klatsch und Tratsch kompensiert, destruktiv hingegen wirkt die Intrige, die Klatsch und Tratsch in Organisationsprozesse einwebt – in sich selbst organisierenden Systemen gewinnt psychisches Erleben und informelle Organisation an Bedeutung.
8. Die Spannung von Sicherheit und Entwicklung: Statt Resultat-, Struktur- und Rollensicherheit, die in Gruppen nicht immer gewährleistet ist, gewinnen Teams eine Prozesssicherheit durch Zugehörigkeit, Vertrauen und Feedback – dies ermöglicht Entwicklung.
9. Die Spannung von Führen und Geführt-Werden: Statt hierarchischer Steuerung braucht es Professionalität in der Leitungstätigkeit, feedbackgesteuerte Impulse zur Steuerung komplexer (sozialer) Prozesse und Ambiguitätstoleranz im Sinne eines Managements widersprüchlicher Aufgaben.
10. Die Differenz von Tun und Erfahren einerseits und Lernen andererseits: Statt der Perfektionierung von Routinen sind der Umgang mit Unsicherheit und gemeinsames Lernen im Team gefragt, noch nicht vorhandenes Wissen, Fähigkeiten und Fertigkeiten sind zu entwickeln. (Buchinger, 2009, S. 94–101)

Im Laufe der Teamentwicklung finden die Teammitglieder und das Team als Gesamtheit eine Balance zwischen diesen Spannungsfeldern. Teamkultur entsteht, wobei festzuhalten ist, dass diese nicht komplett stabil sein wird, sondern sich laufend verändert. Aushandlungsprozesse können also immer wieder im Team nötig sein, wenn die Spannungsfelder als Problemstellungen erlebt werden. Am Beginn der Teamarbeit wird die Teamleitung stärker regulierend eingreifen. Je länger die Teamarbeit andauert, je besser sich die Teammitglieder kennen und je offener die Gesprächskultur im Team ist, desto leichter können die Abstimmungsprozesse gemeinsam gestaltet werden.

Millner und Majer (2013) führen aus, dass Non-Profit-Organisationen (NPO) an organisatorischer Flexibilität durch Projekte gewinnen und insbesondere in wenig ausdifferenzierten NPOs die Tendenz zu partizipativen Entscheidungsstrukturen unterstützen können. Projekte können jedoch auch Unruhe und Unsicherheit erzeugen, da diese tendenziell für neue und damit risikoreiche Aufgaben eingesetzt werden. Projekte verlangen von involvierten Organisationsmitgliedern ein „Multirollenkonzept" ab, ermöglichen aber auch Weiterentwicklung. (Millner & Majer, 2013, S. 337 ff.) Um Projekte möglichst vorteilhaft für Projektteams und die Organisation zu gestalten, ist es daher wesentlich, Projekte fachlich und organisatorisch zu begleiten.

3.4 Projekte erfolgreich begleiten

Erfolgreiche Projekte ergeben sich durch gute Teamarbeit und eine möglichst optimale, organisatorische Einbettung. Daher geht dieses Kapitel zuerst auf die Rahmenbedingungen, die in der Organisation für Projektarbeit geschaffen werden sollten und anschließend auf Faktoren der Teameffektivität ein. Prozessbegleitung ist für eine Projektgruppe/ein Projektteam wichtig, damit einerseits die Teamentwicklung unterstützt wird, andererseits aber auch die Strukturen und Prozesse der Organisation sowie die Zusammenarbeit zwischen Projektteams und der Organisation gestaltet werden kann. Die folgende Abbildung zeigt ein Prozessmodell der Team- und Gruppenarbeit, das einen Überblick über die zu berücksichtigenden Dimensionen gibt:

Die Abb. 3.2 zeigt laut Miebach (2017), dass Teams als soziale Systeme in der Organisation eingebettet sind und sich von Individuen als psychische Systeme abgrenzen. Teamhandlungen werden von Strukturen und Prozessen der Organisation beeinflusst, die von den Teammitgliedern wiederum in der jeweiligen Situation interpretiert werden müssen. Das soziale System der Teamarbeit besteht somit aus konkreten Teamprozessen und der Interaktion mit der Organisation

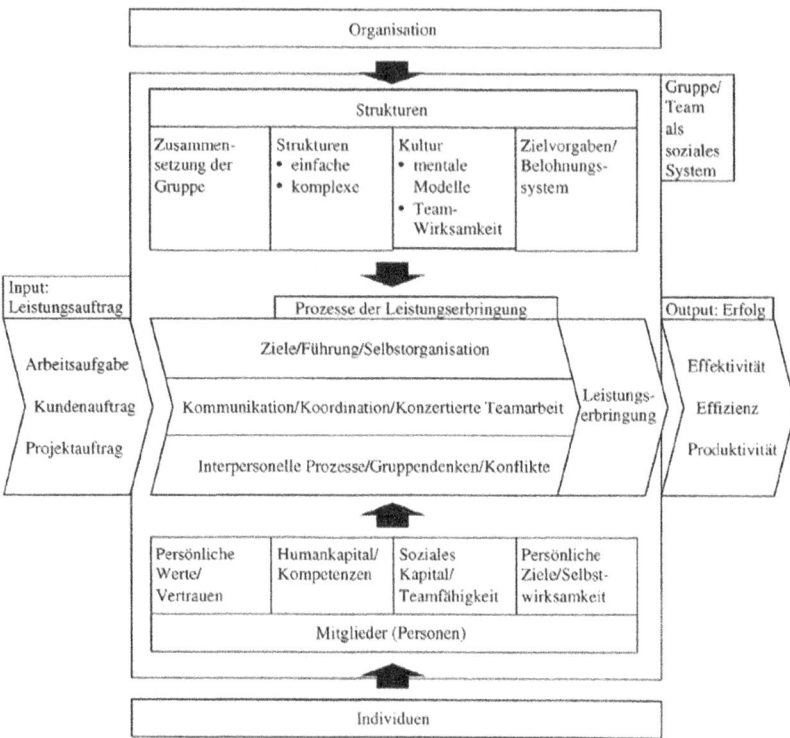

Abb. 3.2 Prozessmodell der Team- und Gruppenarbeit. (Miebach, 2017, S. 253)

(Miebach, 2017, S. 252–254). Teamarbeit kann in dieser Interaktionsbeziehung gut funktionieren, wenn Organisationen auf Erfordernisse der Teamarbeit in ihren Prozessen und Strukturen eingehen, wenn Teams etabliert, begleitet und schließlich wieder aufgelöst werden.

Buchinger (2009) formuliert vier wesentliche Aspekte, um erfolgreiche Teamarbeit in Organisationen zu ermöglichen, auf die in Organisationen und Teams geachtet werden sollte:

- Teamfähigkeit: Abhängig von Kommunikations-, Reflexions- und Konfliktfähigkeit der Individuen und vom Teamverhalten, braucht laufenden Entwicklungsprozess

3.4 Projekte erfolgreich begleiten

- Teamaufbau: Teams brauchen geteilte Ziele, eine kooperativ zu lösende Aufgabe, Offenheit bei den Mitteln und Methoden zur Bewältigung der Teamaufgabe, die nötigen Ressourcen (Zeit, Personal, Infrastruktur) und nach Möglichkeit eine teambezogene Entlohnung
- Teamsteuerung: Selbstorganisation im Team und Vertretung des Teams nach außen hin, dabei kann die Steuerungsaufgabe funktional auf verschiedene Personen verteilt sein, auch wenn die Vertretung nach außen hin meist durch die formelle Teamleitung übernommen wird
- Vernetzung mit anderen Formen organisationaler Arbeit: Klärung des Stellenwertes von Teamarbeit in der Organisation und zur Einbettung in den Arbeitsalltag, Klärung von Teamaufgaben vs. regulären Organisationsaufgaben, ideal sei eine möglichst große Autonomie im Team bei gleichzeitig gutem Organisationsbewusstseins des Teams. (Buchinger, 2009, S. 94–101)

Wageman et al. (2009) definieren fünf Voraussetzungen für Teameffektivität (siehe dazu auch Boos et al., 2017):

- „Real team" – „Das Team ist ein echtes Team": Teamkolleg*innen bilden ein intaktes, soziales System, um gemeinsame Aufgaben zu lösen, das Team nimmt sich als Einheit auf Zeit wahr und entwickelt gewisse gemeinsame, stabile Arbeitsweisen, das Ergebnis ist kollektiv als Team zu erzielen.
- „Compelling direction" – „Das Team ist an einer herausfordernden Zielsetzung orientiert", die weder zu leicht noch zu schwierig erreichbar sein sollte, um Kenntnisse und Fähigkeiten der Teammitglieder herauszufordern.
- „Enabling struktur" – „Die Teamstruktur ist aufgabenangemessen", die Teamgröße und Teamzusammensetzung muss zur Aufgabenstellung passen und autonomes Arbeiten ermöglichen.
- „Supportive organizational context" – „Rahmenbedingungen unterstützen die Teamarbeit": Das Team ist sinnvoll in die organisationalen Abläufe integriert, erfährt Unterstützung aus der Organisation (z. B. Ressourcen, Schulung, Training) und trägt mit dem Teamergebnis zu den Organisationszielen bei, die teamextern verantwortet werden müssen.
- „Available, expert coaching" – „Das Team hat Zugang zu kompetenter Prozessbegleitung", falls Coaching oder Mentoring im Team gebraucht wird.

Diese Kriterien der Teameffektivität sollten bei der Zusammensetzung und begleitenden Unterstützung von Teams Beachtung finden. (Boos et al., 2017, S. 20; Wageman et al., 2009, S. 194).

Für einzelne Projekte in einer Non-Profit-Organisation können die Prozesse, Strukturen und Regelungen noch speziell für das jeweilige Projekt ausgehandelt werden. Wenn Organisationen hingegen laufend Projekte professionell abwickeln wollen/müssen, braucht es klare organisationale Rahmenbedingungen für die Projektarbeit sowie bei parallel zu begleitenden Projekten ist zusätzlich Multiprojektmanagement erforderlich, das im nächsten Kapitel thematisiert wird.

3.5 Multiprojektmanagement meistern

Stöger und Salcher (2006) erläutern, dass in allen größeren Non-Profit-Organisationen mehrere Projekte gleichzeitig gesteuert werden müssten, wobei die Leitungskräfte vor der Herausforderung stehen, nicht in allen Projekten mitwirken zu können, aber dennoch einen Überblick bewahren sollen. Der Ansatz des Multi-Projektmanagements dient der Steuerung von vielen Projekten. Ziele dabei sind, einen Überblick über die laufenden Projekte und deren Projektstatus zu gewinnen, die Projektressourcen zu managen und eine Konzentration auf Projekte zu legen, die erfolgsversprechend für die Organisation sind. (Stöger & Salcher, 2006, S. 179).

Multiprojektmanagement führt zu einer intensiveren Beanspruchung von Personal und Ressourcen als Einzelprojekte, insbesondere, wenn Projektmitarbeiter*innen in unterschiedlichen Projekten gleichzeitig aktiv sind. Die Projekte können sich in unterschiedlichen Stadien befinden, verschiedene Ziele, Aufgaben und Maßnahmen beinhalten und voneinander abweichende Kompetenzen erfordern. Es ist daher gut zu überlegen, in welchen Projekten Mitarbeitende parallel arbeiten können, ohne dass Projekte in zu starke Konkurrenz um Personal, Geldmittel und Infrastruktur geraten. (Diethelm & Bernard, 2000, S. 69 f.)

Stöger und Salcher (2006) empfehlen das Instrument der „Projektlandkarte" zu nutzen, um einen Überblick über alle Projekte der Organisation zu gewinnen, den Projektfortschritt im Blick zu behalten, Grenzwerte zu definieren, die ein Einschreiten erfordern und um Projektprioritäten im Falle von Ressourcenknappheit definieren zu können. Struktur und Tiefe von Projektlandkarten können sehr unterschiedlich sein, je nach Bedarfen der Organisation. Ein einfaches Formular enthält Kriterien zum Fortschrittsgrad des Projektes (z. B. Planung, Analyse, Umsetzung, Zielerreichung) und die Bedeutung des Projektes (z. B. niedrig, mittel, hoch). Da Projekte nicht statisch sind, sondern sich laufend weiter entwickeln, muss die Projektlandkarte laufend aktualisiert werden (Stöger & Salcher, 2006, S. 180).

3.5 Multiprojektmanagement meistern

Bea et al. (2020) gliedern Multiprojektmanagement in drei Phasen, die in Abb. 3.3 ersichtlich sind:
Die in Abb. 3.3 dargestellten Phasen laufen nicht linear ab, sondern es gibt Wechselwirkungen zwischen den einzelnen Prozessen. Die strategische Multiprojektplanung konzentriert sich auf die Auswahl von zur Umsetzung vorgesehenen Projekten nach qualitativen und quantitativen Kriterien, um die „richtigen" Projekte in der Organisation zu unterstützen. Die Planung und Steuerung erfolgt übergeordnet durch eine koordinierende Stelle (z. B. Lenkungsausschuss oder Multiprojektmanagementverantwortliche). Die operative Multiprojektplanung setzt an der Ressourcenplanung an. Die Multiprojektumsetzung hat das Ziel, effektive Strukturen zu schaffen und die operativen Aufgaben miteinander zu vernetzen (z. B. durch einen definierten Projektprozessablauf). Die strategische Multiprojektkontrolle betrachtet die Projekte bezogen auf Organisationsziele, die operative Multiprojektkontrolle versucht anhand vergleichbarer Kriterien einen Überblick über den Stand der Projektdurchführung aller Projekte zu gewinnen. (Bea et al., 2020, S. 518–521).

Aufgaben des Multiprojektmanagements können laut Millner und Majer (2013) von einem Projektsteuerungskreis übernommen werden, sofern es keine zuständige Stelle oder Abteilung für (Multi-)Projektmanagement in der Organisation gibt oder die Geschäftsleitung dies nicht selbst ausübt. Der Projektsteuerungskreis ist ein Gremium aus definierten Vertreter*innen (z. B. Abteilungs-, Bereichs- oder Gruppenleitungen). Dieser tritt regelmäßig zusammen, je nach Größe der Organisation z. B. alle zwei Wochen oder einmal monatlich. Alternativ

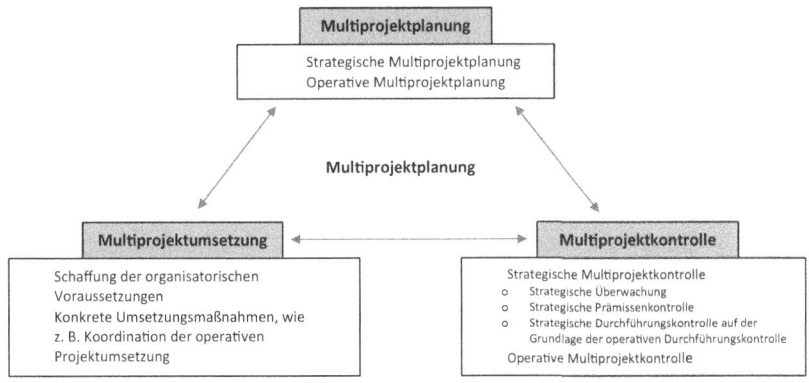

Abb. 3.3 Phasen des Multiprojektmanagements. (Bea et al., 2020, S. 519)

kann von der Organisation ein Projektmanagement-Office als Stabstelle installiert werden, das Multiprojektmanagementaufgaben übernimmt, die Standards des Projektmanagements in der Organisation definiert und weiterentwickelt sowie als Servicestelle für Projektleitungen und Projektmitarbeiter*innen wirkt. (Millner & Majer, 2013, S. 347).

3.6 Anwendungsbeispiel: Projekte des Zentrums für Kindheit und Jugend e. V.

Zur **Jubiläumsfeier** des Zentrums für Kindheit und Jugend e. V. hat sich ein Projektteam zusammengefunden. Es besteht aus zwei Personen des ehrenamtlichen Vorstandes, Herrn Huber und Frau Meier. Ebenso beteiligt ist die wirtschaftliche Leitung Frau Schmidt. Aus der Mitarbeitendenschaft sind aus dem teilstationären Bereich Frau Meister und aus dem ambulanten Bereich Frau Dorfer mit dabei. Aus dem stationären Bereich wirkt Frau Baum mit. Ebenso beteiligt ist die Stabstelle Öffentlichkeitsarbeit, Frau Gruber.

Die Projektleitung hat Frau Schmidt inne. Die Aufgaben der anderen Gruppenmitglieder sind noch nicht eindeutig geklärt. Erste Treffen zur Klärung der Projektaufgaben stehen bevor, bisher hat sich die Gruppe einmal zum Kennenlernen zusammengefunden. Dieses Treffen war sehr harmonisch und gelungen. Die Gruppe hat ein Budget von 10.000 €, über das sie frei verfügen kann. Die Projektmitglieder sind beauftragt Sponsoren zu suchen, da die 10.000 € nicht ausreichen werden. Hier liegt die Hoffnung der Projektgruppe insbesondere in der Nutzung der guten Kontakte der beiden ehrenamtlichen Vorstände in der Region. Die Gruppe kann autonom entscheiden, wie das Fest gestaltet und das Budget verwendet werden soll. Die einzige Auflage ist, zwei Varianten zu erstellen und diese dem Vorstand und der Geschäftsführung zur Entscheidung vorzulegen. Die Beteiligten freuen sich auf die gemeinsame Aufgabe, obwohl sie noch nicht wissen, wie diese genau ausgestaltet wird. Es soll auf jeden Fall einen großen Festtag unter Einbezug der ortsansässigen Vereine geben sowie mehrere kleine, vor allem fachliche Veranstaltungen. Spender*innen sollen gewürdigt und geehrt werden, ebenso langjährige hauptamtliche und ehrenamtliche Mitarbeiter*innen.

Das **freizeitpädagogische Projekt** (Freizeitpädagogik neu) liegt in der Verantwortung von Herrn Maus, der die Bereichsleitung für das teilstationäre und ambulante sowie das bisherige freizeitpädagogische Angebot innehat. Herr Maus hat eine Projektgruppe bestehend aus Frau Weber und Frau Maler aus dem bisher bestehenden Freizeitangebot installiert, um neue, anschlussfähigere und inklusivere Maßnahmen zu entwickeln. Von den ehrenamtlichen Mitarbeitenden sind

3.6 Anwendungsbeispiel: Projekte des Zentrums für Kindheit und Jugend e. V.

Herr Schiller und Frau Arndt ins Projekt integriert, sowie die Praktikantin Frau Richter. Herr Maus beteiligt sich selbst kaum in der Projektgruppe. Er ist permanent überlastet, hat allerdings die Rolle der Projektleitung inne. Aus dieser Erkenntnis heraus hat Herr Maus angekündigt, dass besonders engagierte Fachkräfte später in dem umgestalteten Arbeitsfeld weiterbeschäftigt werden können und eine Person sogar die stellvertretende Leitungsrolle übernehmen könnte. Bisher sind Frau Richter und Frau Maler nur befristet beschäftigt. Herr Schiller und Frau Arndt haben vielfältige Ideen, aber wenig Zeit sich aktiv einzubringen. Frau Weber ist schon am längsten im Betrieb und hat daher informell die Rolle der Projektleitung übernommen. Sie fühlt sich überlastet und ein Stück weit von den anderen im Stich gelassen, denkt aber auch, dass das Projekt ohne sie keine Chance hätte, weil die anderen vier Kräfte viel zu unerfahren seien. Die Rolle der informellen Projektleitung führt sie nur aus, wenn Herr Maus nicht an den Sitzungen teilnehmen kann. In seiner Anwesenheit zeigt sie sich betont kollegial und kooperativ. Frau Weber findet das bisherige Angebot sehr professionell, es beruht überwiegend auf ihren Ideen und sie möchte daran wenig ändern. Diese Situation führt zu einem Stillstand im Projekt, allerdings bekommt die Gruppe zunehmend Druck von Herrn Maus, Ergebnisse vorzuweisen.

Es muss noch ein attraktiver Projektname gefunden werden und das Programm an sich ist auch noch wenig ausgereift. Die Dauer des Angebots muss erst geklärt werden. Das Angebot soll unbedingt inklusiver werden, weshalb erst eruiert werden muss, was sich Familien im Ort wünschen. Der Bürgermeister und der Gemeinderat drängen auf Ergebnisse, da die Sommermonate nahen und die Gemeinde überlegen, ob sie ein eigenes Angebot auf die Beine stellt oder weiterhin mit dem Verein zusammenarbeitet.

Es gibt sehr unterschiedliche Vorstellungen darüber im Projektteam, die von ein bis zwei Tagesangeboten (Frau Weber) bis hin zu einem Wochenangebot (Ehrenamtliche: Herr Schiller und Frau Arndt) dauern. Frau Richter und Frau Maler haben sich bisher zurückgehalten, da sie Herrn Maus nicht verärgern wollen. Beide streben eine feste Stelle im neuen Bereich an. Die Stimmung im Projektteam bei der letzten Sitzung war kritisch. Frau Weber hat den anderen vorgeworfen, sie mit der Arbeit völlig allein zu lassen. Die anderen Teammitglieder haben sich über fehlende Mitbestimmungsmöglichkeiten beklagt. Die beiden Ehrenamtlichen mussten die Sitzung aufgrund anderweitiger Verpflichtungen frühzeitig verlassen. Frau Richter fühlt sich von Frau Maler bevormundet. Obwohl sie ihr Studium zeitnah abgeschlossen haben wird, wird sie in der Gruppe nicht als vollwertiges Mitglied anerkannt. Frau Maler entgegnet, sie müsse erst mal Ideen einbringen, statt immer schweigsam vor sich hin zu starren. Daraufhin wirft Frau Weber Frau Maler vor, dass sie sich ebenfalls in der Gruppe sehr passiv zeige.

Die Einführung von **Qualitätsmanagement** liegt im Verantwortungsbereich der beiden Leitungskräfte Frau Müller und Frau Schmidt. Zu ihrer Entlastung wurde ein Qualitätsmanagementbeauftragter Herr Frank für einen Arbeitsumfang von 20 h die Woche eingestellt. Er übernimmt in Vertretung der beiden Personen als Stabstelle die koordinierende Tätigkeit. Entscheidungen werden weiterhin von Frau Müller und Frau Schmidt getroffen. Herr Frank leitet den sogenannten Qualitätszirkel, der eigentlich die Projektmanagementgruppe „Qualitätsmanagement" ist. Dem „Qualitätszirkel" gehören folgende Personen an: Frau Dorfer aus dem ambulanten Bereich, Frau Baum aus dem stationären Bereich, Frau Weber aus dem freizeitpädagogischen Bereich, Frau Kollmann aus dem Rechnungswesen (Verwaltungsbereich), Herr Kren aus der Hauswirtschaft & Technik (Verwaltungsbereich), sowie Frau Gruber von der Stabsstelle Öffentlichkeitsarbeit.

Der Qualitätszirkel ist als Projektteam bereits gut etabliert und sich über die Schritte und Maßnahmen weitgehend einig. Als erstes wird ein Qualitätshandbuch erstellt, in dem die Abläufe und Prozesse ausgehandelt sind und idealtypisch dokumentiert werden.

Der Gruppe ist es gelungen die Mitarbeitenden vom Qualitätsmanagement zu überzeugen. Es sind schon vielfältige Prozessbeschreibungen erstellt worden. Dies ist vor allem gelungen, da die einzelnen Mitglieder des Qualitätszirkels gut als Multiplikator*innen im eigenen Bereich gewirkt haben.

In einem nächsten Schritt sollen Abweichungsanalysen durchgeführt werden, um anschließend in einem kontinuierlichen Verbesserungsprozess Maßnahmen zu entwickeln. Über die Wirkung der eigenen Maßnahmen muss noch intensiver diskutiert werden. Langfristig wird eine Zertifizierung in Form eines Gütesiegels angestrebt. Für diese noch ausstehenden Aufgaben hat die Gruppe noch keinen definitiven Arbeitsmodus gefunden.

Abb. 3.4 zeigt, welche Personen des Zentrums für Kindheit und Jugend e. V. parallel zu ihrer regulären, organisationalen Tätigkeit in Projekten mitwirken und wie diese in der Organisationsstruktur (Organigramm) verankert sind.

3.7 Fragen und Musterlösung zu den Projekten des Zentrums für Kindheit und Jugend e. V.

Versuchen Sie die folgenden Fragen für das Anwendungsbeispiel aus dem Abschn. 3.6 zu beantworten:

3.7 Fragen und Musterlösung zu den …

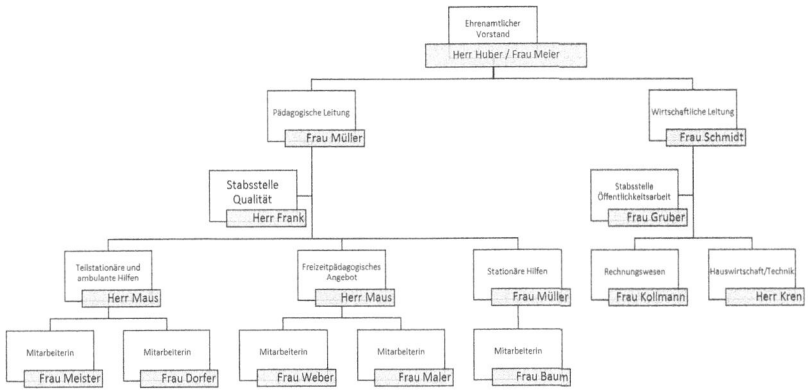

Abb. 3.4 Hauptamtliche der Organisation, die parallel in der Projektarbeit tätig sind. (Eigene Darstellung)

- Welche Teamtypen können Sie im Falle der Projektgruppen analysieren?
- Welche Rollen können Sie in den Projektgruppen feststellen?
- In welcher Phase befindet sich die jeweilige Projektgruppe? Welche Herausforderungen gibt es in dieser Phase?
- Welche Schritte empfehlen Sie der Teamleitung und dem Projektteam?
- Braucht die Organisation Multiprojektmanagement? Begründen Sie Ihre Entscheidung.

Musterlösung zu Teamtypen und Rollen in den Projektgruppen:
Jubiläumsfeier:
Analyse der Teamtypen: Zeitlich befristetes Team, eine Arbeitsgruppe zur Organisation der Jubiläumsfeier, ein eher großes Team mit 7 Personen, das Team ist heterogen aus unterschiedlichen Abteilungen und Hierarchiestufen zusammengesetzt, das Team arbeitet lokal am selben Arbeitsort, bis auf die ehrenamtlichen Vorstände, die entweder an den Ort der Treffen kommen oder virtuell dazu geschaltet werden.

Rollen im Projekt:

- Ehrenamtlicher Vorstand (Herr Huber, Frau Meier) und Geschäftsführung (Frau Müller, Frau Schmidt): Projektauftraggeber*innen, erwarten sich relativ autonome Abwicklung, aber Vorschläge müssen zur Entscheidung vorgelegt werden, können gemeinsam als Steuerungsgremium fungieren – jedoch nehmen Herr Huber und Frau Meier gleichzeitig eine Mitarbeiter*innenrolle im Projektteam und Frau Schmidt die Projektleitungsfunktion ein (Doppelfunktionen).

- Frau Schmidt – Wirtschaftliche Leitung: Projektleiterin auf Zeit, Abstimmung der Ziele mit Vorstand und Geschäftsführung, Koordination des Projektteams.
- Herr Huber, Frau Meier – Ehrenamtlicher Vorstand: Projektmitarbeitende, aber mit der Sonderstellung der Personen mit guten Kontakten in die Region, können die Rolle der „Wegbereiter*innen" einnehmen und gelten gleichzeitig als Auftraggeber*in gemeinsam mit der Geschäftsführung.
- Frau Meister – teilstationärer Bereich, Frau Dorfer – ambulanter Bereich, Frau Baum – stationärer Bereich, Frau Gruber – Stabstelle Öffentlichkeitsarbeit: Projektmitarbeiter*innen mit der Aufgabe der operativen Durchführung von noch genauer zu definierenden Aufgaben.

Freizeitpädagogisches Projekt:
Analyse der Teamtypen: Ein Team ohne klare zeitliche Befristung, das ein Neuangebot konzipieren soll, eigentlich bereits ein kleines Team mit 6 Personen, da Herr Maus und die beiden Ehrenamtlichen wenig Zeit haben, ergibt sich ein noch kleineres Kernteam von 3 Personen für die eigentliche Arbeit. Das Team ist heterogen aus unterschiedlichen Abteilungen und Hierarchiestufen zusammengesetzt, außerdem gibt es unterschiedliche Beschäftigungsverhältnisse. Das Team arbeitet lokal am selben Arbeitsort, bis auf die ehrenamtlichen Mitarbeitenden, die auf Basis der Fallbeschreibung lokal zu den Treffen erscheinen, jedoch nicht durchgängig bei den Arbeitstreffen dabei sind.
Rollen im Projekt:

- Herr Maus – Leitung teilstationärer und ambulanter Bereich: Formelle Projektleitung, jedoch in der Realität kaum Zeit für das Projekt, wirkt momentan informell eher als Auftraggeber, statt als Teamleitung, bringt sich aber zeitweise doch wieder als Performer und Controller ein.
- Frau Weber und Frau Maler – Mitarbeiterinnen aus dem bestehenden Freizeitangebot: Projektmitarbeiter*innen, aber Frau Weber übernimmt die informelle Leitung des Teams, will Bestehendes bewahren, ist einerseits in der Rolle der Spezialistin, andererseits jedoch auch Performerin, die das Team durch eigene Meinung und Engagement lenkt.
- Frau Maler – Mitarbeiterin aus dem bestehenden Freizeitangebot, Projektmitarbeiterin, die sich von Frau Weber übergangen fühlt, zurückhaltend im Team,

erhofft sich eine Aufstockung der Stunden durch die Neuausrichtung, hätte das Potenzial zur Innovatorin, verhält sich aber derzeit als Mitläuferin.
- Frau Richter – Praktikantin und Teilzeitkraft, die sich eine Chance auf Aufstockung oder mehr Sicherheit im Sinne einer Fixstelle durch die Neuausrichtung erwartet, im Team zurückhaltend, hätte durch ihren Außenblick als Praktikantin der Organisation möglicherweise das Potenzial zur Analytikerin, verhält sich jedoch derzeit als Mitläuferin.
- Herr Schiller und Frau Arndt – Ehrenamtliche: Viele Ideen für das Projekt, aber wenig Zeit, können Innovator- oder Wegbereiter-Rollen einnehmen.

Qualitätsmanagement:
Analyse der Teamtypen: Qualitätszirkel als langfristig angelegtes Team zur Bearbeitung von Qualitätsmanagementhemen in der Organisation, ein kleines Team mit 6 Personen, das Team ist heterogen aus unterschiedlichen Abteilungen zusammengesetzt, das Team arbeitet lokal am selben Arbeitsort.
Rollen im Projekt:

- Ehrenamtlicher Vorstand (Herr Huber, Frau Meier): Projektauftraggeberschaft
- Frau Müller – pädagogische Leitung und Frau Schmidt – wirtschaftliche Leitung: Lenkungsausschuss für Entscheidungen im Rahmen des Qualitätsmanagements
- Herr Frank – Qualitätsmanagementbeauftragter in Teilzeit: Leitung des Qualitätszirkels (Projektmanagementgruppe „Qualitätsmanagement")
- Frau Dorfer – ambulanter Bereich, Frau Weber aus dem freizeitpädagogischen Bereich, Frau Kollmann aus dem Rechnungswesen (Verwaltungsbereich), Herr Kren aus der Hauswirtschaft & Technik (Verwaltungsbereich), sowie Frau Gruber von der Stabsstelle Öffentlichkeitsarbeit: Projektmitarbeiter*innen, die mit der Erarbeitung und Umsetzung von Qualitätsmanagement-maßnahmen betraut sind
- Zu informellen Rollen gibt es keine Hinweise in der Fallbeschreibung.

Musterlösung zu Projektphasen, Herausforderungen und Empfehlungen:
Jubiläumsfeier:
Projektphase und Herausforderungen: Das Team ist erst in der Formingphase, das erste Treffen verlief harmonisch, die Gruppe ist noch stark an der Projektleitung und der Gruppenaufgabe orientiert. Diese Phase ist geprägt von Unsicherheit. Die verschiedenen Hierarchiestufen und Doppelfunktionen können herausfordernd wirken, da die Projektarbeit „auf Augenhöhe" schwieriger wird.

Empfehlungen: Die Projektleitung kann Unsicherheit wegnehmen, indem sie die Gruppenaufgabe vorstellt und der Gruppe Zeit zum Kennenlernen gibt. Im nächsten Schritt kann die Projektleitung Ideen von der Gruppe für die Jubiläumsfeier einholen, ein Arbeitsplan ist zu erstellen und die Arbeitsaufgaben sind zu verteilen. Die Gruppenmitglieder müssen sich in ihren formalen und informellen Rollen erst finden. Die Projektleitung sollte den Aushandlungsprozess moderieren und sich auf eine mögliche Begleitung der Stormingphase als nächsten Schritt einstellen. Sehr wichtig ist die Rollenklarheit und Transparenz in welcher Rolle eine Person spricht (durch die Doppelfunktionen, die 3 Personen einnehmen). Es kann auch sein, dass erst die Normingphase eintritt, da die Gruppe unter Anwesenheit der drei Leitungspersonen möglichst sachlich bleiben will, die Gruppe somit erst später in eine Stormingphase kommt und sich durch diese Phase in einem neuerlichen Prozess des Normings gemeinsame Gruppennormen setzt und dem Ziel näherkommen kann, in der Projektgruppe „auf Augenhöhe" zu agieren.

Freizeitpädagogisches Projekt:
Projektphase und Herausforderungen: Die Projektgruppe befindet sich in der Stormingphase und ist mit vielfältigen Herausforderungen konfrontiert. Die formelle und informelle Leitung weichen personell voneinander ab, was noch mehr Unsicherheit in das Team bringt. Die Projektmitarbeiter*innen begegnen sich nicht auf Augenhöhe, sondern es gibt Streitigkeiten um die Rollen und die Positionen im Team. Die Arbeitsaufgaben sind noch unklar, die Erwartungen an das Projekt sind sehr unterschiedlich. Die Teammitglieder weisen unterschiedliche Bereitschaft des Engagements für das Projekt auf.

Empfehlungen: Die formelle Projektleitung in der Person von Herrn Maus müsste entweder seine Leitungsfunktion im Projekt wahrnehmen, oder eine Stellvertretung nominieren. Zudem sollte sich Herr Maus einen Überblick über die momentane Teamkonstellation (Rollen/Herausforderungen der Zusammenarbeit) und den Projektstatus sowie über die Teamentwicklung verschaffen. Für Frau Weber wird die Doppelrolle der informellen Leitung einerseits und des regulären Teammitglieds andererseits (wenn Herr Maus vor Ort ist) zunehmend Stress verursachen und zudem ist fraglich, wie lange sich die Gruppenmitglieder dieser Situation aussetzen werden, ohne sich bei Herrn Maus zu beschweren. Frau Weber sollte mit Herrn Maus klären, ob sie für die Rolle der stellvertretenden Leitung infrage kommt und wäre gut beraten, in weiterer Folge partizipativer und kollegialer im Team zu agieren. Generell ist eine Klärung der Erwartungen und des möglichen Engagements mit allen Projektmitarbeiter*innen nötig, insbesondere mit den Ehrenamtlichen. Die Gruppe sollte die Konflikte als Chance nutzen, die Rollen und Arbeitsaufteilung, die fachliche Ausrichtung, die Regeln für die

Zusammenarbeit und die Leitungssituation zu klären, um in die Normingphase zu kommen.

Qualitätsmanagement:
Projektphase und Herausforderungen: Die Projektgruppe Qualitätsmanagement, kurz in der Organisation als „Qualitätszirkel" tituliert, hat die Normingphase nach der Übernahme der Projektleitung durch Herrn Frank bereits durchlaufen und ist auf dem Weg ins Performing. Das Team kann sich bereits auf die anstehenden Arbeitsaufgaben konzentrieren und dazu liegt schon ein Plan vor. Herausforderungen könnten sich durch kurzfristige Änderungen im Team (Wechsel von Personen) oder durch neue Arbeitsaufträge ergeben. Ein Risiko eines zu eingespielten Projektteams kann sein, sich zu stark auf Meinungen des Teams zu konzentrieren und das organisationale Umfeld zu wenig zu beachten.

Empfehlungen: Die Projektgruppe soll die beginnende Phase des Performing dazu nutzen, möglichst effektiv und effizient zu arbeiten. Gleichzeitig soll der konstruktive Austausch mit der Organisation gepflegt werden, damit die Ziele der Projektgruppe und der Organisation gut abgestimmt sind.

Musterlösung zum Bedarf an Multiprojektmanagement im Zentrum für Kindheit und Jugend e. V.:
Aus dem Anwendungsfall des Zentrums für Kindheit und Jugend e. V. sind uns auf Basis der Beschreibungen bereits drei sehr unterschiedliche Projekte bekannt. Die Stadien des Projektverlaufes, die benötigten Ressourcen sowie die Aufgaben und Zusammensetzung der Teams erfordern ein Multiprojektmanagement. Vor allem ist dies erkennbar, da teilweise dieselben Personen in unterschiedlichen Projekten tätig sind und parallel dazu auch der Arbeitsalltag bewältigt werden muss. Hier ist definitiv Abstimmungsbedarf in der Nutzung von Ressourcen und bei der Gestaltung der Abläufe gegeben, die mit dem Instrumentarium des Multiprojektmanagements gut gelöst werden können.

Literatur

Antes, W. (2014). *Projektarbeit für Profis: Praxishandbuch für moderne Projektarbeit* (3. Aufl.). Beltz.
Bea, F. X., Scheurer, S., & Hesselmann, S. (2020). *Projektmanagement* (3. überarb. Aufl.). UTB GmbH.
Belbin, M. (1993). *Team roles at work* (2. Aufl.). Butterworth-Heinemann.
Belbin, R. M. (2004). *Management teams: Why they succeed or fail* (2. Aufl.). Elsevier/Butterworth-Heinemann.

Boos, M., Hardwig, T., & Riethmüller, M. (2017). *Führung und Zusammenarbeit in verteilten Teams*. Hogrefe. https://sub-hh.ciando.com/book/?bok_id=2245722.

Buchinger, K. (2009). Teamarbeit und der Nutzen der Gruppendynamik für heutige Organisationen. In P. Heintel (Hrsg.), *Schriften zur Gruppen- und Organisationsdynamik. betrifft* (S. 91–125). Springer Fachmedien.

Diethelm, G. (2001). *Projektmanagement. Betriebswirtschaft in Studium und Praxis*. Verlag Neue Wirtschafts-Briefe.

Diethelm, G., & Bernard, T. (2000). *Projektmanagement. Betriebswirtschaft in Studium und Praxis*. Verlag Neue Wirtschafts-Briefe.

Drews, G., Hillebrand, N., Kärner, M., Peipe, S., & Rohrschneider, U. (2016). *Praxishandbuch Projektmanagement* (2. Aufl.). Haufe.

Gareis, R. (2005). *Happy projects!: Project and programme management, project portfolio management, management of the project-oriented organization, management in the project-oriented society; new theories, models, best practices, case studies*. MANZ.

Heinrich, M. (2002). Gruppenarbeit: Theoretische Hintergründe und praktische Anwendungen. In H. Kasper & W. Mayrhofer (Hrsg.), *Personalmanagement, Führung, Organisation* (3. Aufl., S. 289–333). Linde.

Miebach, B. (2017). Handbuch Human Resource Management: Das Individuum und seine Potentiale für die Organisation. *Springer*. https://doi.org/10.1007/978-3-658-10239-5.

Millner, R., & Majer, C. G. (2013). Projekt- und Prozessmanagement. In R. Simsa, M. Meyer, & C. Badelt (Hrsg.), *Handbuch der Nonprofit-Organisation* (S. 335–375). Schäffer-Poeschel.

Nagel, G. (1999). *Wagnis Führung: 365 Tage aus dem Leben eines Change-Managers*. Hanser.

Stöger, R., & Salcher, M. (2006). *NPOs erfolgreich führen: Handbuch für Nonprofit-Organisationen in Deutschland, Österreich und der Schweiz*. Schäffer-Poeschel.

Timinger, H. (2017). *Modernes Projektmanagement: Mit traditionellem, agilem und hybridem Vorgehen zum Erfolg*. Wiley.

Tuckman, B. W. (1965). Developmental sequence in small groups. *Psychological Bulletin, 63*, 384–399. https://doi.org/10.1037/h0022100.

Tuckman, B. W. & Jensen M. A. (1977). Phasen der Entwicklung in Kleingruppen. *Gruppen- und Organisationsstudien, 2*(4), 419–427. https://doi.org/10.1177/105960117700200404.

Wageman, R., Fisher, C. M., & Hackman, J. R. (2009). Leading teams when the time is right. *Organizational Dynamics, 38*(3), 192–203. https://doi.org/10.1016/j.orgdyn.2009.04.004.

Projektstart und Projektauftrag

Zusammenfassung

Dieses Kapitel erklärt, warum es eine Vorprojektphase gibt und wie der Prozess von der Projektidee bis hin zu einem realisierbaren Projektauftrag funktioniert. Dabei wird der Unterschied zwischen externen Projektanträgen und interner Projektbeauftragung kurz erläutert. Die Konkretisierung von Projektzielen ist Teil des nächsten Unterkapitels, dabei werden die Abstimmung der Organisations- mit den Projektzielen, das Phänomen der Zielabhängigkeit, die Formulierung von „smarten" Zielen und der Prozess der Zielformulierung dargestellt. In den nächsten Kapiteln folgt die Beschreibung der organisatorisch-sozialen und sachlich-inhaltlichen Projektumfeldanalyse mit exemplarischen Instrumenten, der Stakeholder- und Zielgruppen-Analyse, der SWOT-Analyse und der Projektrisikoanalyse. Die Einschätzung der Bedeutung von Projektrisiken und darauf aufbauende Möglichkeiten des Risikomanagements sind ebenfalls Gegenstand der Betrachtungen. Das Kapitel schließt mit dem Fallbeispiel „Freizeitpädagogisches Angebot", Lern- und Kontrollfragen sowie einer Musterlösung zum Anwendungsbeispiel.

Schlüsselwörter

Vorprojektphase • Projektideen • Projektauftrag • Projektziele • Projektumfeldanalyse • Zielgruppen • SWOT-Analyse • Projektrisiken • Risikomanagement • Anwendungsbeispiel

Lernziele
- Sie verstehen, warum es eine „Vorprojektphase" gibt und wie aus einer Projektidee tatsächlich ein realisierbares Projekt werden kann.
- Sie wissen um die Bedeutung eines Projektauftrages und können dessen Inhalte benennen.
- Sie erkennen, wie Organisations- und Projektziele zusammenhängen und wissen, welche Zielkonflikte es geben kann.
- Sie können Ziele „SMART" formulieren und den Gesamtprozess der Zielfindung erläutern.
- Sie verstehen den Sinn der Projektumfeldanalyse und können Zugänge der organisatorisch-sozialen und sachlich-inhaltlichen Projektumfeldanalyse benennen und erläutern.
- Sie sind in der Lage die Instrumente der Stakeholderanalyse, Zielgruppenanalyse, SWOT-Analyse und Projektrisikoanalyse zu erklären und anzuwenden.
- Sie können Projektrisiken einschätzen und Maßnahmen des Risikomanagements formulieren.

4.1 Projektauftrag klären

Kap. 4 konzentriert sich auf die Phase des Projektstarts und des Projektauftrages, dies ist die erste Phase in unserer Ablaufsystematik laut folgender Abbildung:

Die Projektstart- und Projektauftragsphase ist, wie in Abb. 4.1 ersichtlich, die erste Phase des Projektmanagements. Sie ist vor allem geprägt von unterschiedlichen Vorstellungen und Ideen zu einem oder mehreren Projekten. Diese Phase braucht einen Prozess der Projektauswahl, die Konkretisierung von Zielsetzungen, eine Analyse des Projektumfeldes, der Stärken/Schwächen sowie Chancen/Risiken des Projekts und hat Fragen des Projektrisikomanagements zu klären. Die nachfolgenden Kapitel gehen auf diese Aufgaben und Methoden zur Klärung und Konkretisierung des spezifischen Projekts ein.

4.1 Projektauftrag klären

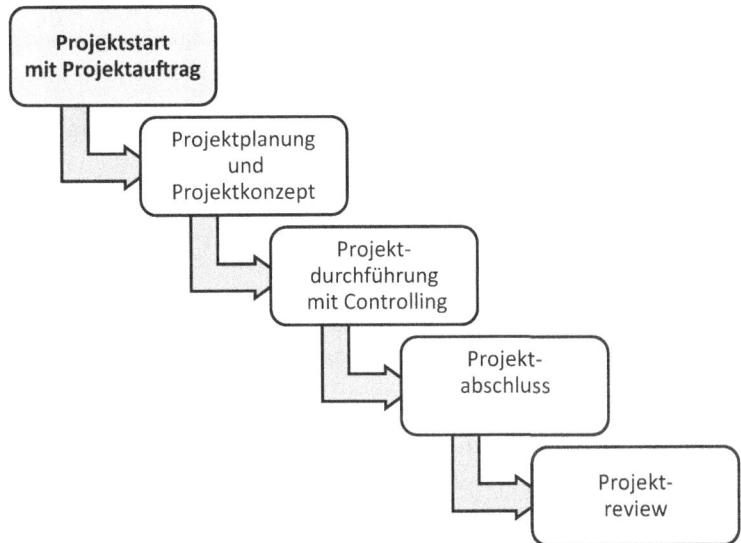

Abb. 4.1 Phase des Projektstarts als Teilprozess des Projektmanagements. (Eigene Darstellung in Anlehnung an Benkhofer et al., 2019, S. 23; Patzak & Rattay, 1998; Ries 2019, 18,25)

Vor dieser Phase kann es je nach organisatorischer Regelung der Organisation auch noch eine „Vorprojektphase" geben, in der die Projektidee entsteht oder ein Projektantrag für ein gefördertes Drittmittelprojekt zu erstellen ist. Hierzu gibt es unterschiedliche Zugänge und Modelle, es ist nicht entscheidend für den Erfolg der Organisation, ob sie eine „Vorprojektphase" definiert oder diese Tätigkeiten der „Projektstartphase" zuordnet. Wesentlich ist jedoch, dass die Organisation die Projektprozesse klar definiert und die damit verbundenen Entscheidungen und Konsequenzen transparent für alle Projektbeteiligten sind.

Projektideen können durch Feedback von Adressat*innen oder Angehörigen, Geldgeber*innen, Kooperationspartner*innen, Mitarbeiter*innen, verschiedenen Managementebenen oder die haupt- und/oder ehrenamtliche Leitung angeregt werden. Jedoch nicht jede Projektidee kann in der Praxis umgesetzt werden, denn die Organisationen müssen sorgsam mit ihrem Personal, den finanziellen Mitteln und der nötigen Infrastruktur umgehen. Somit braucht die Organisation ein Verfahren zur Auswahl von Projekten. Im Abschn. 2.1 haben Sie bereits Kriterien für Projekte und in Abschn. 2.2 mögliche Projektanwendungsfelder kennengelernt.

Charakteristisch für die Vorprojektphase ist, dass nur eine vage Projektidee vorliegt und die Projektwürdigkeit erst geprüft werden muss. Der Ausnahmefall sind „Ausschreibungsprojekte" oder „Auftragsabwicklungsprojekte", die sich bei der Einreichung von Projektvorhaben an Kriterien einer externen projektausschreibenden oder auftraggebenden Organisation orientieren müssen. Organisationsintern kann es Forschungs- oder Entwicklungsprojekte geben oder sogenannte „Reorganisationsprojekte", mit denen die eigene Organisation optimiert werden soll. (Patzak & Rattay, 1998, S. 66–69).

Im Falle von extern einzureichenden Projektanträgen wird ein Projektteam in der Organisation mit dem Schreiben des Antrages befasst. Dieses Team muss die eigene Zusammenarbeit organisieren, die Ausgangsanalyse des Projektes analysieren, Ziele setzen, Arbeitspakete schnüren, einen Organisations-, Projektzeit- und Budgetplan erstellen, Projektrisiken analysieren, sowie einen Projektstrukturplan erstellen. Das Schreiben des Antrages, die Überprüfung und Auswertung sowie ein damit verbundener Feinschliff und die Abgabe des Projektantrages finalisieren diesen Prozess. (Prenzel, 2016, S. 47) Danach werden die Anträge nach bestimmten, in der Projektausschreibung definierten Kriterien von einer Jury und/oder Entscheidungskommission überprüft. Das Projekt startet erst, wenn der Projektantrag von der externen Stelle genehmigt wird. In den Ausschreibungen ist das Prüfungsverfahren und der Anteil des Kostenersatzes geregelt, üblicherweise müssen die projektdurchführenden Organisationen ein bestimmtes Maß an Eigenmittel einbringen, um die Drittmittelförderung zu erhalten und haben Berichtspflichten, die genau definiert sind.

Mittlere und größere Organisationen können Projekte auch organisationsintern ausschreiben. Im Falle der organisationsinternen Projektbeauftragung wird entschieden, ob ein Projekt in der Organisation tatsächlich bearbeitet werden soll – dabei sind folgende Fragen zu klären, bevor das Projekt temporär in die Organisation integriert wird:

- Beschreibung der Idee: Welche Ziele sollen mit dem Projekt verfolgt werden?
- Strategiekonformität: Welchen Beitrag liefert das Projekt zur Strategie der Organisation?
- Nutzen: Welche erwünschte Wirkung soll das Projekt bringen (Kosten/Nutzen-Analyse)?
- Machbarkeit: Ist das Projekt technisch, rechtlich, ethisch und ressourcenmäßig umsetzbar?
- Projektwürdigkeit der Aufgabenstellung: Ist das Projekt so komplex und neuartig, dass es den Aufwand von Projektmanagement rechtfertigt? (Millner & Majer, 2013, 342 f.)

4.1 Projektauftrag klären

Alternativ können Projektideen in Organisationen auch kollektiv entstehen, beispielsweise durch gemeinsames Brainstorming, Workshops oder Klausuren zur Projektideenfindung. Workshops oder Klausuren zur Projektideenfindung können ein- bis viertägig sein, basieren auf Einbindung der Organisationsmitglieder, nutzen Werkzeuge der Ideenfindung und Visualisierung, wechseln in Gruppen- und Plenarsettings ab und werden im Idealfall durch organisationsexterne oder themenfremde Personen moderiert. (Diethelm & Bernard, 2000, S. 74).

Insbesondere mittlere und größere Organisationen brauchen einen klaren und formalisierten Prozess der Projektauswahl, der folgende Schritte umfassen sollte:

- Projektideen und Projektanträge werden an einer zentralen Stelle gesammelt (z. B. Stabstelle Projektmanagement, Lenkungsausschuss oder Geschäftsleitung).
- Ein Projektbewertungsprozess steuert die Selektion und Priorisierung der Projektideen (z. B. nach den Kriterien der Wirtschaftlichkeit, Passung zur Organisationsstrategie, Dringlichkeit der Thematik und Realisierbarkeit).
- Die durchzuführenden Projekte werden mit der Organisationsstrategie und den Organisationszielen verknüpft. (Peipe, 2018, 22 f.)

Wenn ein spezifisches Projekt umgesetzt werden soll, wird zumeist eine Projektleitung eingesetzt (sofern sich diese nicht bereits aus der Vorprojektphase durch die Koordination des intern oder extern einzureichenden Projektantrages ergibt), die sich nach Glatz & Graf-Götz (2011) um die folgenden Fragen kümmert:

- Zieldefinition: Welche Ziele sollen genau erreicht werden?
- Projektteam: Welche Mitarbeiter*innen müssen eingebunden werden?
- Prozess der Projektabwicklung: Wie soll vorgegangen werden?
- Grobe Ressourcen- und Terminplanung: Wie hoch sind die Kosten, der Zeitaufwand und welche Termine sind einzuhalten?
- Klärung von Rahmenbedingungen: Welche Rahmenbedingungen gelten für das Projekt und die Projektteammitglieder?
- Durchführung von nötigen Vorerhebungen: Welche weiteren Informationen, Analysen oder Erhebungen sind für das Projekt erforderlich? (Glatz & Graf-Götz, 2011, 251 f.)

Die Ergebnisse der Vorab-Analyse sollten im Idealfall schriftlich in einem „Projektauftrag" festgehalten werden. Die folgende Tabelle zeigt ein Muster eines Projektauftrages in Anlehnung an das Standardprojekthandbuch von Projektmanagement Austria:

Die Tab. 4.1 zeigt das Musterbeispiel eines Projektauftrages, das wesentliche Informationen enthält und je nach Organisation oder Projekttyp adaptiert werden kann. Wesentlich bei diesen Formularen ist, dass die nötigen Informationen für die Organisations- und Teammitglieder enthalten sind und der Projektauftrag geklärt werden kann, ohne den Projektauftrag mit Details zu überfrachten.

Projekte haben in der Anfangsphase manchmal nur eine vorläufige Freigabe, um das Projekt zu konkretisieren. Der Projektauftrag kann auch dazu verwendet werden die Projektfreigabe zu erhalten. Eine Kick-off-Besprechung zur Klärung der Erwartungen und zur Information aller betroffenen Personen ermöglicht, die relevanten Personen einzubeziehen. Die Kick-off Besprechung ist eine Informations- und keine Arbeitsveranstaltung. Als Arbeitsbesprechung dient der Projektstart-Workshop, in dem das Projektteam und der/die Auftraggeber*innen gemeinsam eine erste Projektplanung erstellen. (Timinger, 2017, 54 f.)

Tab. 4.1 Projektauftrag (eigene Darstellung in Anlehnung an das Standard Projekthandbuch von Projekt Management Austria – PMA [Hg.], 2020, S. 5, modifiziert und ergänzt)

Projektauftrag	
Projektname: Name laut Projektteam/Organisation	**Projekt Nr.:** Laufende Nummer
Projektbeschreibung: Hauptaufgaben, Inhalte, Leistungsumfang	
Projektziele: Welches Projektgesamtziel und welche Rahmenziele sollen angestrebt werden?	**Projektergebnisse:** Welche Ergebnisziele hat das Projekt?
Projektnutzen: Welchen Nutzen bringt das Projekt den Auftraggeber*innen, Zielgruppen und/oder Projektmitgliedern?	
Auftraggeber*in: Name(n) und Funktion	**Projektleiter*in:** Name und Funktion
Projektteammitglieder: • Name(n) und Funktion	**Sonstige Beteiligte:** • Name(n) und Funktion
Hauptaufgaben (Projektphasen): • Welche Aufgaben sind wesentlich für das Projekt?	**Meilensteine:** • Welche Meilensteine sind relevant und zu welchen Terminen?
Projektstartereignis und Projektstarttermin: Information und Datum	**Projektendereignis und Projektendtermin:** Information und Datum
Projektrisiken: Welche Projektrisiken sind zu berücksichtigen (z. B Teamrisiken, Kostenrisiken, Qualitätsrisiken, Terminrisiken, technischen Risiken etc.)	

Bevor der Projektauftrag finalisiert und/oder die Planung weitergeführt werden kann, müssen je nach Detailgrad des Projektauftrages in einer Organisation die Projektziele noch genauer definiert und das Projektumfeld analysiert werden. Damit befassen sich die beiden nachfolgenden Kapitel.

4.2 Projektziele konkretisieren

Die grundlegenden Ziele des Projektes werden im Projektauftrag definiert. In Abschn. 2.3 „Ziele abstecken" haben Sie bereits erfahren, dass konkrete Zielformulierungen für Projekte gebraucht werden und dass das übergeordnete Projektziel in Rahmenziele und Ergebnisziele gegliedert wird. Außerdem wissen Sie bereits aus Abschn. 2.1, dass das „magische Projektdreieck" zu berücksichtigen ist, dieses sollte sich daher auch bei den Ergebniszielen widerspiegeln (Zeit-/Terminziele, Kosten-/Ressourcenziele, Leistungs-/Qualitätsziele). Zudem sollten die Ziele transparent und konkret sein, dafür haben Sie das Prinzip in Abschn. 2.3 kennen gelernt, dass Ziele „SMART" sein sollten.

Im nächsten Schritt müssen die Ziele (aufbauend auf den definierten Projekt- und Organisationszielen) so konkret gestaltet werden, dass sich daraus Arbeitspakete und Arbeitsschritte ergeben und das Prinzip der „smarten Ziele" im Projekt gelebt werden kann. Diese Kapitel widmet sich der Konkretisierung der Projektziele.

Die folgende Abbildung zeigt, dass Unternehmensziele und Projektziele immer in einem Zusammenhang zueinanderstehen:

Abb. 4.2 zeigt, dass Projektziele Organisationsziele im Idealfall ergänzen und unterstützen sollten. Zu den Aufgaben von Projektleitungen gehört daher auch, Organisationsziele zu berücksichtigen und mit dem eigenen Projekt in Verbindung zu bringen. (Michels, 2015, 66 f.) Für den Zielfindungsprozess können laut Drews et al. (2016) zwei verschiedene Verfahren angewandt werden:

- Im intuitiven Verfahren wird mit Kreativitätstechniken, wie beispielsweise Mind-Mapping oder Brainstorming gearbeitet. Eine Vielzahl an Projekt-Zielideen soll gefunden und anschließend strukturiert und bewertet werden.
- Im diskursiven Verfahren werden alle verfügbaren Informationen gesammelt, strukturiert und miteinander kombiniert. Die Ziele werden bewertet und die sinnvollsten Projektziele werden herausgefiltert. (Drews et al., 2016, S. 43)

Bei größeren Projekten werden vereinbarte Ziele von Auftraggeber*innen oder Kund*innen detailliert in einem sogenannten Lastenheft festgelegt (Litke et al.,

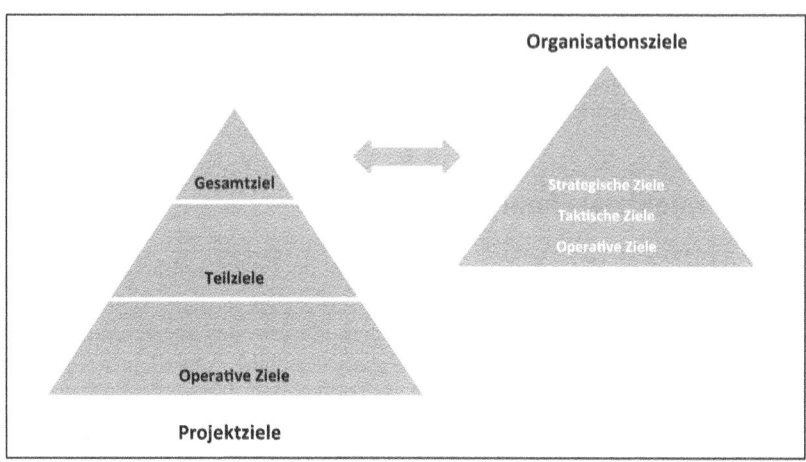

Abb. 4.2 Zusammenhang zwischen Organisations- und Projektzielen. (Eigene Darstellung in Anlehnung an Michels 2015, S. 66, leicht modifiziert und ergänzt)

2015, S. 31). Alternativ können die festgelegten Ziele in einem Projektzielkatalog vollständig dargestellt werden. Wenn die Ziele für das Projekt festgelegt sind, ist noch zu prüfen, wie sich diese beeinflussen. (Drews et al., 2016, S. 43) Folgende Abhängigkeiten zwischen den Zielen sind laut Michels (2015) möglich:

- Zielidentität: Die Ziele sind identisch, nur anders formuliert. Eines der beiden Ziele sollte entfernt werden.
- Zielkomplementarität: Das Erreichen eines Zieles zieht das Erreichen des zweiten Zieles nach sich oder unterstützt es. Die Abhängigkeiten sollen bei der Projektplanung beachtet werden.
- Zielneutralität: Die Ziele haben keinen Einfluss aufeinander (wird auch als indifferent bezeichnet), hier gibt es keinen Handlungsbedarf.
- Zielkonkurrenz: Das Erreichen eines Zieles behindert das Erreichen des anderen Zieles (z. B. Widerspruch zwischen Zeit-/Budget- und Ergebniszielen). Die möglichen Risiken der Zielkonkurrenz sollten reflektiert und nach Möglichkeit aufgelöst werden.
- Zielantinomie: Die Ziele schließen sich gegenseitig aus, es muss ein Ziel gewählt werden, dass im Projekt erreicht werden soll. (Michels, 2015, 62 ff.)

4.2 Projektziele konkretisieren

Ebenso zu beachten ist, dass der formelle Arbeitsauftrag und die formellen Ziele vom informellen Gruppenziel abweichen kann. Die Unterscheidung zwischen formellen und informellen Zielen kann einer Reflexion dienen, sie können einander ergänzen oder behindern. (Possehl, 2014, 103 f.) Zu große Abweichungen können den Erfolg eines Projektes, des Teams oder der Organisation gefährden und müssen bearbeitet werden.

Abgesehen von der Bekanntheit der Ziele, des Einklangs mit den Unternehmenszielen und der Abwesenheit von Zielkonflikten sollten die Ziele „SMART" formuliert sein (Timinger, 2017, S. 59), was dies genau bedeutet, zeigt die folgende Tabelle:

In Tab. 4.2 ist das Akronym „SMART" erklärt und Beispiele zeigen mögliche Zielformulierungen. Für jeden Teil des Akronyms könnten mehrere Beispiele angeführt werden, die Anwendung des SMART-Prinzips trifft keine Aussage über die Anzahl der Ziele, sondern ist ein Hilfsmittel zur Zielkonkretisierung.

Michels (2015) formuliert aufbauend auf dem Artikel von Wolf (2000) einen Prozess der Zielfindung in 9 Schritten:

Tab. 4.2 SMARTE Ziele. (Eigene Darstellung in Anlehnung an Timinger, 2017, S. 59, ergänzt um Beispiele)

Akronym „SMART"	Erklärung	Ausgewählte Beispiele
S – specific (spezifisch)	Einfach, verständlich und präzise	Das Lehrbuch bietet eine Einführung in Projektmanagement und beinhaltet einen konkreten Fall aus der Sozialen Arbeit
M – measurable (messbar)	Klare Kriterien und Grenzwerte zur Überprüfung der Erfüllung	Das Lehrbuch umfasst maximal 180 Seiten
A – achieveable (erreichbar)	Anspruchsvoll, aber unter realistischen Bedingungen erreichbar	Die Autorinnen gehen auf alle Phasen des Projektmanagements in Kürze ein
R – relevant (relevant)	Für das Projekt und bezogen auf das Gesamtziel relevant	Am Beginn des Kapitels gibt es eine Zusammenfassung und Lernziele im Überblick
T – time-bound (terminiert)	Zeitlich einzuordnen, planbar	Das Buch erscheint zum vereinbarten Termin

1. Festhalten der globalen Zielsetzung (Gesamtziel): Das Gesamtziel des Projektes ist Ausgangspunkt des Zielfindungsprozesses.
2. Zergliedern bzw. verfeinern der globalen Zielsetzung (Teilziele): Die Ableitung der Teilziele erfolgt aus dem Gesamtziel, indem die Möglichkeiten der Zielerreichung konkretisiert werden.
3. Operationalisieren der Ziele: Die Ziele sollen messbar werden, die SMART-Formel kann hier zum Einsatz kommen.
4. Bildung einer Zielhierarchie (Gewichtung der Ziele) und Prüfen der Zielbeziehungen: Eine Einteilung in Muss-, Soll- und Kann-Ziele solle erfolgen und die Abhängigkeiten zwischen den Zielen sind zu reflektieren.
5. Festhalten von Nicht-Zielen: Die Nicht-Ziele sollten schriftlich festgehalten werden.
6. Dokumentation der Ziele: Alle (Teil-)Ziele sind schriftlich festzuhalten.
7. Abnahme der Ziele: Der/die Auftraggeber*in muss die Ziele (am besten mit einer Unterschrift) betätigen.
8. Kommunikation der Ziele: Im Idealfall ist das Team in die Zielefindung einzubeziehen, um die Identifikation mit den Zielen zu stärken, ansonsten sollte das Team (und Organisationsmitglieder) über die Ziele informiert werden.
9. Zielcontrolling und Durchführung: Die Ziele sind im Projektverlauf regelmäßig zu überprüfen und bei Abweichungen ist steuernd einzugreifen. (Michels, 2015, S. 84–86; Wolf, 2000, S. 1–6)

Was im obigen Prozess der Zielformulierung noch konkret fehlt ist, dass bei Projektzielformulierungen häufig auch das Projektumfeld berücksichtigt werden muss/sollte. Um Klarheit über das Projektumfeld und Erwartungen an das Projekt zu gewinnen, ist eine Projektumfeldanalyse erforderlich, diese wird im nächsten Kapitel beleuchtet.

4.3 Projektumfeldanalyse vornehmen

Die Projektumfeldanalyse zielt laut Patzak & Rattay, (1998) darauf ab, alle Einflussfaktoren auf das Projekt möglichst frühzeitig und ganzheitlich zu erfassen, um Potenziale und Problemfelder eines Projektes sowie deren Konsequenzen abschätzen zu können. Abhängigkeiten zu anderen Aufgaben und Projekten können festgestellt, die Kommunikation im Projekt verbessert und Maßnahmen zur Optimierung von Umfeldbeziehungen getroffen werden. Dabei sind folgende Vorgehensschritte zu empfehlen:

a) Identifikation des Projektumfeldes: Die relevanten Einflussgrößen werden aufgelistet.
b) Es erfolgt eine Gliederung in organisatorisch-soziale Umfeldgruppen: Darunter sind durch betriebsinterne und – externe Personen verursachte Einflussgrößen zu verstehen.
c) Erfassung von sachlich-inhaltlichen Einflussgrößen: Diese sind z. B. verursacht durch Gesetze, andere Projekte, neue Technologien etc.
d) Bewertung des sozialen Umfeldes und detaillierte Analyse einzelner Einflussgrößen: Diese kann z. B. tabellarisch erfolgen, indem Klima/Stimmung, Macht, Erwartungen und Befürchtungen pro Umfeldgruppe in einem Formular dargestellt werden.
e) Ableitung von Strategien und Maßnahmen: Sofortmaßnahmen und Vorsorgepläne können pro Umfeldgruppe (im tabellarischen Formular) ergänzt werden. (Patzak & Rattay, 1998, S. 70–80)

Um die Identifikation des organisatorisch-sozialen Projektumfeldes vorzunehmen, bietet sich eine Stakeholder-Analyse an. Stakeholder sind laut Kusay-Merkle (2018, 75 f.):

- Betroffene von einem Projekt oder Projektergebnis
- Beteiligte und Mitarbeitende am Projekt
- Personen oder Institutionen, die das Projekt positiv oder negativ beeinflussen können

Bei der Stakeholder-Analyse sollen laut Drews et al., (2016) im ersten Schritt die potenziellen Stakeholder erkannt werden, anschließend werden die Stakeholderziele und -erwartungen analysiert und die Einflussstärke der Stakeholder ermittelt. Abschließend sollen Überlegungen und Maßnahmen der Einbeziehung der Stakeholder getroffen werden (z. B. offene Informationspolitik, Maßnahmen des Projektmarketings, Beteiligung im Projektprozess). Die Stakeholderanalyse sollte über die gesamte Projektlaufzeit erfolgen, da Änderungen im Projekt auch Änderungen bei den Stakeholdern ergeben können. Die Stakeholderanalyse zu Beginn des Projektes sollte daher in vertretbaren Zeitabständen aktualisiert werden. So gelingt es, die Ziele und Wünsche der Stakeholder transparent zu machen und geeignete Maßnahmen in der Projektplanung und Steuerung vorzusehen. (Drews et al., 2016, S. 401–407) Aufbauend auf die Stakeholderanalyse ist die Planung von Maßnahmen der Stakeholderkommunikation und -beteiligung nötig.

Timinger (2017) beschreibt folgende Möglichkeiten der Stakeholderkommunikation, die in Tab. 4.3 ersichtlich sind:

Tab. 4.3 Strategien der Stakeholderkommunikation (Timinger, 2017, S. 125)

	Partizipative Kommunikationsstrategie	Diskursive Kommunikationsstrategie	Repressive Kommunikationsstrategie
Merkmal	Einbindung oder Beteiligung der Stakeholder	Ringen um einen Ausgleich der verschiedenen Interessen	Machteinsatz
Typisches Vorgehen	Informieren über wichtige Entwicklungen und Entscheidungen Beteiligung an Projektarbeit Beteiligung an Entscheidungen	Führen von Verhandlungen Einsatz von Methoden des Konflikt- und Verhandlungsmanagements	Selektive Weitergabe von Informationen Desinformation Vollendete Tatsachen schaffen Nur scheinbare Beteiligung Druck und Drohung
Chancen	Wertvolle Beiträge durch Stakeholder	Nachhaltiger Interessensausgleich	Keine Gefahr mehr für den Projekterfolg
Gefahren	Verzögerung durch Beteiligung	Ausgleich mit Kompromiss / Nachteil für das Projekt	Nachhaltige Störung der Kommunikation mit Stakeholder

Die geplanten Maßnahmen zur Stakeholderkommunikation können in einer Stakeholdermatrix enthalten sein, in der die Stakeholder, die Maßnahmen und die für die Umsetzung der Maßnahmen zuständigen Personen ersichtlich sind. Ergänzend können die Häufigkeit sowie der Inhalt und Umfang der Maßnahme dokumentiert werden. (Timinger, 2017, S. 125) Ein Beispiel für eine Stakeholdermatrix ist in der Musterlösung zum Fallbeispiel in Abschn. 4.7 ersichtlich.

Ergänzend zur Stakeholderanalyse kann wie in Abb. 4.3 dargestellt, die Zielgruppenanalyse angewendet werden. Unter Zielgruppe wird die Hauptnutzergruppe eines Projektes verstanden, also die Kund*innen, Adressat*innen oder Anwender*innen des Projekts. Die Interessen der Zielgruppe sollen erfasst werden, um diese bei der Projektplanung und -umsetzung zu berücksichtigen. Abhängig davon, wie viel Aufwand und Ressourcen möglich sind, stammen die Überlegungen zur Zielgruppe aus dem zuständigen Projektteam, oder die Zielgruppe selbst wird stichprobenartig oder möglichst flächendeckend befragt. Zielgruppenanalysen bieten sich besonders dann an, wenn neue Angebote für Nutzer*innen erstellt werden sollen. Im sozialen Bereich kann es durchaus zwei Zielgruppen geben, z. B. Kostenträger und Mitarbeiter*innen (Sturzenhecker et al., 2019, 297 ff.) (Abb. 4.3).

Zielgruppenanalysen ermöglichen die Ableitung von Marketingmaßnahmen, die Positionierung der Organisation im Wettbewerb und eine kundenfreundliche- oder anwendungsorientierte Gestaltung von Angeboten. Außerdem ermöglichen Zielgruppenanalysen die Beobachtung der bereits festgelegten Zielgruppen, um auf aktuelle und sich verändernde Bedürfnisse der jeweiligen Personengruppen eingehen zu können. Innerhalb der Zielgruppe sollten sich die Personen also so homogen wie möglich verhalten, dies ist bei der Segmentierung/Einteilung der Zielgruppen zu bedenken. Mögliche Segmentierungskriterien sind z. B. sozioökonomische Merkmale (Einkommen, Beruf, Ausbildung…), demografische Merkmale (Alter, Geschlecht…), verhaltensorientierte Merkmale (Erstnutzung des Angebotes, wiederholte Nutzung…), psychografische Merkmale (Lebensstil, Gewohnheiten, Sicherheitsstreben…), medienorientierte Merkmale (Zeitungsleser*in, Internetnutzer*in…) oder auch Besitz- und Verbrauchsmerkmale (Produktwahl, Einkaufsstättenwahl, Markentreue…). Zwischen den einzelnen Zielgruppen sollen jedoch klare Unterscheidungsmerkmale bestehen. (Kerth et al., 2015, 128 f.)

Für den sozialen Bereich sind insbesondere Zielgruppeninteressen relevant, wenn neue Angebote entwickelt werden sollen. Nach Ermittlung der Zielgruppeninteressen werden Maßnahmen definiert, deren Umsetzung laufend erfolgen und kontrolliert werden soll. Ein Projekt kann mehrere Zielgruppen haben, z. B. Mitarbeiter*innen des Kostenträgers und Adressat*innen. (Sturzenhecker et al., 2019, S. 299).

Formular zur Zielgruppenanalyse	
Analyse der Zielgruppe	
Wer ist die Zielgruppe/sind die Zielgruppen des Projekts? (Personengruppen, an die sich das Projekt richtet, z. B. Mitarbeiter*innen, Kund*innen)	Wie kann ich Informationen über die Wünsche/Bedarfe der Zielgruppe erhalten? (z. B. Recherche, Fragebögen, Gespräche)
Auswertung der Recherche	
Interessen und Bedarfe der Zielgruppe auflisten (z. B. leichte Zugänglichkeit, Bedienbarkeit etc.)	Folgerungen für das Projekt festhalten (z. B. einfache Systeme der Kommunikation)

Abb. 4.3 Exemplarisches Formular zur Zielgruppenanalyse. (Eigene Darstellung in Anlehnung an Sturzenhecker et al., 2019, S. 298)

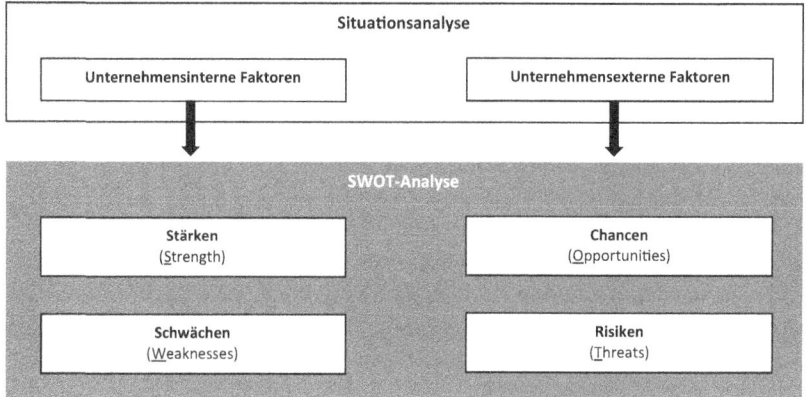

Abb. 4.4 Aufbau einer SWOT-Analyse (Kerth et al., 2015, S. 174)

Um neben diesen in Abschn. 4.3 erläuterten persönlichen Einflussgrößen auch sachlich-inhaltliche Einflussgrößen zu analysieren, können die SWOT-Analyse sowie die Risikoanalyse genutzt werden. Diese Instrumente werden in den beiden nachfolgenden Kapiteln beschrieben.

4.4 Projektstärken und -schwächen sowie Chancen und Risiken analysieren

Eine übersichtliche und methodische Möglichkeit, Projektstärken und -schwächen sowie Projektchancen und -risiken zu analysieren, ist die Nutzung einer SWOT-Analyse.

SWOT ist ein Akronym und steht für **S**trenths (Stärken), **W**eaknesses (Schwächen), **O**pportunities (Chancen) und **T**hreats (Risiken). Somit entsteht ein einfaches Analyseraster, das unternehmensinterne und -externe Rahmenbedingungen berücksichtigt. (Kerth et al., 2015, S. 174) Dieses Raster zur Situationsanalyse ist in Abb. 4.4. dargestellt.

Wie in Abb. 4.4. „Aufbau einer SWOT-Analyse" ersichtlich, zielt die Analyse der Stärken und Schwächen auf die interne Situation der Organisation ab. Die Organisationsanalyse intern dient im Sinne der SWOT-Analyse dazu, die Stärken und Schwächen der Organisation festzustellen. Laut Steinmann & Schreyögg, (2002) ist die interne Unternehmens- bzw. Organisationsanalyse das Gegenstück zur externen Umfeldanalyse. Externe Chancen und Risiken „sind mögliche, ungeplante Ereignisse, die durch eine Eintrittswahrscheinlichkeit und eine Auswirkung auf die Projektziele charakterisiert sind. Risiken wirken den Projektzielen entgegen, das heißt, dem Projekt entsteht ein Schaden. Chancen unterstützen die Ziele." (Timinger 2017, S. 121) Die klassische SWOT-Analyse kombiniert somit die Umfeld- und die Organisationsanalyse in einer übersichtlichen Matrix. Dabei ist festzuhalten, dass sowohl die Umfeld- als auch Unternehmensanalyse als selektive Informationsverarbeitungsprozesse gesehen werden müssen, denn durch die Dynamik und Komplexität von Organisation und Umfeld werden diese immer unvollständig bleiben. (Steinmann & Schreyögg, 2002, S. 158). Eine SWOT-Analyse kann also nie vollständig und objektiv erfolgen, sondern ist subjektiv geprägt durch die Erfahrungen und Eindrücke der in die Erstellung involvierten Personen.

Die SWOT-Analyse kann relativ allgemein oder sehr detailliert gehalten sein. In der allgemeinen Variante können erfahrene Personen, Führungskräfte und/oder Mitarbeiter*innen die Analyse in Workshops oder Diskussionsrunden erarbeiten. In einer detaillierten Form kann die SWOT-Analyse durch Ergebnisse anderer Analyseinstrumente gespeist werden. Als Beispiele zur Eruierung der Stärken und Schwächen können organisationsinterne Analyseinstrumente genannt werden wie die Kostenstrukturanalyse, die Zufriedenheitsanalyse, die Wertkettenanalyse, die Unternehmenskultur- oder Kernkompetenzanalyse. Die Chancen und Risiken der Umfeldanalyse können z. B. mit Ergebnissen der Zielgruppenanalyse, Konkurrenzanalyse, Stakeholderanalyse oder des Benchmarkings festgestellt werden. Dies ermöglicht eine Zusammenfassung möglicherweise ansonsten sehr komplexer Analysen, jedoch kann die Quantifizierbarkeit der Faktoren schwierig sein und sich die Gefahr mangelnder Objektivität sowie die teilweise schwierige Datenbeschaffung als hinderlich erweisen. (Kerth et al., 2015, 174 f.,177).

Aus der SWOT-Analyse können SWOT-Normstrategien abgeleitet werden, wie die folgende Abb. 4.5 zeigt:

Die Ableitung der SWOT-Normstrategien auf Basis der SWOT Analyse laut Abb. 4.5 bieten eine Auswahl an möglichen Optionen, die im individuellen Entscheidungsfall konkretisiert und operationalisiert (für die Situation und den Kontext im Alltag umsetzbar formuliert) werden müssen. (Kerth et al., 2015, S. 212) Im ersten Schritt würden somit eine SWOT-Analyse für ein bestimmtes Projekt oder Teilprojekt erstellt. Auf Basis dieser SWOT-Analyse werden Überlegungen zur Ableitung von Normstrategien im Umgang mit den organisationsinternen und –externen Ergebnissen vorgenommen. Diese Strategien werden im Anschluss auf ihre Realisierbarkeit überprüft und geeignete Handlungsoptionen ausgewählt (z. B. durch das Projektteam, die Projektleitung oder die Projektauftraggeberschaft).

Sturzenhecker et al. (2019) schlagen eine Abwandlung der SWOT-Analyse vor, um die Sinnhaftigkeit einer Projektumsetzung zu reflektieren, indem in der ersten Spalte die Gegenwart (Ausgangslage) des Projektes mit den positiven und negativen Einflussfaktoren analysiert wird und in der zweiten Spalte die Zukunft (wenn das Projekt umgesetzt wird). In der Gegenwart soll hinterfragt werden, auf welche Ressourcen das Projekt zugreifen kann, welche Kompetenzen bereits vorhanden sind und was für das Projekt motiviert. In der Negativspalte der Gegenwart sollen noch unerfüllte, aber bereits geäußerte Anforderungen an das Projekt, aktuelle Störungen und Schwierigkeiten aufgelistet werden. Die Positivspalte der Zukunft dient der Überlegung, welcher Nutzen und welche Chancen durch die Projektumsetzung sowohl für die Organisation als auch die Nutzer*innen entstehen. Die Negativseite umfasst Überlegungen zu künftigen Gefahren und Schwierigkeiten und Szenarien im Falle des Scheiterns des Projekts. (Sturzenhecker et al., 2019, 296 f.) Diese Herangehensweise kann sich insbesondere für organisationsinterne Projekte eignen, bei denen das externe Umfeld der Organisation keine oder nur eine geringe Rolle spielt.

Die SWOT-Analyse macht auf Projektrisiken aufmerksam. Diese können noch detaillierter betrachtet werden, damit die Risiken bearbeitbar werden. Dies ist Aufgabe des Projektrisikomanagements, das im nächsten Kapitel thematisiert wird.

4.5 Projektrisikomanagement installieren

Risikomanagement dient der strukturierten Erfassung, Analyse und Bewertung von organisatorischen bzw. unternehmerischen Risiken. Dabei können finanzielle, marktbezogene, technologische, organisatorische, rechtliche und personelle Risiken betrachtet werden. Risiken zeichnen sich dadurch aus, die Zielerreichung

4.5 Projektrisikomanagement installieren

	Chancen	Risiken
Stärken	**Stärken-Chancen Strategien** • Wahrnehmung der Chancen unter Einsatz der Stärken • Möglichkeiten von Expansion oder Investition • Nutzung von Trends und vorhandene Ressourcen	**Stärken-Risiko-Strategien** • Stärken nutzen, um Umweltrisiken auszugleichen oder abzumildern • Nutzung von Beziehungen, um Umweltbedingungen zu beeinflussen
Schwächen	**Schwächen-Chancen Strategien** • Abbau von Organisationsschwächen, um Chancen zu nutzen • Beispielsweise Abbau eigener Bürokratie, um reaktionsschneller zu sein und Marktchancen zu nutzen	**Schwächen-Risiko-Strategien** • Organisatorische Schwächen abbauen, um Umweltrisiken zu reduzieren • Desinvestitionsstrategien • Qualifizierungsstrategien • Kooperationsstrategien

Abb. 4.5 SWOT-Normstrategien. (Darstellung nach Kerth et al., 2015, S. 212, leicht modifiziert und ergänzt)

eines Projektes/der Organisation, oder im Extremfall sogar den Fortbestand der Organisation/des Projekts zu gefährden. (Schawel & Billing, 2009, S. 164) Im Risikomanagementprozess werden fünf unterschiedliche Schritte des Risikomanagements definiert, wie Abb. 4.6 zeigt:

Steinmann und Schreyögg (2002) führen aus, dass es in Gruppen einen „Risikoschub" gibt und Gruppen aus vier Gründen tendenziell risikofreudiger als Einzelpersonen sind:

a) Diffusion von Verantwortung: Handlungskonsequenzen durch Risiken werden von der ganzen Gruppe oder der Projektleitung getragen und somit wird ein höheres Risiko akzeptiert.
b) Höheres Informationsniveau: Viele Informationen entstehen durch Gruppendiskussionen, was zu einer subjektiv empfundenen Reduktion von Unsicherheit führt.
c) Rolle von Führungspersonen: Führungspersonen sind üblicherweise risikofreudiger und bringen daher Pro-Risiko-Argumente ein und die Gruppe lässt sich davon leichter überzeugen, als Einzelpersonen.
d) Risiko als sozialer Wert: Die Anwesenheit anderer lässt mehr Risikofreude zu, um als Einzelperson nicht als risikoscheu zu gelten. (Steinmann & Schreyögg, 2002, S. 552)

Die Ausführungen zeigen, dass Risikomanagement insbesondere in Projektteams Relevanz hat, da ein Risikoschub eintreten kann. Risikomanagement sollte als

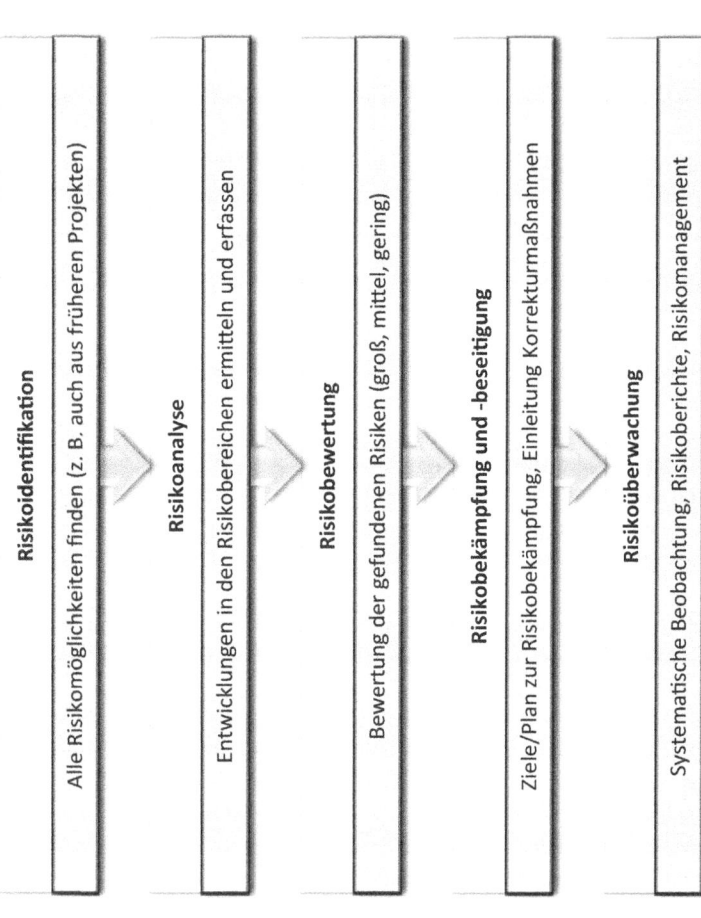

Abb. 4.6 Schritte des Risikomanagements. (Eigene Darstellung in Anlehnung an Madauss 2000, 492 f. und Moos & Peters, 2015, S. 87–92)

4.5 Projektrisikomanagement installieren

Instrument in Projekten genutzt werden. Die nachfolgende Tabelle zeigt die fünf gängigen Phasen des Risikomanagements auf, erläutert die Vorgehensweise im jeweiligen Schritt und gibt ergänzende Hinweise zur praktischen Umsetzung (Tab.4.4).

Der beschriebene Risikomanagementprozess dient dazu, die Kontinuität des Risikomanagements im Rahmen der Ablauforganisation im Sinne eines systematischen Prozesses zu gestalten. (Moos, 2014, S. 736) Zu den weiteren wesentlichen Elementen eines Risikomanagementsystems zählen:

- Internes Überwachungssystem: Bestehend aus organisatorischen Sicherungsmaßnahmen, interner Revision und Kontrolle, durchgeführt von risikomanagementerfahrenen Expert*innen oder einer Stelle für interne Revision.
- Controlling: Hat die Aufgabe über die wirtschaftliche sowie pädagogische, pflegerische und/oder medizinische Leistungsfähigkeit einer sozialen Organisation zu informieren und eine systematische Überwachung von Soll- und Ist-Größen zu ermöglichen. Risikofelder sollen durch Risiko-Kennzahlen beobachtet und durch einen Maßnahmenplan bei der Überschreitung von Risikoschwellen ergänzt werden.
- Frühwarnsystem: Ausgewählte (Risiko-)Beobachtungsbereiche sollen Informationen über Entwicklungen liefern, Frühwarnindikatoren werden definiert sowie Sollwerte und Toleranzgrenzen für die einzelnen Indikatoren festgelegt, bei deren Überschreitung eine Warnmeldung erfolgt. (Moos, 2014, 734 ff.)

Timinger (2017) verweist darauf, dass es wesentlich sei, Auftraggeber*innen nicht mit einer unübersichtlich langen Risikoliste für das Projekt zu überfordern, sondern die wesentlichsten Risiken fokussiert mit geplanten Gegenmaßnahmen zu dokumentieren. Mindestinhalte des Risikomanagementplans seien die Definition der Eintrittswahrscheinlichkeit und des Schadens sowie die Darstellung in einer Risikomatrix. (Timinger, 2017, S. 128) Einen Überblick dazu gibt die folgende Risikobewertungs- und Planungstabelle (Tab. 4.5):

Als Unterstützung zur Einschätzung von Risiken können Wahrscheinlichkeits- und Schadensklassen durch das Projektteam bzw. zuständige Stellen in der Organisation definiert werden und eine Risikomatrix herangezogen werden, wie die folgende Abbildung beispielhaft zeigt:

Aus der Abb. 4.7 ist ersichtlich, dass die Definition von Wahrscheinlichkeits- und Schadensklassen die Einordnung von Risiken erleichtert und die Risikomatrix bei der Einschätzung hilft, ob Risiken noch akzeptabel sind, näher untersucht werden müssen oder in den inakzeptablen Bereich fallen und umgehende Maßnahmen nötig sind.

Tab. 4.4 Die Prozessphasen des Risikomanagements im Überblick. (Eigene Darstellung in Anlehnung an die Ausführungen von Moos, 2014, S. 739; Moos & Peters, 2015, S. 87–92; Schawel & Billing, 2009, S. 164; Timinger, 2017, 126 ff.)

Phase	Vorgehensweise	Ergänzende Hinweise
Risikoidentifikation	Regelmäßige Risikoinventur: • Identifikation der für die Geschäftsfelder relevanten Risikobereiche (unterteilt in interne und externe Risiken) • Risikobeobachter*innen: Veränderungen im zugeordneten Risikobereich im Blick behalten (Moos und Peters 2015, 87 f.)	Wichtige Anwendungsbeispiele: • Rechtliche Risiken (z. B. neue Gesetze) • Liquiditätsrisiken (z. B. neue Zahlungsmodi) • Betriebsrisiken (z. B. fehlerhafte Betreuung) • Erfüllungsrisiken (z. B. Zahlungsausfall) • Personalrisiken (z. B. personelle Ausfälle) (Moos und Peters 2015, 87 f.)
Risikoanalyse	Vorgehensweise: • Entwicklungen in den Risikobereichen ermitteln und erfassen • Überwachung, ob Einzelrisiken in Markt- und Organisationsbereichen an Bedeutung gewinnen oder verlieren (Moos und Peters 2015, S. 88)	Zuständigkeiten und Veränderungen beachten: • Systematische Risikobeobachtung durch die Risikobeobachter*innen • Überwachung, ob neue Risiken hinzukommen, dabei organisationsinterne und -externe Risiken berücksichtigen (Moos und Peters 2015, S. 88)
Risikobewertung	Einstufung des Risikos in drei Schritten: a) *Schadensausmaß/Eintrittswahrscheinlichkeit* auf einer Skala einschätzen: z. B. von *Eins (nie)* bis *Fünf (sehr häufig)* b) *Schadensausmaß/Schadenshöhe* einschätzen: z. B. Skala (wie oben) unter Berücksichtigung von Geldbeträgen oder Projektverzug c) *Risikograd* ermitteln: Risikograd = Schadenshäufigkeit * Schadensausmaß (Moos & Peters, 2015, S. 88); (Timinger, 2017, 126 f.)	Umgang mit den Risikowerten: • Schwellenwert für Risikograd festlegen (z. B. Punktezahl, Schadensklasse, Zeitverzögerung) • Risikoverantwortliche: Warnbericht bei Schwellenwerterreichung und Stellungnahme zur Risikoentwicklung • Darstellung in Risikomatrix, um akzeptable Risiken und Risiken mit nötigen Gegenmaßnahmen im Überblick zu behalten (Moos & Peters, 2015, S. 88); (Timinger, 2017, 127 f.)

(Fortsetzung)

Tab. 4.4 (Fortsetzung)

Phase	Vorgehensweise	Ergänzende Hinweise
Risikosteuerung	Risikosteuerungsmöglichkeiten: • Risikovermeidung: Organisation verzichtet ganz oder teilweise auf risikobehaftete Aktivitäten • Risikoreduzierung mit Steuerungsmaßnahmen: Verringerung der Eintrittswahrscheinlichkeit und Schadenshöhe; vor allem Verringerung von Risiken durch menschliches Fehlverhalten • Risikoüberwälzung: Übertragung des Risikos, z. B. auf Versicherungen, Outsourcing • Risikovorsorge: Rücklage von finanziellen Mitteln zur Risikoabdeckung, z. B. Eigenkapital, Liquiditätsreserven, Rückstellungen (Moos, 2014, 739 f.; Moos & Peters, 2015, 89 f.)	Risikosteuerungsmöglichkeiten: • Eliminierung: z. B. Verkauf oder Outsourcing • Reduzierung: z. B. Ausstieg aus risikobehafteten Geschäftsfeldern • Akzeptanz oder Verteilung von Risiko: z. B. Versicherungen abschließen • Etablierung eines Risiko-Monitoring im Sinne eines Frühwarnsystems bei der Überschreitung von Schwellenwerten • Dokumentation erfasster Risiken und Schäden und laufendes Risikomonitoring, um rechtzeitig reagieren zu können (Schawel & Billing, 2009, S. 164)
Risikoüberwachung	Aufgaben: • Kontinuierliche Überprüfung von Wirksamkeit und Angemessenheit von Risikomanagementmaßnahmen und Rahmenbedingungen • Berichtsauswertungen (zumindest jährliche Standardauswertung) (Moos & Peters, 2015, S. 91)	Zielsetzungen: • Dient der Vorbereitung strategischer Entscheidungen, Information der Kontrollorgane • Bei Schwellenwertüberschreitungen rasche Bereitstellung der relevanten Daten für unternehmenspolitische Maßnahmen (Moos & Peters, 2015, S. 91)

Tab. 4.5 Risikobewertungs- und Planungstabelle (Darstellung in Anlehnung an Timinger, 2017, S. 130)

Risiko	Ursache	Eintrittswahrscheinlichkeit (E)	Schaden (S)	Maßnahme
Risiko 1 wird beschrieben	Ursache von Risiko 1 wird analysiert	Angabe in Prozentwerten	Stundenaufwand, Zeitver-zögerung oder Geldwert	Maßnahme zur Bearbeitung
...	...	...	...	...

Risikoskala/ -klassifizierung	Eintrittswahr- scheinlichkeit	Schaden
5 - sehr hoch	> 30 %	> 20 Tage
4 - hoch	20 % - 30 %	bis 20 Tage
3 - mittel	10 % - 20 %	bis 20 Tage
2 - gering	1 % - 10 %	bis 5 Tage
1 - sehr gering	0 – 1 %	bis 1 Tag

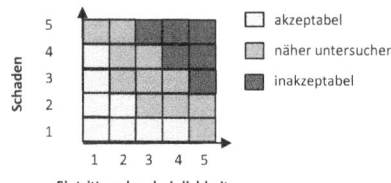

Abb. 4.7 Links: Beispiel zur Definition von Eintrittswahrscheinlichkeit und Schadensklassen. Rechts: Beispiel einer Risikomatrix. (Darstellung nach Timinger, 2017, S. 128, leicht modifiziert)

Risikomanagement ist als fortlaufender Prozess zu verstehen, der mit einem an eine externe Förderstelle gerichteten Projektantrag oder dem organisationsinternen Projektauftrag beginnt und kontinuierlich begleitet. Projektrisikomanagement ist eine Kernaufgabe der Projektleitung während der gesamten Projektlaufzeit. (Prenzel, 2016, S. 113).

4.6 Anwendungsbeispiel der Neugestaltung des Freizeitpädagogischen Angebotes

Die pädagogische Leitung, Frau Müller (vorgesetzte Stelle von Herrn Maus), ist besorgt über den Projektfortschritt des „Freizeitpädagogischen Angebots". Die ehrenamtlichen Vorstandsmitglieder, Herr Huber und Frau Meier kamen Anfang der Woche (Datum: 05.10.) auf Frau Müller zu und hatten sie um ein Gespräch gebeten. Sie seien in gutem Kontakt mit den beiden ehrenamtlichen Projektmitgliedern Herrn Schiller und Frau Arndt und hätten von Unstimmigkeiten im Projektteam sowie vom fehlenden Einschreiten von Herrn Maus als Projektleitung

4.6 Anwendungsbeispiel der Neugestaltung des Freizeitpädagogischen Angebotes

berichtet. Herr Huber sprach deutliche Worte: „Frau Müller, wir müssen Ihnen die Bedeutung dieses Projektes wohl kaum erklären. Sie wissen, wie es um die Abteilung Freizeitpädagogisches Angebot steht, die Organisation muss sehr viel Budget investieren, für das kaum ein Nutzen erkennbar ist. Das Angebot ist dringend reformbedürftig und wenn die Abteilung nicht bald Ergebnisse liefern kann, muss überlegt werden, ob dieser Arbeitsbereich weiter in der Organisation verfolgt werden soll." Frau Meier ergänzt: „Das Outsourcing des Freizeitpädagogischen Angebots an externe, professionelle Organisationen haben wir schon mehrfach im Leitungsgremium überlegt. Die Neukonzeptionierung ist die letzte Chance für die Abteilung, sich zu positionieren. Wenn das Projekt nicht von Erfolg gekrönt ist, werden wir die Abteilung auflösen müssen." Frau Müller versprach dem ehrenamtlichen Vorstand, das Problem zu lösen, das Projektteam würde bald Ergebnisse liefern.

Frau Müller betrachtet das nachstehende Projektorganigramm und seufzt, denn wie üblich musste auch hier mit wenigen personellen Ressourcen viel bewegt werden (Abb. 4.8):

Der Blick auf das Organigramm in Abb. 4.8 zeigt, dass das hauptberufliche Kernteam aus Herrn Maus, Frau Weber und Frau Maler besteht. Frau Richter ist als Praktikantin zu unerfahren für Konzeptarbeit und soll unter Anleitung den hauptberuflichen Personen nur zuarbeiten. Frau Arndt und Herr Schiller als ehrenamtliche Personen sind sehr gut in der Region vernetzt. Sie sind allerdings bekannt dafür, zu viele Vorhaben gleichzeitig voranbringen zu wollen und zusätzlich sehr aktiv in unterschiedlichen anderen Vereinen zu sein. Somit werden sie wenig Zeit für die Konzeptarbeit haben. Herr Maus als Leitung zweier Abteilungen und zusätzlich des Projekts ist bereits überlastet. Frau Weber und Frau Maler stehen in einer angespannten, kollegialen Beziehung zueinander. Die Stormingphase in diesem Projekt kommt für Frau Müller daher wenig überraschend, die Probleme müssen aber schnell gelöst werden.

Die pädagogische Leitung, Frau Müller, bittet Herrn Maus in seiner Rolle der Projektleitung für das „Freizeitpädagogische Angebot" zu einem Gespräch. Herr Maus ist erst verärgert darüber, dass seine ehrenamtlichen Projektmitglieder die Probleme des Projektteams nach außen tragen, muss aber zugeben, dass er von den Streitereien des Projektteams in seiner Abwesenheit als Leitung nichts erfahren habe. Herr Maus bestätigt Frau Müller, dass er aufgrund der Vielzahl an Rollen und Aufgaben in der Organisation eigentlich keine Zeit für die Projektleitung habe. Frau Müller informiert Herrn Maus über das Gespräch mit dem ehrenamtlichen Vorstand und verdeutlicht, dass rasch Lösungen gefunden werden müssten. Herr Maus verspricht, das Projekt mit oberster Priorität zu behandeln

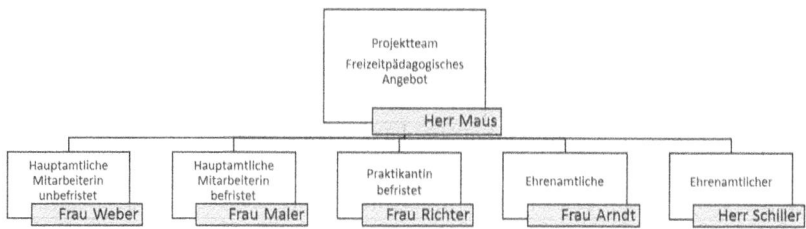

Abb. 4.8 Organigramm des Projektteams „Freizeitpädagogisches Angebot". (Eigene Darstellung)

und Frau Weber als stellvertretende Projektleitung zu nominieren, damit das Projektteam auch in Abwesenheit von Herrn Maus weiterarbeiten könne. Herr Maus bittet um finanzielle Mittel für eine externe Moderation, denn er möchte eine Krisensitzung mit dem Projektteam abhalten. Frau Müller ist mit diesem Vorschlag einverstanden und kennt eine gute Moderatorin für diesen Anlass, die bereits erfolgreich in der Organisation im Einsatz war.

Frau Müller und Herr Maus vereinbaren die Hauptaufgaben im Projekt: Eine gute Analyse der Ausgangslage und Definition der Zielgruppen seien vorzunehmen, hier sei zu entscheiden, welche Altersgruppen in der Freizeitbetreuung angesprochen werden sollen. Anschließend solle eine Analyse und Entscheidung für geeignete Durchführungsoptionen gefunden werden. Dabei sind sich Frau Müller und Herr Maus einig, dass für Teilnehmende am Programm zumindest fünf Tage angeboten werden müssen, damit die Freizeitbetreuung in den Ferien interessant für Eltern wird. Im Anschluss daran solle die Konzepterarbeitung für die jeweiligen Zielgruppen erfolgen.

In den Osterferien könne das Konzept mit Kindern und Jugendlichen erstmals erprobt und evaluiert werden. Erkenntnisse daraus sollten in die Programmgestaltung für den Sommer einfließen. Mit Ende des Monats Mai solle die Projektdokumentation, der Abschluss des Projekts und die Übergabe an die Organisation erfolgt sein, damit mit den Marketingmaßnahmen für die Ferienbetreuung im Sommer gestartet werden kann. Die Projektarbeit sei damit zwar ambitioniert geplant, aber durchführbar und damit bestünde auch die Möglichkeit, die Abteilung zu retten. Ein Projektauftragsformular sollte möglichst rasch dem ehrenamtlichen Vorstand zur Unterschrift vorliegen. Die Projektausgangsanalyse habe sorgfältig zu erfolgen, um ein maßgeschneidertes Konzept für die Bedarfe zu erarbeiten.

4.6 Anwendungsbeispiel der Neugestaltung des Freizeitpädagogischen Angebotes 77

Herr Maus und die externe Moderatorin, Frau Sicher, planen einen Eintagesworkshop mit dem Projektteam. Bei der Terminwahl wird darauf geachtet, dass sich die beiden Ehrenamtlichen den ganzen Tag Zeit nehmen und das Projektteam gut arbeiten kann. Der Vormittag hat Krisensitzungscharakter, die Unstimmigkeiten im Projektteam werden angesprochen, der Leistungsdruck im Projekt wird verdeutlicht. Frau Weber und Frau Maler sind bereit, ihre Konflikte zum Wohle der Abteilung hinten anzustellen.

Der Klausurnachmittag ist geprägt von Lösungsvorschlägen und guten Ideen: Frau Weber nimmt die stellvertretende Projektleitung an, die Projektgruppe einigt sich darauf, Fünftagesangebote für unterschiedliche Altersgruppen und Interessen zu konzipieren. Frau Richter möchte gerne bei den Analysen unterstützen und erklärt sich bereit, Protokolle zu führen und Dokumente zu bearbeiten. Die beiden ehrenamtlichen Personen, Frau Arndt und Herr Schiller, bringen die Idee ein, auch ortsansässige Vereine in das Angebot einzubinden. Sie schlagen vor, je eine Fokusgruppe mit Kindern von 6–10 Jahren sowie von 10–14 Jahren zur Zielgruppenanalyse zu bilden und zusätzlich eine Gruppe mit Eltern von Kindern und Jugendlichen, da für eine umfassende Befragung der Zielgruppe zu wenig Zeit und Ressourcen zur Verfügung stünden. Herr Maus, Frau Sicher und das Projektteam sind sehr zufrieden mit den Ergebnissen und die Termine für die nächsten Arbeitssitzungen werden geplant.

Die Fokusgruppen zur Zielgruppenanalyse werden geplant und zeitgerecht durchgeführt, die Ergebnisse sind sehr aufschlussreich. Die Eltern wünschen sich zusammenfassend betrachtet eine kostengünstige Betreuungsmöglichkeit für die Kinder, da mehrere Ferienwochen überbrückt werden müssen. Die Ferienangebote sollten einfach zu finden und leicht zu buchen sein, idealerweise sowohl telefonisch als auch digital über eine Homepage. Die Angebote sollen den Kindern Spaß machen, sie sollen gerne hingehen, damit die Eltern beruhigt ihrer Arbeitstätigkeit nachgehen können. Wichtig für die Eltern ist, dass benötigte Materialien und Kleidung einmal am Beginn der Woche, oder noch besser vor Beginn der Woche kommuniziert werden. Die Eltern haben laut eigenen Angaben nicht die Zeit, laufend einkaufen zu gehen oder Besorgungen zu erledigen, sie wünschen sich eine professionelle Vorausplanung und einen reibungslosen Ablauf der Ferienwoche.

Die Kinder von 6 – 10 Jahren wünschen sich Sport, Spiel und Spaß. Als Beispiele für Aktivitäten nennen sie Basteln und Malen, Schwimmen und einen Ausflug zum Spielplatz, weiterhin Ballspiele und Zeit für gemeinsames Spiel in einer großartig ausgestatteten Bau- und Spieleecke. Einige Kinder wollen auch Singen und Musikinstrumente ausprobieren, aber eher keinen Sport, ein Teil der Gruppe möchte nur Sport und etwas Zeit für Spiele, aber keine Musik.

Die Kinder von 10–14 Jahren wünschen sich andere Aktivitäten als die „kleinen Kinder". Sie wollen spannendere Sportangebote und „nicht immer das Gleiche", sie nennen Beispiele wie Bogenschießen oder Klettern. Ein Teil der Gruppe kann sich eine Musikwoche vorstellen, in der verschiedene Instrumente ausprobiert werden können, gemeinsam verschiedene Musikstücke oder ein Musical erarbeitet werden, mit einer Aufführung als krönenden Abschluss. Spannende Ausflüge, ein Picknick oder Grillen am See werden ebenfalls genannt. Auch hier zeigt sich bei der Analyse der Fokusgruppen, dass ein Teil der Gruppe eher Musik und Kreativität wünscht, der andere Teil der Gruppe jedoch Action und Sport.

Die Projektgruppe beschließt, sich vorerst der Konzeption einer Action- und Sportwoche zu widmen, da die Gemeinde und der Herr Bürgermeister Sport und Bewegung als sehr wichtig erachten und dafür interne Kompetenzen in Bewegung und Sport (Frau Weber war früher Sportpädagogin) sowie Infrastruktur für sportliche Betätigung (Turnhalle, Sport- und Ballspielplatz) vorhanden sind. Nur die Alternativsportarten wie Klettern oder Bogenschießen können nicht intern abgedeckt werden. Herr Schiller hat jedoch gute Kontakte zum örtlichen Bogenschießverein, der immer auf der Suche nach Nachwuchssportler*innen ist und in der 15 min per Bus entfernten Stadt gibt es eine Boulderhalle. Jedoch gibt Herr Maus zu bedenken, dass diese in den Ferienzeiten selbst Freizeitangebote für Kinder und Jugendliche bietet. Frau Weber ist in Sorge, dass die Eltern Bogenschießen für zu gefährlich halten könnten.

4.7 Fragen und Musterlösung zum Projekt Freizeitpädagogisches Angebot

Versuchen Sie die folgenden Fragen für das Anwendungsbeispiel „Freizeitpädagogisches Angebot" zu beantworten und berücksichtigen Sie die bisherigen Fallangaben sowie Musterlösungen aus den vorherigen Kapiteln:

- Woher stammt die Projektidee und wie erfolgte die Projektauswahl?
- Wie ist der Projektauftrag mit dem Projektauftragsformular zu gestalten?
- Wie können die Projektziele mit der SMART-Formel konkretisiert werden? Ziehen Sie beispielhaft das Projektziel aus dem Projektauftrag „Das neue Konzept des Freizeitpädagogischen Angebots bietet unterschiedliche Freizeit- und Betätigungsmöglichkeiten für Kinder und Jugendliche innerhalb und außerhalb der Organisation" für diese Fragestellung heran.
- Welche relevanten Stakeholder können Sie in diesem Projekt feststellen und welche Maßnahmen der Stakeholder-Kommunikation würden Sie festlegen?

- Überlegen Sie, wer die Zielgruppen des „Freizeitpädagogischen Angebots" sind und erstellen Sie eine Zielgruppenanalyse.
- Welche Stärken und Schwächen sowie Chancen und Risiken (SWOT-Analyse) sehen Sie bei der Umsetzung einer Action- und Sportwoche für die Zielgruppe der 6–10 und 10–14-Jährigen?
- Leiten Sie SWOT-Normstrategien aus Ihrer vorgenommenen SWOT-Analyse ab.
- Welche Risiken sehen Sie für eine Action- und Sportwoche? Wie schätzen Sie die Bedeutung dieser Risiken ein und welche Risikomanagementmaßnahmen würden Sie vorschlagen? Nutzen Sie für diese Aufgabe eine Risikobewertungs- und Planungstabelle. Konzentrieren Sie sich dabei auf die aus Ihrer Sicht 3 bis 5 wichtigsten Risiken.

Musterlösung zur Projektidee und Projektauswahl:
Die Projektidee stammt aus der Organisation selbst, der ehrenamtliche Vorstand des Zentrums für Kindheit und Jugend e. V., Herr Huber und Frau Meier, fordern ein attraktiveres freizeitpädagogisches Angebot und mehr Produktivität der Abteilung „Freizeitpädagogisches Angebot". Die pädagogische Leitung, Frau Müller, beauftragt Herrn Maus mit der Projektleitung und setzt das Projektteam ein. Die Projektmitarbeiter*innen wissen, dass es Probleme mit dem Angebot gibt und Überarbeitungsschritte gesetzt werden müssen.

Musterlösung zur Gestaltung des Projektauftrages:
Der Projektauftrag muss nun nur noch von den relevanten Stellen unterschrieben werden, damit dieser als formal abgeschlossen gilt. In der Praxis sind Ziele im Projektauftrag häufig allgemeiner formuliert, so auch in diesem Fallbeispiel. Für die gezielte Weiterarbeit im Projektteam ist es wesentlich, aus diesen allgemeinen Zielen konkrete Ziele abzuleiten (Tab. 4.6).

Musterlösung zur Konkretisierung der Projektziele mit der SMART-Formel:
Das Projektteam hat die Aufgabe, die Projektziele aus Projektauftrag aufzugreifen und mit der SMART-Formel zu konkretisieren. Die folgende Tab. 4.7 stellt Möglichkeiten dar, wie das Ziel „Das neue Konzept des Freizeitpädagogischen Angebots bietet unterschiedliche Freizeit- und Betätigungsmöglichkeiten für Kinder und Jugendliche innerhalb und außerhalb der Organisation" mithilfe der SMART-Formel konkretisiert werden kann.

Tab. 4.6 Beispielhafter Projektauftrag für das Freizeitpädagogische Projekt (Quelle: eigene Darstellung)

Projektauftrag	
Projektname: Neukonzeptionierung Freizeitpädagogisches Angebot	**Projekt Nr.:** 2
Projektbeschreibung: Das Projektteam entwickelt ein neues und spannendes Konzept für das Freizeitpädagogische Angebot. Die Betätigungsmöglichkeiten für die Kinder- und Jugendlichen werden vielfältiger, das Programm ist flexibler buchbar. Das Angebot ist in den Ferienzeiten verfügbar und attraktiv und leistbar für Eltern aus der Region, die Betreuungsmöglichkeiten brauchen. Die Neuausrichtung des Programms führt zu einer Öffnung der Organisation in die Region sowie zu einer Vernetzung der Kinder und Jugendlichen innerhalb und außerhalb des Zentrums für Kindheit und Jugend e.V.	
Projektziele: Das neue Konzept des Freizeitpädagogischen Angebots bietet unterschiedliche Freizeit- und	**Projektergebnisse:** Die Angebote werden besser gebucht, wodurch mehr Gestaltungsmöglichkeiten entstehen.
Betätigungsmöglichkeiten für Kinder und Jugendliche innerhalb und außerhalb der Organisation.	Eltern sowie Kinder/Jugendliche können aus verschiedenen Möglichkeiten wählen
Die zeitliche Ausgestaltung der Angebote erlaubt mehr Flexibilität, insbesondere in der schulfreien Zeit.	Das Angebot wird als Ferienbetreuung interessant.
Projektgesamtziel: Das Freizeitpädagogische Angebot wird durch ein neues Konzept inklusiv ausgerichtet, zeitlich flexibler gestaltet und bietet vielfältige, altersadäquate Freizeitmöglichkeiten.	**Projektergebnisse:** Das Angebot wird spannend für Kinder und Jugendliche in der Obhut des Zentrums für Kindheit und Jugend e.V. sowie für Kinder/Jugendliche und Eltern aus der Region.
Projektnutzen: • Eltern aus der Region haben eine flexible und spannende Betreuungsmöglichkeit für ihre Kinder und Jugendlichen in der Sommerzeit, die für die Eltern leistbar ist. • Kinder und Jugendliche aus der Region vernetzen sich durch die gemeinsame Freizeitgestaltung besser mit den Kindern und Jugendlichen, die im Zentrum für Kindheit und Jugend e.V. betreut werden. • Freundschaften zwischen Kindern und Jugendlichen entstehen, zudem ergibt sich eine bessere Einbindung des Zentrums für Kindheit und Jugend e.V. in der Region. • Die Kinder und Jugendlichen erhalten vielfältige Betätigungsmöglichkeiten, die es bisher in der Region noch nicht gegeben hat.	
Auftraggeber*in: Zentrum für Kindheit und Jugend e.V.; Herr Huber und Frau Meier – ehrenamtlicher Vorstand, Frau Müller – pädagogische Leitung	**Projektleiter*in:** Herr Maus – Leitung teilstationärer und ambulanter Bereich
Projektteammitglieder: • Frau Weber – Mitarbeiterin Freizeitpädagogisches Angebot • Frau Maler – Mitarbeiterin Freizeitpädagogisches Angebot • Frau Richter – Praktikantin (Teilzeit) • Herr Schiller – Ehrenamtlicher Mitarbeiter • Frau Arndt – Ehrenamtliche Mitarbeiterin	**Sonstige Beteiligte:** • Gemeinde als Partnerorganisation und möglicher Fördergeber • Vereine im Ort als Partnerorganisationen für die Umsetzung einzelner Aktivitäten • Kinder und Jugendliche als Zielgruppen • Eltern als Zielgruppen

(Fortsetzung)

Tab. 4.6 (Fortsetzung)

Hauptaufgaben (Projektphasen):	Meilensteine:
• Analyse der Ausgangslage und Definition der Zielgruppen • Analyse und Entscheidung für geeignete Durchführungsoptionen • Konzepterarbeitung für die jeweiligen Zielgruppen • Konzepterprobung und –evaluation • Projektdokumentation • Abschluss des Projekts und Übergabe an die Organisation Nach Projektende: Entscheidung über die weitere Durchführung durch die Auftraggeber*innen.	• Projektumfeldanalyse mit Stakeholder- und Zielgruppenanalyse: 31.10. • SWOT- und Risikoanalyse: 15.11. • Konzepterstellung für die Altersgruppe der 6-10-Jährigen: 15.01. • Konzepterstellung für die Altersgruppe der 10-14-Jährigen: 15.03. • Konzepte bereit zur Durchführung: 05.04. • Erprobung der Konzepte: 10. bis 15. 04. • Einarbeitung des Feedbacks und Fertigstellung des Konzepts: 15.05. • Übergabe der Projektdokumentation und formeller Projektabschluss: 31.05.
Projektstartereignis und Projektstarttermin: Projektauftrag durch die Auftraggeber*innen, 30.06.	**Projektendereignis und Projektendtermin:** Übergabe der Projektdokumentation und Projektabschluss, 31.05.
Projektrisiken: Teamrisiken: Die Teamkonstellation ist konfliktträchtig, die Teamentwicklung wird Zeit brauchen. Kostenrisiken: Die Bereitstellung der Angebote ist im Falle einer geringen Nachfrage nicht kostendeckend. Qualitätsrisiken: Es gibt viele Konkurrenzangebote, die Qualität der Angebote muss konkurrenzfähig sein. Terminrisiken: Der Zeitrahmen für die Entwicklung und Vermarktung der Angebote ist sehr kurz.	
.... Datum, Unterschrift Projektauftraggeber*in	.... Datum, Unterschrift Projektleiter*in

Smarte Ziele bieten konkrete Handlungsanleitung und Orientierung für das Projektteam „Freizeitpädagogisches Angebot". Die Tab. 4.7 bietet einen exemplarischen Auszug der Lösung, denn auch die weiteren Projektziele sollten nach der SMART-Formel überprüft und bei Bedarf konkretisiert werden.

Musterlösung zur Stakeholderanalyse:

Die relevanten Stakeholder im Projekt sind in der ersten Spalte der Stakeholdermatrix ersichtlich. Die Maßnahmen der Stakeholderkommunikation werden in den Spalten der Tab. 4.8 konkretisiert.

Mit dieser übersichtlichen Darstellung der relevanten Stakeholder und der zu treffenden Maßnahmen, gewinnen das Projektteam, die Auftraggeber und die Projektleitung einen guten Überblick über die nächsten Schritte. Bei Bedarf kann die Tabelle um weitere Spalten oder Informationen ergänzt werden.

Tab. 4.7 Musterlösung zur Nutzung der SMART-Formel für die Konkretisierung von Projektzielen. (Eigene Darstellung)

Akronym „SMART"	Musterlösung für das Beispiel
S – specific (spezifisch)	Das neue Konzept bietet jeweils 3 unterschiedliche 5-Tagesfreizeitangebote für die Altersgruppe von 6–10 Jahren und von 10–14 Jahren
M – measurable (messbar)	Die Anzahl der Freizeitangebote und der Angebotstage ist messbar
A – achieveable (erreichbar)	Die Freizeitangebote sollen bereits ab nächstem Sommer zur Verfügung stehen
R – relevant (relevant)	Die Freizeitangebote sollen für Kinder, Jugendliche und deren Eltern bedarfsorientiert sein, die Bedarfe werden in Fokusgruppen abgefragt
T – time-bound (terminiert)	Die Fokusgruppen sind bis November abgeschlossen Das Konzept liegt bis Ende Januar vor Das Konzept wird im April getestet Die Marketingmaßnahmen starten im Mai Buchungen sind ab Juni möglich

Musterlösung zur Zielgruppenanalyse:
Anmerkung zur Musterlösung (Tab. 4.9) : Bei der Zielgruppenanalyse werden nicht alle Stakeholder analysiert, sondern jene Gruppen, die das Angebot auch tatsächlich nachfragen bzw. nutzen sollen.

Musterlösung zur SWOT-Analyse:
Anmerkung zur Musterlösung (Abb. 4.9) : Die Lösung hat sich ganz bewusst an der Fallangabe orientiert. Jedoch können auch Ihre zusätzlichen Gedanken zu einer Action- und Sportwoche richtig sein, die über die Fallangabe hinaus gehen.

Musterlösung zur Ableitung von SWOT-Normstrategien:
Anmerkung (Abb. 4.10): Auch bei dieser Lösung können weitere Strategien passen, die Sie zusätzlich auf Basis Ihrer SWOT-Analyse entwickeln.

4.7 Fragen und Musterlösung zum Projekt Freizeitpädagogisches Angebot

Tab. 4.8 Exemplarische Stakeholdermatrix für das Freizeitpädagogische Projekt. (Eigene Darstellung)

Stakeholder	Maßnahme	Inhalt	Umfang	Häufigkeit	Zuständigkeit
Ehren-amtliches Vorstands-mitglied	Information über Projektentwicklung	Regelmäßige schriftliche Kommunikation des Projektfortschritts	Kurzer Bericht	1 × monatlich	Projektleitung
Pädagogische Leitung	Beteiligung an Entscheidungen	Kommunikation Projektstatus und nötige Entscheidungen	Meeting	Nach Bedarf	Projektleitung
Gemeinde	Interessens-ausgleich	Antrag und Verhandlungen zu Eckpunkten und Finanzierung	Ansuchen, Meeting	5 Seiten, 1 h	Auftraggeber, Projektleitung
Ortsansässige Vereine	Verhandlungen	Projektbeteiligungsinteresse und Konkretisierung	Meetings	1 bis 2 h	Ehrenamtliche Projektmitgl
Eltern	Beteiligung bei Bedarfsanalyse	Fokusgruppen mit Eltern von Kindern und Jugendlichen	3 h	Einmalig	Projektteam
Kinder und Jugendliche	Beteiligung bei Bedarfsanalyse	Fokusgruppen mit 6–10 sowie 10–14jährigen	3 h	Einmalig je Gruppe	Projektteam
Bürger*innen	Information über fertiges Programm	Marketing und Anlaufstelle für Beratung	Folder, Homepage	Nach Bedarf	Auftraggeber, Projektteam

Tab. 4.9 Musterlösung zur Zielgruppenanalyse. (Eigene Darstellung)

Formular zur Zielgruppenanalyse	
Analyse der Zielgruppe	
Wer ist die Zielgruppe/sind die Zielgruppen des Projekts? • *Eltern* • *Kinder von 6–10 Jahren* • *Kinder von 10–14 Jahren*	Wie kann ich Informationen über die Wünsche/Bedarfe der Zielgruppe erhalten? • *Fokusgruppe mit den Eltern* • *Fokusgruppen mit den Kindern/Jugendlichen*
Auswertung der Recherche	
Interessen und Bedarfe der Eltern: • *Kostengünstige Betreuungsmöglichkeit für die Kinder und Jugendlichen* • *Leicht auffindbar und buchbar* • *Angebote sollen den Kindern/Jugendlichen Spaß machen, sie sollen gerne hingehen* • *Es soll am Beginn kommuniziert werden, was für die Woche gebraucht wird, damit anschließend alles reibungslos verläuft*	Folgerungen für das Projekt: • *Förderungsmöglichkeiten mit der Gemeinde verhandeln* • *Buchungsmöglichkeit über Homepage und Telefon, Öffentlichkeitsarbeit/Folder* • *Auf Bedarfe der Kinder/Jugendlichen achten* • *Eltern von organisatorischen Aufgaben entlasten bzw. diese gut bündeln: Liste mit benötigter Kleidung, Materialien bereitstellen*
Interessen und Bedarfe der Kinder von 6–10 Jahren • *Sport, Spiel und Spaß* • *Beispielaktivitäten: Basteln, Malen, Schwimmen, Ausflüge zum Spielplatz, Ballspiele* • *Zeit zum gemeinsamen Spiel in einer gut ausgestatteten Spiel- und Bauecke* • *An Sport und Musik haben nicht alle Interesse*	Folgerungen für das Projekt: • *Abwechslungsreiches Angebot bieten* • *Zeit für die Kinder einplanen, damit sie gemeinsam spielen können* • *Angedacht werden könnte eine Woche mit unterschiedlichen Aktivitäten, eine Sport- und eine Musikwoche*
Interessen und Bedarfe Kinder von 10–14 Jahren • *Alle wünschen sich anspruchsvollere Aktivitäten als für „die Kleinen"* • *Alternative Sportarten, wie Bogenschießen oder Klettern wünscht sich ein Teil der Fokusgruppe* • *Musikwoche mit Instrumenten oder der Erarbeitung eines Musicals mit Aufführung* • *Ausflüge und Grillen oder Picknick am See*	Folgerungen für das Projekt: • *Das Angebot muss sich klar von den 6–10-Jährigen unterscheiden* • *Sportwoche und Action* • *Musikwoche mit Gesang (Musical oder Instrumente kennenlernen)* • *Das Grillen/Picknick beim See könnte für alle gemeinsam interessant sein*

4.7 Fragen und Musterlösung zum Projekt Freizeitpädagogisches Angebot

Tab. 4.10 Musterlösung mit einer Risikobewertungs- und Planungstabelle. (Eigene Darstellung)

Risiko	Ursache	E*	S*	Maßnahme
Zu wenig Nachfrage für die Action und Sportwoche	Zu wenig Interessierte in der Region	Hoch	Hoch	• Angebot in jeder zweiten Ferienwoche anbieten • Marketing auch in Nachbargemeinden
Das Angebot wird nicht rechtzeitig fertig für einen Probelauf zu Ostern und die Umsetzung in den Sommerferien	Zeitaufwand in der Koordination mit Partnerorganisation, Verzögerungen im Projektverlauf	Hoch	Hoch	• Kooperationsgespräche schon vor der Konzeptphase starten, um Interessen auszuloten und diese einzuarbeiten • Straffes Zeitmanagement und gutes Projektcontrolling, Zeitpuffer einplanen
Angebote werden von 10–14-Jährigen nicht genutzt	Angebote für 6–10 und 10–14-Jährige zu ähnlich	Mittel	Hoch	• Angebote auch namentlich klar abgrenzen • Interessen der 10–14-Jährigen aus der Fokusgruppe berücksichtigen
Eltern finden Angebote, wie Bogenschießen und Klettern zu gefährlich	Wunsch nach Sicherheit für die Kinder und Jugendlichen	Mittel	Mittel	• Über Sicherheitsvorkehrungen bei den Actionangeboten informieren, ohne dass diese uncool für die Jugendlichen werden
Boulderhalle ist nicht verfügbar	Boulderhalle hat eigene Angebote im Sommer	Mittel	Mittel	• Das Bouldern extern an die Boulderhalle vergeben und Tage im Vorfeld abstimmen
Angebot wird von Eltern und Gemeinde mit dem Sportfokus als zu einseitig empfunden	Kinder und Jugendliche interessieren sich auch für andere Themen und äußern dies	Mittel	Mittel	• Kommunizieren, das die Action- und Sportwoche ein Pilotprojekt ist • Nach Möglichkeit weitere Angebote schon für den Sommer konzipieren

*E steht für Eintrittswahrscheinlichkeit, S steht für den Schaden/das Schadensausmaß

Musterlösung zur Risikoanalyse, Risikoeinschätzung und zum Risikomanagement:
Anmerkung: In dieser Tabelle (Tab. 4.10) finden sich die aus der Angabe ableitbaren Risiken. Es wurden nur Risiken mit einer hohen bis mittleren Eintrittswahrscheinlichkeit und einem hohen bis mittleren Schaden aufgenommen,

SWOT-Analyse für eine Action und Sportwoche	
Stärken: • Infrastruktur vorhanden: Turnhalle, Sportplatz, Ballspielplatz • Kompetenzen: Frau Weber als Sportpädagogin kann ihre Expertise einbringen • Eine Sport- und Actionwoche bietet viele Möglichkeiten für Betätigung drinnen und draußen	**Chancen:** • Herr Schiller hat gute Kontakte zum örtlichen Bogenschießverein, der an Nachwuchsförderung interessiert ist • Die Boulderhalle ist mit 15 Minuten Fahrzeit in räumlicher Nähe • Die Action- und Sportwoche ist auch für die Gemeinde/die Bürgermeister*in interessant
Schwächen: • Das Angebot ist nur für einen Teil der relevanten Zielgruppe interessant und es ist fraglich, ob die Buchungslage gut genug sein wird, um die Kosten zu decken • Wenn sowohl die Woche für die 6-10-Jährigen und 10-14-Jährigen als „Action- und Sportwoche" bezeichnet wird, unterscheiden sich diese zu wenig	**Risiken:** • Eltern könnten Bogenschießen und Klettern für zu gefährlich halten • Die Boulderhalle ist nicht zu den benötigten Zeiten verfügbar, da sie in den Ferien eigene Angebote bietet • Es gibt regional zu wenig Kinder und Jugendliche, die sich für die Action- und Sportwoche interessieren

Abb. 4.9 Musterlösung zur SWOT-Analyse. (Eigene Darstellung)

	Chancen	Risiken
Stärken	**Stärken-Chancen Strategien** • Die Kompetenz und Expertise des Zentrums für Kindheit und Jugend e.V. zur Gestaltung einer Action- und Sportwoche öffentlichkeitswirksam kommunizieren • Die Woche für die 6-10-Jährigen sowie 10-14-Jährigen kann gleichzeitig, oder um eine Woche versetzt angeboten werden • Bogenschießen und Klettern liegen im Trend und die Ressourcen sind in räumlicher Nähe verfügbar	**Stärken-Risiko-Strategien** • Die Kompetenz und Expertise des Zentrums für Kindheit und Jugend e.V. zur Beruhigung der Eltern nutzen und Elternabende anbieten • Das Angebot in der Gemeindezeitung vorstellen • Die Angebote auch in den Nachbargemeinden veröffentlichen und Interesse wecken • Alternativen zum Klettern in der Boulderhalle suchen: z. B. mehr Fahrtzeit in Kauf nehmen oder Klettern im Freien andenken und dazu Möglichkeiten suchen
Schwächen	**Schwächen-Chancen Strategien** • Beim Namen flexibler sein und die Woche für die 6-10-Jährigen als „Spiel- und Sportwoche" bezeichnen, damit sich diese klar vom Angebot für 10-14-Jährige unterscheidet • Auf den Bogenschießverein Einfluss nehmen, die Materialien beim Bogenschießen so zu variieren, dass die Verletzungsgefahr sinkt	**Schwächen-Risiko-Strategien** • Im nächsten Schritt Alternativen zur „Action- und Sportwoche" ausarbeiten (z. B. Bastel- und Kreativwoche, Musik- und Theaterwoche) • Gezielte Kooperation mit Bogenschießverein und Gestaltung eines speziellen Angebots • Kooperation an bestimmten Tagen mit der Boulderhalle fixieren

Abb. 4.10 Beispielhafte SWOT-Normstrategien für die „Action- und Sportwoche". (Eigene Darstellung)

da Sie sich auf die wichtigsten Risiken konzentrieren sollten. Die Einschätzung, ob ein Risiko hoch oder mittel zu kategorisieren ist, hat eine subjektive Komponente, Abweichungen in Ihrer Lösung im Vergleich zur Musterlösung sind in

Ordnung, wenn Sie diese begründen können. Risiken mit geringer Eintrittswahrscheinlichkeit und geringem Schaden sollten in Ihrer Tabelle nicht erscheinen, da diese nicht zu den wesentlichsten Risiken gehören würden (Abb. 4.10).

Literatur

Benkhofer, S., Esswein, W., Hülsbeck, M., Krippendorff, T., Liebens, P., & Mandel, C. (2019). *Projektmanagement nach DIN ISO 21500:2016–02*. Schäffer-Poeschel.

Diethelm, G., & Bernard, T. (2000). *Projektmanagement. Betriebswirtschaft in Studium und Praxis*. Verlag Neue Wirtschafts-Briefe.

Drews, G., Hillebrand, N., Kärner, M., Peipe, S., & Rohrschneider, U. (2016). *Praxishandbuch Projektmanagement* (2. Aufl.). Haufe.

Glatz, H., & Graf-Götz, F. (2011). *Handbuch Organisation gestalten: Für Praktiker aus Profit- und Non-Profit-Unternehmen, Trainer und Berater*. Beltz.

Kerth, K., Asum, H., & Stich, V. (2015). *Die besten Strategietools in der Praxis: Welche Werkzeuge brauche ich wann?; Wie wende ich sie an?; Wo liegen die Grenzen?* (6. überarb. Aufl.). Hanser.

Kusay-Merkle, U. (2018). Agiles Projektmanagement im Berufsalltag: Für mittlere und kleine Projekte. *Springer Gabler*. https://doi.org/10.1007/978-3-662-56800-2.

Litke, H.-D., Kunow, I., & Schulz-Wimmer, H. (2015). *Projektmanagement* (3. überarb. Aufl.). Haufe.

Madauss, B.-J. (2000). *Handbuch Projektmanagement: Mit Handlungsanleitungen für Industriebetriebe, Unternehmensberater und Behörden* (6. überarb. Aufl.). Schäffer-Poeschel.

Michels, B. (2015). *Projektmanagement Handbuch: Grundlagen mit Methoden und Techniken für Einsteiger*. Benjamin Michels Self Publishing.

Millner, R., & Majer, C. G. (2013). Projekt- und Prozessmanagement. In R. Simsa, M. Meyer & C. Badelt (Hg.), *Handbuch der Nonprofit-Organisation* (S. 335–375). Schäffer-Poeschel.

Moos, G. (2014). Risikomanagement. In U. Arnold, K. Grunwald & B. Maelicke (Hg.), *Lehrbuch der Sozialwirtschaft* (4. Aufl., S. 733–742). Nomos.

Moos, G., & Peters, A. (2015). *BWL für soziale Berufe: Eine Einführung* (2. überarb. Aufl.). Reinhardt.

Patzak, G., & Rattay, G. (1998). *Projekt-Management: Leitfaden zum Management von Projekten, Projektportfolios und projektorientierten Unternehmen* (3. Aufl.). Linde.

Peipe, S. (2018). *Crashkurs Projektmanagement: Grundlagen für alle Projektphasen* (7. Aufl.). Haufe.

Possehl, K. (2014). Management in sozialen Organisationen: Leitung von Teams und teilautonomen Arbeitsgruppen: Theoretische Grundlagen und 12 Fallbeispiele aus der Sozialen Arbeit. *Peter Lang GmbH Internationaler Verlag Der Wissenschaften*. https://doi.org/10.3726/978-3-653-04460-7.

Prenzel, T. (2016). *Projektentwicklung mit System: Von der Idee zum fertigen Konzept: Planung, Organisation, Projektantrag* (2. überarb. Aufl.). Wochenschau Verlag.

Projekt Management Austria – PMA (Hrsg) (2020). *Standard Projekthandbuch*. https://www.pma.at/de/service/downloads.Zugriff:15.12.2020.

Ries, A. (2019). *Projektmanagement Schritt für Schritt: Arbeitsbuch*. UVK.

Schawel, C., & Billing, F. (2009). *Top 100 management tools: Das wichtigste Buch eines Managers* (2. überarb. Aufl.). Gabler.

Steinmann, H., & Schreyögg, G. (2002). *Management: Grundlagen der Unternehmensführung; Konzepte, Funktionen, Fallstudien* (5. Aufl.). *Gabler-Lehrbuch.* Gabler.

Sturzenhecker, M., Amerein, B., & Andrä, R. (2019). *Sozialmanagement: Organisation.* Verlag Europa-Lehrmittel Nourne.

Timinger, H. (2017). *Modernes Projektmanagement: Mit traditionellem, agilem und hybridem Vorgehen zum Erfolg.* Wiley.

Wolf, R. (2000). Methoden zur Zielformulierung in Projekten(6), 1–6. https://www.projektmagazin.de/artikel/methoden-zur-zielformulierung-projekten_426 Abrufbar unter: https://www.pma.at/de/service/downloads.Zugriff:15.12.2020

5. Projektplanung und Projektkonzept

Zusammenfassung

In diesem Kapitel werden die Aspekte Projektplanung und Projektkonzeption fokussiert. Der Ablauf eines Projektes wird geplant. Dazu werden zuerst alle zu erledigenden Aufgaben in ihre kleinste Einheit, die Arbeitspakete zerlegt und zusammengehörige Arbeitspakete zu Teilaufgaben zusammengefasst. Die Arbeitspakete werden beschrieben und in eine sinnvolle Reihenfolge gebracht, um einen strukturierten Projektablauf zu garantieren. Arbeitspakete werden zudem mit Personen hinterlegt, die die Verantwortung für die Durchführung übernehmen. Ebenso bedeutsam ist ein Blick auf die Ressourcen, die vor allem in Personalkosten und Sachmittel zu unterteilen sind. Die daraus zu ermittelnden Gesamtkosten sind wichtig, um den Ressourcenbedarf des Projektes zu kennen und Fördermittel bei externen Geldgebern zu beantragen. Abschließend lassen sich alle Planungsergebnisse in einem Pflichtenheft zusammenfassen.

Schlüsselwörter

Teilaufgabe • Arbeitspaket • Arbeitspaketbeschreibung • Projektbalkenplan • Projektstrukturplan • Meilenstein • Funktionendiagramm • Ressourcenplanung • Personalaufwandsplanung • Projektfinanzierung • Pflichtenheft

Lernziele
- Sie können Ihr Projekt in Teilaufgaben und Arbeitspakete zergliedern.

- Sie sind in der Lage, die Teilaufgaben und Arbeitspakte mit den entsprechenden Methoden sinnvoll zu beschreiben und zu strukturieren.
- Sie kennen Instrumente, um die Verantwortlichkeiten und Ressourcen im Projekt zu eruieren.
- Sie verstehen die Grundlagen der Personalressourcen- und der Kostenplanung.
- Sie können Plan- von Istkosten unterscheiden.
- Sie fassen die Planungsergebnisse in einem Pflichtenheft zusammen.

5.1 Planungsgrößen in Projekten berücksichtigen

Die Würfel sind gefallen, das Projekt soll durchgeführt werden. Um das jedoch erfolgreich tun zu können, müssen noch weitere Planungsgrößen berücksichtigt werden. Für das Projekt sind Teilaufgaben und Arbeitspakete zu definieren, die Aufgaben in eine zeitliche Reihenfolge zu bringen, den Aufgaben Verantwortlichkeiten zuzuordnen und letztlich der Aufwand wie der Personaleinsatz und andere Kosten zu planen. Diese Planungsgrößen werden in diesem Kapitel dargestellt.

Wie Abb. 5.1 verdeutlicht, beleuchtet diese Kapitel nun bereits den zweiten Schritt des Projektablaufes, die Projektplanung und -konzeption.

In dieser Phase wird die Frage geklärt, welche Aufgaben im Projekt konkret bearbeitet werden müssen und wer für diese Aufgaben die Verantwortung übernimmt. Es wird geplant, wie viel Zeit und Geld (Antes, 2014, S. 30) hierbei zur Verfügung stehen und bis wann welche Aufgabe abgeschlossen sein muss, um das Ziel zum festgesetzten Zeitpunkt zu erreichen. Das Projekt wird also in verschiedene Phasen unterteilt (Bär et al., 2017, S. 23). Hierzu stellt das Projektmanagement Instrumente und Methoden zur Verfügung, die in diesem Kapitel genauer erläutert werden. Ziel ist es, die Bausteine Zeit, Geld und Aufgabe sinnvoll zu verknüpfen und zu strukturieren. Gleichzeitig kann durch diese Struktur die Komplexität des Vorhabens verringert werden (Ries, 2019, S. 58).

5.2 Methoden der Aufgaben- und Ablaufplanung anwenden

Einer der ersten Planungsschritte ist es, das Gesamtprojekt, sprich die Gesamtaufgabe, in mehrere Teilaufgaben zu zerlegen. Diese Teilaufgaben werden bei großen Projekten wiederum in kleinere Arbeitspakete zerlegt, die dann im Detail geplant

5.2 Methoden der Aufgaben- und Ablaufplanung anwenden

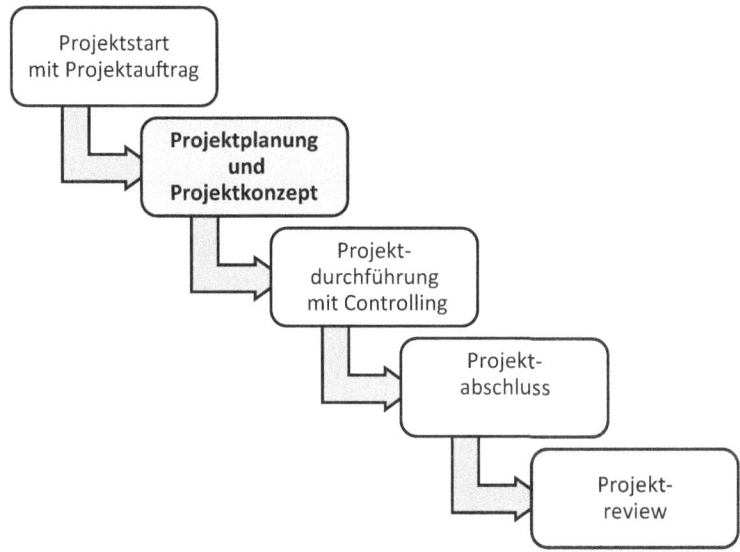

Abb. 5.1 Projektplanung verortet im Gesamtablauf. (Eigene Darstellung in Anlehnung an Benkhofer et al. 2019, S. 23; Patzak & Rattay, 1998; Ries, 2019, S. 18, 25)

werden können (Bea et al., 2020, S. 155). Ein Arbeitspaket ist somit die kleinste Einheit im Projekt. Es ist so groß, dass ein Mitarbeitender dies laut Antes (2014, S. 30) „aufgrund seiner Qualifikation, Erfahrung und Motivation ohne weitere Zergliederung bewältigen wird". Teilaufgaben haben größere Überschriften und beinhalten Maßnahmenbündel wie Kostenkalkulation, Öffentlichkeitsarbeit oder Dokumentation (Antes, 2014, S. 31).

Abb. 5.2 verdeutlich den Zusammenhang zwischen Teilaufgaben und Arbeitspaketen

Das Projekt an sich stellt somit die Gesamtaufgabe dar. Diese wird in Teilaufgaben zergliedert, deren weitere Unterteilung einzelne Arbeitspakete sind.

Arbeitspakete sind also eine geschlossene Aufgabenstellung, die zu einem bestimmten Zeitpunkt erledigt werden müssen. Es handelt sich um die kleinste, nicht weiter zerlegbare Einheit, für die eine oder maximal zwei Personen verantwortlich sind (Ries, 2019, S. 61). Für jedes Arbeitspaket gibt es eine Arbeitspaketbeschreibung (Meyer & Reher, 2016, S. 129). Ein Beispiel für eine solche Beschreibung findet sich in Abb. 5.3.

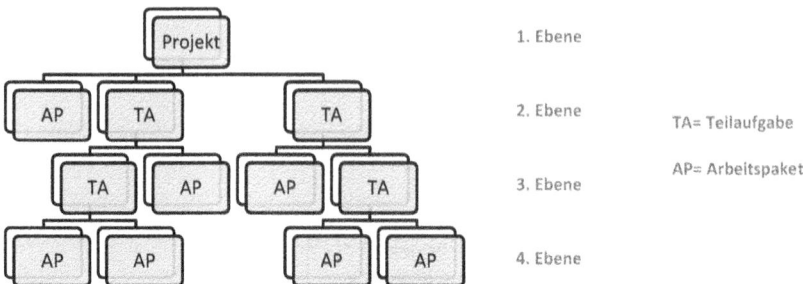

Abb. 5.2 Zusammenhang von Teilaufgaben und Arbeitspakten. (Eigene Darstellung nach DIN 69901 in Anlehnung an Bea et al., 2020, S. 156; Antes, 2014, S. 30)

Teilaufgabe (TA)	Projektbezeichnung	Projektnummer
AP-Bezeichnung	AP-Nr.	
AP-Verantwortung	Vorname, Nachname	
AP-Startereignis	Termin:	
AP-Endereignis	Termin:	
AP-Kostenaufwand (Sachkosten)	Welche Sachkosten fallen an?	
AP-Zeitaufwand (Arbeitsstunden)	Wie viele Arbeitsstunden fallen an?	
AP-Input	Welche Ereignisse müssen vorliegen, um mit dem Arbeitspaket zu beginnen	
AP-Output	Was liegt nach Beendigung des Arbeitspaktes vor?	
AP-Risiken	Welche Ereignisse können den Erfolg beeinflussen?	
AP-Chancen	Welche Chancen ergeben sich durch ein qualitätsvolles Arbeitsergebnis	
Anlagen:	Terminplan	
	Kostenplan	
	Sonstiges	

Abb. 5.3 Muster einer Arbeitspaketbeschreibung. (Eigene Darstellung in Anlehnung an Antes, 2014, S. 33; Meyer & Reher, 2016, S. 138)

Abb. 5.3 macht deutlich, dass eine Arbeitspaketbeschreibung weit über die reine Beschreibung der Leistung, dem Arbeitspaket-Output, hinausgeht. Hilfreich ist es, wenn die einzelnen Arbeitspakete neben dem Inhalt mit Nummern, Verantwortlichkeiten und Terminen hinterlegt sind. Ein weiterer wesentlicher Aspekt

5.2 Methoden der Aufgaben- und Ablaufplanung anwenden

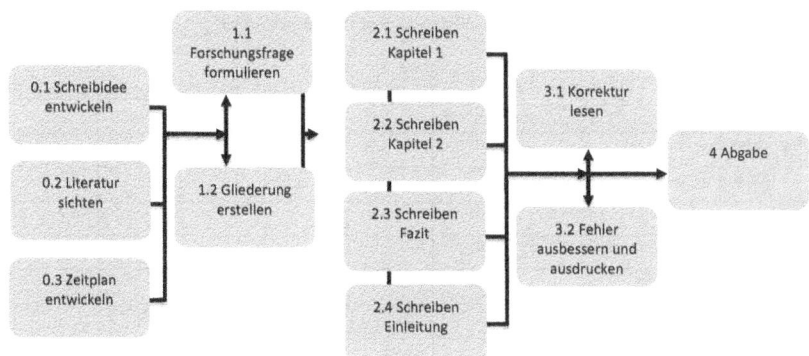

Abb. 5.4 Projektstrukturplan – Arbeitspakete in zeitlicher Reihenfolge. (Eigene Darstellung)

sind die benötigten Ressourcen wie Zeit und Geld. Zudem besteht die Möglichkeit auf Risiken im Arbeitspaket zu verweisen und somit das Risikomanagement zu berücksichtigen. Zusammenfassend lässt sich damit feststellen, dass Aufgaben im Projekt durch Arbeitspakete in eine logische Reihenfolge gebracht werden. Darstellen lässt sich diese logische Strukturierung in einem Ablaufplan (Antes 2014, S. 34), der den zeitlichen Ablauf und damit die Termine der Arbeitspakete berücksichtigt.

Abb. 5.4 zeigt einen Ablaufplan mit Arbeitspaketen anhand eines studentischen Vorhabens, nämlich dem Verfassen einer schriftlichen Arbeit, z. B. einer Hausarbeit.

Abb. 5.4 macht deutlich, wie die einzelnen Arbeitspakete einer schriftlichen Arbeit in einer sinnvollen zeitlichen Reihenfolge mit nummerierten Arbeitspaketen zu einem logischen Ablaufplan führen, dem sogenannten Projektstrukturplan (Bea et al., 2020, 152 f.,). Die Gliederungsnummer eines Arbeitspaketes stellt eine Teilaufgabe dar. Arbeitspaket 01 bis Nummer 1.2 ist die Teilaufgabe „Vorbereitung", Nummer 2.1 bis 2.4 die Teilaufgabe „Schreiben", und ab Arbeitspaket 3.1 beginnt die Fertigstellungsphase.

Durch die logische Reihenfolge der Arbeitspakete ergibt sich eine zeitliche Strukturierung. Darstellen lässt sich diese zeitliche Strukturierung in einem Projektbalkenplan, wie Abb. 5.5 für das Schreibprojekt verdeutlicht.

In Abb. 5.5 werden die einzelnen, grau schattierten Teilaufgaben mit Enddaten hinterlegt, ebenso die untergeordneten, unschattiert dargestellten Arbeitspakete. Dadurch ergibt sich neben der Reihenfolge eine zeitliche Strukturierung des Projektes. Anhand der grauen Balken wird deutlich, wann eine Teilaufgabe beginnt

TA und AP	1/2	3/4	5/6	7/8	9/10	11/12
Projektbalkenplan „Verfassen einer schriftlichen Arbeit"						
0 Vorbereitung	14.01					
0.1 Schreibidee entwickeln	01.01					
0.2 Literatur sichten					11.3	
0.3 Zeitplan entwickeln	14.01					
1.1 Forschungsfrage formulieren	07.01					
1.2 Gliederung erstellen	14.01					
2 Schreiben					11.3	
2.1 Schreiben Kapitel 1		28.01				
2.2 Schreiben Kapitel 2			11.02			
2.3 Schreiben Fazit				25.02		
2.4 Schreiben Einleitung					11.03	
3 Fertigstellung						25.03
3.1 Korrektur lesen						18.03
3.2 Fehler ausbessern/Ausdruck						20.03
4 Abgabe						24.03

Abb. 5.5 Projektbalkenplan „schriftliche Arbeit". (Eigene Darstellung in Anlehnung an Stöger, 2019, S. 62)

und endet. Die Teilaufgaben und Arbeitspakete enden durch sogenannte Meilensteine. Meilensteine sind Zwischenergebnisse des Projektes, die durch ein bestimmtes Ereignis festgelegt sind. Das Ereignis erfolgt am Ende einer Teilaufgabe oder eines Arbeitspaketes, wie im Beispiel der schriftlichen Aufgabe. So steht am Ende der Vorbereitungsphase als Meilensteine eine Gliederung und ein Zeitplan fest. Meilensteine ermöglichen es, den Projektablauf zu überwachen, die Qualität zu sichern und Anpassungen vorzunehmen (Ries, 2019, S. 159).

Wenn Arbeitspakete durch verschiedenen Personen festgelegt werden, kann ein Funktionendiagramm hilfreich sein (Bär et al., 2017, S. 33). Dort werden die Arbeitspakte nicht wie im Projektbalkenplan mit Terminen hinterlegt, sondern mit Verantwortlichkeiten. Beim Beispiel der schriftlichen Arbeit ergibt ein Funktionendiagramm wie in Abb. 5.6 Sinn, wenn es sich um eine Gemeinschaftsarbeit von mehreren Studierenden handelt.

Funktionendiagramm „Verfassen einer schriftlichen Arbeit"			
TA und AP / Person	Melanie	Jonas	Leonie
0 Vorbereitung	kontrollieren		
0.1 Schreibidee entwickeln	ausführen	Mitspracherecht	Mitspracherecht
0.2 Literatur sichten	ausführen	ausführen	ausführen
0.3 Zeitplan entwickeln	ausführen	Mitspracherecht	Mitspracherecht
1.1 Forschungsfrage formulieren	Mitspracherecht	Mitspracherecht	ausführen
1.2 Gliederung erstellen	Mitspracherecht	Mitspracherecht	ausführen
2 Schreiben		kontrollieren	
2.1 Schreiben Kapitel 1	ausführen	wird informiert	wird informiert I
2.2 Schreiben Kapitel 2	wird informiert	ausführen	wird informiert I
2.3 Schreiben Fazit	Mitspracherecht	Mitspracherecht	ausführen
2.4 Schreiben Einleitung	wird informiert	wird informiert I	ausführen
3 Fertigstellung			kontrollieren
3.1 Korrektur lesen	ausführen		
3.2 Fehler ausbessern/Ausdruck	Mitspracherecht	Mitspracherecht	ausführen
4 Abgabe			ausführen

Abb. 5.6 Funktionendiagramm: Darstellen von Verantwortlichkeiten. (Eigene Darstellung in Anlehnung an Stöger, 2019, S. 64)

Es wird im Funktionsdiagramm in Abb. 5.6 geregelt, wer welches Arbeitspakte ausführt, aber auch, wer in Entscheidungen miteinbezogen bzw. zumindest informiert werden muss und wer die Verantwortung für die Kontrolle von Teilaufgabe und Arbeitspaket übernimmt.

5.3 Methoden der Ressourcenplanung kennenlernen

Nachdem nun geklärt ist, welche Aufgaben im Projekt zu erledigen sind, bis wann dies zu erfolgen hat und wer dafür die Verantwortung übernimmt, müssen die dazugehörigen Ressourcen in den Blick genommen werden. Als Ressourcen sind hier vor allem die menschliche Arbeitskraft und finanzielle Aufwendungen zu verstehen. Methoden der Ressourcenplanung gehen also erstens der Frage nach, wie viele Stunden, Tage oder Wochen Personal zur Verfügung gestellt werden muss und zweitens wie viel finanzielle Mittel für Sachmittel benötigt werden (Ries, 2019, S. 70).

Da hauptamtlich angestelltes Personal bezahlt werden muss, ist davon auszugehen, dass die Ressource Mensch gleichzeitig auch die kostenaufwändigste in Projekten der Sozialen Arbeit ist. Das vor allem dann der Fall, wenn wie im sozialen Bereich für ein Projekt viel Kopfarbeit nötig ist oder externe Kräfte bei der Moderation und Planung unterstützen (Ries, 2019, S. 71).

Ein erster Schritt zur Planung der Personalressourcen ist bereits mit dem Funktionendiagramm in Abb. 5.6 erfolgt. Den beteiligten Personen wurden Zuständigkeiten zugeordnet. Aufgrund der Zuständigkeiten kann der Arbeitsaufwand abgeschätzt werden und dieser mit Stunden, Tagen oder Arbeitswochen hinterlegt werden, wie Abb. 5.7 zeigt.

Den einzelnen Arbeitspaketen beim Erstellen der schriftlichen Arbeit wurde in Abb. 5.7 Arbeitszeit in Stunden hinterlegt. Das Ergebnis macht deutlich: Der Stundenaufwand der drei Personen ist einigermaßen gleichmäßig verteilt. Bei

Personalaufwandsplanung „Verfassen einer schriftlichen Arbeit"			
TA und AP — Arbeitszeit in Stunden	Melanie	Jonas	Leonie
0 Vorbereitung	0,5		
0.1 Schreibidee entwickeln	2,0	2,0	2,0
0.2 Literatur sichten	10,0	16,0	16,0
0.3 Zeitplan entwickeln	1,0	1,0	1,0
1.1 Forschungsfrage formulieren	0,5	0,5	1,0
1.2 Gliederung erstellen	0,5	0,5	1,0
2 Schreiben		0,5	
2.1 Schreiben Kapitel 1	20,0		
2.2 Schreiben Kapitel 2		20,0	
2.3 Schreiben Fazit			8,0
2.4 Schreiben Einleitung			8,0
3 Fertigstellung			0,5
3.1 Korrektur lesen	8,0		
3.2 Fehler ausbessern/Ausdruck	2,0		2,0
4 Abgabe			1,0
Gesamtarbeitszeit in Stunden	42,5	40,5	39,5

Abb. 5.7 Personalaufwandsplanung. (Eigene Darstellung)

5.3 Methoden der Ressourcenplanung kennenlernen

einem Projekt in einer sozialen Organisation ist nun der Schritt zur Kostenplanung nicht mehr weit. Denn die Kosten für das Personal können mit Geldbeträgen hinterlegt und nun entsprechen kalkuliert werden. Der zweite Schritt, die Kostenplanung rückt nun in den Vordergrund.

Neben den Personalkosten gilt es nun alle weiteren Kosten zu sammeln, die für das Projekt anfallen. Auch hier können die einzelnen Arbeitspakete und Teilaufgaben zu Hilfe genommen werden. Denn bereits bei der Planung der Arbeitspakete in Abb. 5.3 wurden Ressourcen kalkuliert. Diese gilt es nun zusammenzuführen und wenn nötig zu ergänzen. Berücksichtigt werden muss etwa auch Infrastruktur, die vorhanden und somit bereits finanziert ist und für das Projekt genutzt wird. Ähnlich wie beim Personal werden dafür Sachkosten kalkuliert und wenn keine konkreten Anhaltspunkte vorhanden sind, geschätzt. Dabei handelt es sich beispielsweise um:

- Verwaltungskosten
- Honorare für externe Beratung
- Reisekosten
- Büromaterial
- EDV-Kosten
- Strom
- Telefon
- Miete
- Investitionen

Die Kosten werden dann wie in Abb. 5.8 gebündelt dargestellt, um den Überblick zu behalten:

Der Gesamtkostenplan in Abb. 5.8 stellt die im Projekt zu erwartenden Gesamtkosten darf und verteilt diese auf verschiedene Kostenarten.

Die Beträge der einzelnen Kostenarten können in einem weiteren Schritt auf einzelne Monate verteilt werden. Damit ist der Abfluss der finanziellen Mittel für den Projektzeitraum fixiert (Antes, 2014, S. 38).

Dabei ist zu berücksichtigen, dass zu Beginn des Projektes in der Regel wenige Kosten anfallen, je weiter fortgeschritten das Projekt ist, umso mehr finanzielle Ressourcen müssen aufgewendet werden. Es gilt einen Zeitpunkt festzulegen, bis wann ein Ausstieg aus dem Projekt fast nichts kostet. Ebenso wichtig ist es zu eruieren, ab welchem Zeitpunkt es sich nicht mehr lohnt, das Projekt abzubrechen, sondern es finanziell weniger Schaden bedeutet, es zu Ende zu führen (Kraus & Westermann, 2019, S. 88).

Gesamtkostenplan	
Ausgabenart	Betrag in Euro
Personal	
Büromaterial	
Mieten	
Investition	
Gesamt	

Abb. 5.8 Gesamtkostenplan (Antes, 2014, S. 38)

Ebenso wichtig ist der Blick dahin gehend, wie viele Mittel als Eigenleistung aufgebracht werden können und wie viel noch von anderen Geldgebern als Zuschüsse akquiriert werden müssen. Es gilt somit die Frage zu beantworten welche Ausgabearten bereits finanziert sind. Das können Sachmittel sein, die bereits zur Verfügung stehen, wie Räume, Strom, Telefon usw. oder auch ehrenamtliches oder hauptamtliches Personal, das für das Projekt einen Teil seiner Arbeitszeit erbringt. Viele Projekte brauchen dennoch weitere Geldgeber, wie Spenden oder Fördermittel von Stiftungen oder staatlichen Stellen, z. B. aus dem europäischen Sozialfond. Gerade bei den Anträgen zu Fördermitteln ist die Unterteilung in Eigenmittel und dem Zuschussbedarf elementar (Antes, 2014, 38 f.).

5.4 Projekte finanzieren

Spätestens an dieser Stelle lohnt es sich also, sich Gedanken über die Finanzierung des Projektes, sprich die Einnahmen zu machen. An dieser Stelle wird auf zwei Optionen eingegangen, die sich für die Unterstützung von Projekten sehr gut eigenen: Anträge bei öffentlichen Trägern bzw. privaten Projektfördermittelgebern. Selbstverständlich können auch alle anderen Fundraisingoptionen wie z. B. Spenden oder Sponsoring durch Wirtschaftsunternehmen genutzt werden. Auf diese wird hier nicht näher eingegangen.

Einen möglichen Fehlbetrag zwischen vorhandenen Eigenmitteln und den Gesamtkosten des Projektes kann durch entsprechende Anträge bei Fördermittelgebern gedeckt werden. Häufig bietet sich dazu ein Projektförderantrag bei öffentlichen Institutionen wie der eigenen Kommune, bei Landes- oder Bundesprojekten oder bei Organisationen wie Förderstiftungen oder gemeinnützigen Glücksspiellotterien an.

Zuwendungen der öffentlichen Hand können dann erfolgen, wenn ein erhebliches Interesse an der Leistungserbringung besteht und sie ohne diesen Zuschuss nicht erbracht werden kann (Schellberg, 2018, S. 507). Dazu ist ein Antrag erforderlich, der die geplanten Kosten darlegt und die Haushaltsvorgaben berücksichtigt. Die Kosten müssen also sparsam und wirtschaftlich geplant werden. Mit einem Bescheid der öffentlichen Hand wird der Zuschuss bewilligt. Am Ende der Projektlaufzeit ist es jedoch zwingend erforderlich einen Verwendungsnachweis zu führen, also eine Abschlussrechnung zu erstellen. Dort werden die tatsächlich angefallenen Istkosten aufgelistet. Die Einrichtung, die einen Antrag auf den Zuschuss stellt, hat sich dem Verwaltungsverfahren der öffentlichen Hand unterzuordnen und deren Regelungen anzunehmen (Schellberg, 2018, S. 508).

Alternativ können auch Anträge bei Förderstiftungen oder gemeinnützigen Lotterien gestellt werden. Hier ist der erste Schritt, sich zuerst mit dem Förderzweck auseinanderzusetzen. Passen Förderzweck einer Stiftung und das eigene Vorhaben zusammen, kann ein Antrag auf Förderung gestellt werden. Vor dem Antrag ist es nötig, sich mit den Anforderungen an die Antragsstellung auseinanderzusetzen. Das Projektziel, die aufzuwendenden Ressourcen inklusive Kosten und die eingesetzten Eigenmittel sind auch hier elementarer Bestandteil eines Fördermittelantrages.

Ergibt sich auf der Einnahmenseite eine Deckungslücke, die sich zu einem vorher festgelegten Zeitpunkt nicht schließen lässt, müssen die Projektziele an die finanziellen Ressourcen angepasst werden (Antes, 2014, S. 41).

5.5 Planungstools zusammenfassen

In der Projektplanungsphase erarbeitet ein Team, wie die im Projektauftrag fixierten Ziele konkret umgesetzt werden sollen. Der Auftraggeber hat einen Anspruch darauf zu erfahren, wie diejenigen, die den Antrag ausführen, sich die Umsetzung vorstellen und welche Planungen sie verfolgen. Es muss nun konkret dargestellt werden, was das Ergebnis des Projektes sein wird, also was im übertragenen Sinne am Ende des Projektes genau geliefert wird (Madauss, 2017, S. 306). Das Ergebnis der Projektplanung wird im sogenannten Pflichtenheft festgehalten.

Das Pflichtenheft soll darstellen, wie das Ziel erreicht wird und enthält somit die Summe aller Lösungskonzepte. Für das Pflichtenheft ist das Projektteam verantwortlich (Kraus & Westermann, 2019, S. 170). Das Pflichtenheft konkretisiert damit die im Projektauftrag formulierten Ziele durch die Beschreibung der Aufgabenpakete, den zeitlichen Ablauf, konkrete Meilensteine und den geplanten Aufwand und enthält damit die Summe aller bisher dargestellten Planungswerkzeuge. Das Pflichtenheft wird dem Auftraggeber vorgelegt und insbesondere im Fall von externen Auftraggebern sowohl von diesem als auch vom Projektteam unterschrieben.

5.6 Anwendungsbeispiel der Einführung des Qualitätsmanagements

Für die Phase der Projektplanung dient die Einführung eines Qualitätsmanagements beim Zentrum für Kindheit und Jugend e. V. als Fallbeispiel. Der Verein will sich als großes übergeordnetes Ziel von einer externen Organisation zertifizieren lassen, um das qualitätsvolle Vorgehen zu belegen. In der Kinder- und Jugendhilfe ist das Qualitätssiegel „KiJu-Zert" Standard. Wer über dieses Siegel verfügt, hat Vorteile in der Zusammenarbeit mit dem Jugendamt. Unter anderem deshalb will das Zentrum für Kindheit und Jugend e. V. dieses Qualitätssiegel erwerben.

Zur Planung und Umsetzung hat sich eine Projektgruppe gefunden, die sich des Themas annimmt. Das Projektteam trägt den Namen „Qualitätszirkel". Im Qualitätszirkel sind aus jedem Bereich der Organisation Mitarbeitende vertreten. Die Koordination des Qualitätszirkels liegt bei Herrn Frank, der gleichzeitig die Stabsstelle als Qualitätsbeauftragter inne hat. Die eigentliche Verantwortung für das Gelingen liegt aber bei den Einrichtungsleiterinnen Frau Müller und Frau Schmidt.

Abb. 5.9 zeigt die beteiligten Personen aus der Einrichtung im Qualitätszirkel.

Bevor die Zertifizierung erfolgreich durchlaufen werden kann, muss das Qualitätsmanagement aber erstmal eingeführt werden. Als mittelfristiges Ziel wurde formuliert: Innerhalb eines Jahres wissen alle Mitarbeitenden über das Vorhaben Bescheid und arbeiten mit. Es sind in jedem Organisationsbereich die zehn wesentlichen Kernprozesse beschrieben. Das langfristige Ziel lautet: Die Einrichtung ist nach dem KiJu-Zert-Standard zertifiziert.

Dazu wurden Teilaufgaben festgelegt:

1. Auswahl einer externen Begleitung: Frau Müller und Frau Schmidt wählen gemeinsam mit Herrn Frank eine externe Begleitung aus, die den Einführungsprozess moderierend unterstützt. Meilenstein: Die externe Begleitung ist ausgewählt.

5.6 Anwendungsbeispiel der Einführung des Qualitätsmanagements

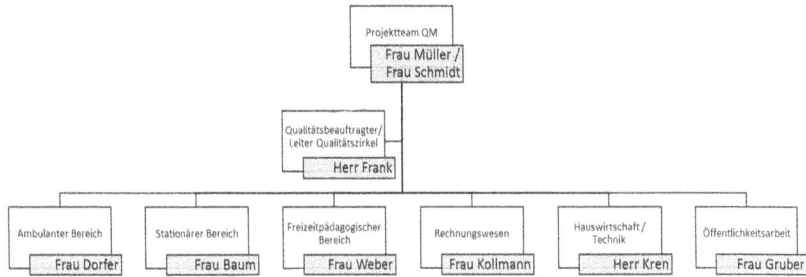

Abb. 5.9 Beteiligte des Projektteams „Qualitätszirkel". (Eigene Darstellung)

Projektbalkenplan „Qualitätsmanagement"							
TA und AP	Monat	1	2	3	4	5	6
1. Auswahl einer externen Begleitung			28.2.				
1.1 Tipps bei anderen Einrichtungen und Bekannten einholen, wer sich für die Aufgabe eignet		7.1.					
1.2 Kontaktaufnahme mit den genannten Personen		14.1.					
1.3 Mindestens drei Angebote mit Preiskalkulation und der Beschreibung des Vorgehens einholen		1.2.					
1.4 Persönliche Vorstellung von mindestens zwei Personen			20.2				
1.5 Auswahl und Zusage einer Prozessbegleiter*in			28.2.				
2. Ausgangsanalyse							7.6.
2.1 Vorhandene Dokumente sammeln				14.3.			
2.2 Vorhandene Dokumente analysieren				30.3.			
2.3 Ist-Analyse Methoden anwenden				30.3.			
2.4 Qualitätsverständnis festlegen					15.4.		
2.5 Bedarf an weiteren Dokumenten festlegen					30.4.		
2.6 Projektauftrag und Pflichtenheft erstellen							7.6.

Abb. 5.10 Musterlösung zum Projektbalkenplan. (Eigene Darstellung)

2. Ausgangsanalyse: In der Ausgangsanalyse werden alle Dokumente der einzelnen Abteilungen überprüft um festzustellen, welche Standards bereits erfüllt sind und wo es noch Nachbesserungsbedarf gibt. Darauf aufbauend werden weitere Schritte zum Vorgehen geplant. Meilenstein: Ein Pflichtenheft existiert.
3. Qualitätsmanagement-Standard entwickeln: Die Teilaufgabe startet mit einer Infoveranstaltung für alle Mitarbeitenden, um deren Engagement zu sichern. Meilenstein: die ersten zehn Prozesse sind beschrieben.
4. Qualitätsmanagement-Standard verstetigen: Die Prozessbeschreibungen werden allen Mitarbeitenden zur Verfügung gestellt. Weiter Prozesse werden beschrieben. Es existiert ein digitales System, über das die Prozessbeschreibungen allen Mitarbeitenden zur Verfügung stehen. Meilenstein: Das digitale System ist bestückt und steht allen zur Verfügung.
5. Selbstüberprüfung: Die Organisation durchläuft ein internes Audit. Verbesserungspotenzial wird identifiziert und Anpassungen vorgenommen. Meilenstein: Das interne Audit ist abgeschlossen.
6. Fremdüberprüfung: Die Einrichtung durchläuft ein externes Audit mit Auditoren, die nach dem KiJu-Zert-Standard zertifizieren. Meilenstein: Die Einrichtung erhält das Zertifikat.

Für diese Teilaufgaben sollen durch die folgenden Fragen die verschiedenen Planungsgrößen Anwendung finden.

5.7 Fragen und Musterlösungen zu Grundlagen der Projektarbeit

Versuchen Sie die folgenden Fragen für das Anwendungsbeispiel aus dem Abschn. 5.6 zu beantworten

- Entwickeln Sie Arbeitspakete zur Teilaufgabe eins: „Auswahl einer externen Begleitung" und Teilaufgabe zwei: „Ausgangsanalyse".
- Bringen Sie die Teilaufgaben eins und zwei, sowie die zugehörigen Arbeitspakete in eine sinnvolle zeitliche Abfolge innerhalb von sechs Monaten. Nutzen Sie dazu einen Projektbalkenplan. Für die zeitliche Dimension wählen Sie Monate. Die erste Woche in Monat 1 startet am 1.1.
- Was ist unter Personalaufwandsplanung zu verstehen? Weshalb ist sie nötig? Warum braucht es bei einem internen Projekt wie dem Qualitätsmanagement eine Personalaufwandplanung? Entkräften Sie das Argument: Die Menschen sind doch schon beim Träger angestellt.

- Schreiben Sie auf, welche Kosten anfallen. Die Kosten an sich müssen nicht geschätzt werden, beschränken Sie sich auf die Kostenarten.
- Welche Möglichkeiten haben Sie, einen möglichen Fehlbedarf zu finanzieren?
- Braucht es im Falle des Qualitätsmanagements ein Pflichtenheft? Wenn ja, wer ist der Auftragnehmer und wer der Auftraggeber?

Musterlösung zu den Arbeitspaketen der Teilaufgabe eins: „Auswahl einer externen Begleitung" und Teilaufgabe zwei: „Ausgangsanalyse"

1. Auswahl einer externen Begleitung
   1.1. Tipps bei anderen Einrichtungen und Bekannten einholen, wer sich für die Aufgabe eignet
   1.2. Kontaktaufnahme mit den genannten Personen
   1.3. Mindestens drei Angebote mit Preiskalkulation und der Beschreibung des Vorgehens einholen
   1.4. Persönliche Vorstellung von mindestens zwei Personen
   1.5. Auswahl und Zusage einer Prozessbegleiter*in

2. Ausgangsanalyse
   2.1. Vorhandene Dokumente sammeln
   2.2. Vorhandene Dokumente analysieren
   2.3. Ist-Analyse Methoden anwenden
   2.4. Qualitätsverständnis festlegen
   2.5. Bedarf an weiteren Dokumenten festlegen
   2.6. Projektauftrag und Pflichtenheft erstellen

Musterlösung zum Projektbalkenplan
Hinweis: Die Musterlösung zeigt einen möglichen Lösungsweg, es kann auch eine andere zeitliche Aufteilung innvoll sein.

Musterlösung zur Personalaufwandsplanung
Bei der Personalaufwandsplanung wird die zuvor festgelegte Aufgabenverteilung mit dem geschätzten Zeitbedarf einzelner Personen hinterlegt. Sie ist nötig, weil die menschliche Arbeitskraft die wichtigste und damit aufwendigste Ressource im Projekt ist. Es muss ermittelt werden, wie hoch der Bedarf an Arbeitszeit ist um darauf aufbauend Kosten kalkulieren zu können. Gleichzeit wird damit deutlich, ob das Projekt überhaupt leistbar ist – sprich genügend Arbeitszeitressourcen vorhanden sind.

Das macht es auch bei einem internen Projekt wie dem Aufbau eines Qualitätsmanagements nötig, den Arbeitsaufwand im Blick zu behalten. Sind die Ziele mit der vorhandenen Ressource Mensch nicht zu erreichen, braucht es mehr Personal oder eine Anpassung der Ziele. Zu bedenken ist, dass Aufgaben wie ein Engagement im Qualitätszirkel von den Mitarbeitenden zusätzlich zur eigentlich Aufgabe im Unternehmen übernommen wird. Für die eigentliche Tätigkeit steht dann weniger Zeit zur Verfügung. Zudem kann eine weitere Frage sein, ob die Arbeitsbelastung gerecht verteilt ist. Auch das lässt sich anhand der Personalaufwandsplanung feststellen.

Musterlösung zu den Kostenkategorien

- Honorar für die externe Begleitung
- Gehalt für den Qualitätsbeauftragten Herrn Frank
- Arbeitsplatzausstattung inklusive Raum, Telefon, EDV für Herrn Frank
- Kosten für Qualitätsmanagementsoftware
- Bewirtung für Vorstellungsrunde externe Beratung, Kick-Off, Qualitätszirkel, Audits usw.
- Raummiete für die Veranstaltungen mit allen Mitarbeitenden
- Fortbildungskosten zum Thema Qualitätsmanagement
- Arbeitszeit der Mitarbeitenden im Qualitätszirkel
- Arbeitszeit der Mitarbeitenden für die Prozessbeschreibungen
- Kosten für die externe Zertifizierung

Musterlösung zur Fehlbedarfsfinanzierung
Bei einem internen Projekt, das sich nur indirekt der Klientel widmet, ist es besonders schwierig, Förderer zu finden, die einen möglichen Fehlbedarf übernehmen. Theoretisch besteht die Möglichkeit, sich um einen kommunalen Zuschuss zu bewerben, auf Fördermittel des Dachverbandes zu setzen oder private Fördermittelgeber zu finden. Dann muss ein entsprechender Antrag gestellt werden, bei dem die Ziele verdeutlicht und die geplanten Kosten inklusive deren Finanzierung offen gelegt werden.

Eine Möglichkeit ist, einen Sponsoringvertrag mit einer externen Firma einzugehen, die die externe Begleitung kostenlos stellt, mit diesem Einsatz aber für ihr soziales Engagement werben darf. Ebenso können Spenden eingesetzt werden.

Insgesamt ist aber Qualitätsmanagement als Investition in die Zukunft zu sehen, da mit dem Zertifikat die Zusammenarbeit mit dem Jugendamt langfristig gesichert werden kann. Aus diesem Grund bietet sich auch eine Kreditaufnahme bei einer Bank an.

Musterlösung zum Pflichtenheft
Ein Pflichtenheft erstellt der Auftragnehmer und legt es dem Auftraggeber vor. Im Fall von Qualitätsmanagement ist gar nicht so eindeutig, wer der Auftragnehmer ist. Es kann sowohl ein Pflichtenheft von der externen Beratung als Auftragnehmer eingefordert werden, als auch vom internen Qualitätszirkel, der ebenfalls Auftragnehmer ist. Im Falle der externen Beratung müsste diese genau darlegen, wie sie sich den Einführungsprozess vorstellt, welche Ziele verfolgt werden und welche Ressourcen dafür nötig sind. Im Falle des Qualitätszirkels würde das Pflichtenheft den gesamten Umfang des Projektes bis zur Zertifizierung enthalten.

Beide – externe Beratung und Qualitätszirkel – müssen aber zwingend neben den Teilaufgaben und Aufgabenpaketen den Aufwand definieren, Verantwortlichkeiten festlegen, Meilensteine bestimmen und damit den zeitlichen Ablauf fixieren. Auftraggeber ist in beiden Fällen die Leitung: Frau Müller und Frau Schmidt. Um in der Zusammenarbeit mit externen Kräften alle Unklarheiten vor Projektstart zu beseitigen, lohnt sich ein Pflichtenheft auf alle Fälle. Beide Seiten wissen dann, worauf sie sich einlassen. Das gilt auch für interne Projekte, wenngleich das Instrument für diesen Zweck nicht so sehr verbreitet ist.

Literatur

Antes, W. (2014). *Projektarbeit für Profis: Praxishandbuch für moderne Projektarbeit* (3. Aufl.). Beltz Juventa.
Bär, C., Fiege, J., & Weiß, M. (2017). Anwendungsbezogenes Projektmanagement. *Springer*. https://dx.doi.org/10.1007/978-3-662-52974-4.
Bea, F. X., Scheurer, S. & Hesselmann, S. (2020). *Projektmanagement* (3. überarb. Aufl.). UTB GmbH & UVK.
Benkhofer, S., Esswein, W., Hülsbeck, M., Krippendorff, T., Liebens, P. & Mandel, C. (2019). *Projektmanagement nach DIN ISO 21500:2016-02*. Schäffer-Poeschel.
Kraus, G., & Westermann, R. (2019). *Projektmanagement mit System*. Springer.
Madauss, B.-J. (2017). Projektmanagement. *Springer*. https://dx.doi.org/10.1007/978-3-662-54432-7.
Meyer, H., & Reher, H.-J. (2016). Projektmanagement: Von der Definition über die Projektplanung zum erfolgreichen Abschluss. *Springer Gabler*. https://dx.doi.org/10.1007/978-3-658-07569-9.
Patzak, G. & Rattay, G. (1998). *Projekt-Management: Leitfaden zum Management von Projekten, Projektportfolios und projektorientierten Unternehmen* (3. Aufl.). Linde.
Ries, A. (2019). *Projektmanagement Schritt für Schritt: Arbeitsbuch*. UVK.
Schellberg, K. (2018). Finanzierung in der Sozialwirtschaft. In K. Grunwald & A. Langer (Hrsg.), *Sozialwirtschaft: Handbuch für Wissenschaft und Praxis* (S. 499–513). Nomos.
Stöger, R. (2019). *Wirksames Projektmanagement: Mit dem Project Model Canvas zu Resultaten* (4. überarb. Aufl.). Schäffer-Poeschel.

Projektdurchführung 6

Zusammenfassung

Dieses Kapitel beschreibt die Durchführungsphase eines Projektes. Die Pläne werden nun umgesetzt. Im Rahmen eines Projektinformationsmanagements werden spätestens jetzt Personen informiert, die bisher noch wenig in die Projektplanung einbezogen waren, aber vom Projekt betroffen sind. Anschließend geht es um die konkrete Steuerung des Projektes. Ein Monitoring im Rahmen von Teamsitzungen hilft, den Projektablauf im Blick zu behalten.

Breiten Raum nimmt das Projektcontrolling ein, indem auf die Funktion des Controllings als Informationsgeber eingegangen wird, um auch zukünftige Entwicklungen antizipieren zu können. Das Controlling vergleicht dabei den Soll- und Iststand aus der Planungs- und Durchführungsphase. Es nutzt Kennzahlen zu Kosten, Ressourcenverbrauch, den Zielen und dem Zeitmanagement. Wenn sich durch das Controlling Änderungsbedarf ergibt, muss dieser aufgegriffen werden. Kleine Änderungen kann das Projektteam selbst vornehmen, bei größeren Änderungen wird der Lenkungsausschuss oder Auftraggeber einbezogen und unter Umständen ein Änderungsvertrag unterzeichnet. Projekte sind ein informelles Lernsetting für die Mitarbeitenden. Kenntnisse in Moderation, Führung, Teamarbeit und Problemlösung werden quasi nebenbei erworben. Unternehmen haben die Möglichkeit dieses informelle Lernen zu fördern und das dort entstandene Wissen für die Organisation sichern. Abschließend finden die Umsetzung der Durchführungsphase anhand des Praxisprojektes statt.

> **Schlüsselwörter**
>
> Projektdurchführung • Projektinformationsmanagement • Monitoring • Controlling • Änderungsmanagement • Informelles Lernen • Organisationales Lernen

> **Lernziele**
> - Sie sind in der Lage, sich ein Projektinformationssystem zu überlegen.
> - Sie wissen um die Bedeutung eines Monitorings.
> - Sie können eine Teamsitzung professionell vorbereiten und die Durchführung planen.
> - Sie kennen Hilfsmittel, um eine Teamsitzung zielführend durchzuführen.
> - Sie kennen die Bedeutung des Projektcontrollings bezogen auf das Ergebnis, die Kosten und die Termine.
> - Sie nutzen den Vergleich von Soll- und Ist-stand sowie Kennzahlen für das Projektcontrolling.
> - Sie können Änderungsmanagement und seine Abstufungen nachvollziehen.
> - Sie verstehen das Potenzial von Projekten für informelles Lernen und die organisationale Weiterentwicklung.

6.1 Planungen umsetzen

Nun startet im Projekt die eigentliche Durchführungsphase. Die Planungen und damit alle Vorarbeiten sind abgeschlossen, die Umsetzung kann beginnen. Der Gesamtablauf geht, wie Abb. 6.1 verdeutlicht, in die dritte Phase über.

Neben der eigentlichen Projektdurchführung ist es von Bedeutung, Risiken im Blick zu behalten, und zwar insofern, ob Ziele, Zeit und das Budget des Projektes eingehalten werden können. Dazu dient, wie Abb. 6.1 verdeutlicht, das Controlling im Projekt. Laut (Kuster et al., 2019b, S. 195) ist die wesentliche Aufgabe, neben Sachmitteln personelle und finanzielle Mittel zur Verfügung zu stellen, den Projektablauf zu steuern, die Planung mit dem Iststand zu vergleichen und Abweichungen zu kommunizieren. Zusätzlich geht es auch darum, Beteiligte und externe Stellen über das Projekt zu informieren.

So widmet sich dieses Kapitel zuerst der Frage, wer mit Informationen auf dem Stand gehalten werden muss. Anschließend geht es um die konkrete Steuerung

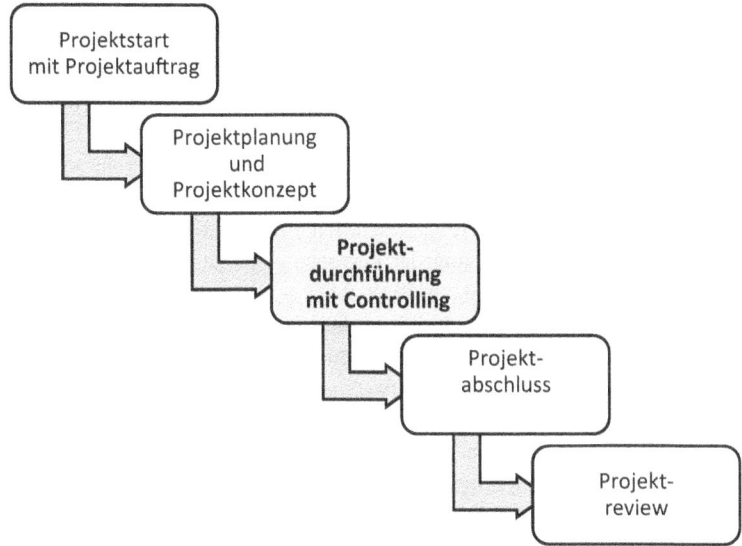

Abb. 6.1 Projektdurchführung verortet im Gesamtablauf. (Eigene Darstellung in Anlehnung an Benkhofer et al., 2019, S. 23; Patzak & Rattay, 1998; Ries 2019, S. 18, 25)

des Projektes. Es bedarf eines Monitorings, z. B. im Rahmen von Projektsitzungen, um die Projektschritte im Blick zu behalten. Breiten Raum nimmt das Projektcontrolling ein, indem auf die Funktion des Controllings als Informationsgeber eingegangen wird. Kennzahlen und der Vergleich von Plänen werden als Instrumente des Controllings näher dargestellt. Wenn sich durch das Controlling Änderungsbedarf ergibt, muss dieser bearbeitet werden. Wie ein Änderungsmanagement von statten geht, wird anschließend erläutert. Projekte bieten auch die Möglichkeit ein informelles Lernsetting zu schaffen. Was beim informellen Lernen gelernt wird, wie Unternehmen es fördern und das Wissen für die Organisation sichern, schließt das Kapitel inhaltlich ab. Es endet mit den Lernfragen und den dazugehörigen Lösungsvorschlägen.

6.2 Projektinformationsmanagement etablieren

Spätestens an dieser Stelle muss gefragt werden, ob schon alle betroffenen Anspruchsgruppen am Projekt über die Planungen informiert worden sind. So hat das Projektinformationsmanagement zum Ziel: „den *richtigen* (Hervorhebungen im Original) Personen, die *richtigen* Informationen, zum *richtigen* Zeitpunkt und in den *richtigen* Abständen, in der *richtigen* Qualität und im *richtigen* Umfang/Detaillierungsgrad, mithilfe des *richtigen* Mediums zur Verfügung zu stellen" (Bea et al., 2020, S. 247).

Die am Projekt beteiligten Personen müssen also über projektrelevante Daten informiert werden, und zwar sowohl über den Verlauf, als auch über wichtige Veränderungen. Es bedarf der Steuerung wesentlicher Informationen, letztlich müssen die Akzeptanz und die Beteiligung der Personen sichergestellt werden, die vom Projekt betroffen sind (Bea et al., 2020, S. 247).

Kuster et al. (2019a, S. 94) betonen, dass laufende kommunikative Beziehungen zu den relevanten Anspruchsgruppen ebenso den Projekterfolg sichern, wie diese von Anfang an in das Projekt einzubinden. Dazu sei es wichtig, die Stakeholder zu identifizieren, sie mit ihren Bedürfnissen und Einflussmöglichkeiten zu analysieren, sie zu bewerten, indem sie in der Bedeutung gewichtet werden und letztlich zu überlegen, wie sie aktiv eingebunden oder informiert werden können. Bea et al., (2020, S. 247) unterscheiden dabei die Kommunikationsstrategien in mündliche und schriftliche Kommunikation. Mündliche Kommunikation kann dabei formal als Informationsveranstaltung oder in Besprechungen stattfinden. Informell nimmt mündliche Kommunikation etwa in Form von Tür-und-Angel-Gesprächen ebenso eine bedeutende Rolle ein. Neben der mündlichen Kommunikation ist auch die schriftliche Projektinformation wichtig. Dabei werden Berichte verfasst, Ergebnisse dokumentiert und präsentiert.

Der Beginn der Projektdurchführung ist auch der geeignete Moment ein großes Roll-out mit bisher unbeteiligten Personen abzuhalten (Kolhoff, 2020, S. 107). Es handelt sich dabei um die Einbindung relevanter Stakeholder in Form von mündlicher Kommunikation. In den Fallbeispielen in diesem Buch bietet sich das beim Thema „Qualitätsmanagement" an. So sind z. B. alle Mitarbeitenden wichtige Personen, da sie früher oder später alle in das Qualitätsmanagement eingebunden sein werden. An der Planung hingegen waren sie bisher nicht beteiligt. Hier kann also eine große Eröffnungsveranstaltung mit dem Ziel, alle Mitarbeitenden auf den gleichen Informationsstand zu bringen, das Projekt zu erläutern und gleichzeitig Fragen der Mitarbeitenden zu beantworten, die richtige Maßnahme zu einem geeigneten Zeitpunkt des Projektinformationsmanagements sein.

6.3 Projekte steuern und Projektcontrolling vornehmen

Die wichtigste Aufgabe der Projektleitung ist es, während der Durchführungsphase darauf zu achten, ob die in der Planungsphase festgelegten Planungsgrößen wie Zeit, Finanzen oder personelle Ressourcen eingehalten werden können oder sich Abweichungen ergeben.

Dazu bedarf es zuerst eines *Monitorings,* das dazu dient, die Situation zu beobachten (Kolhoff, 2020, S. 110), um festzustellen, ob die Projektdurchführung noch im Rahmen der Planungen liegt. Das bedeutet, dass überprüft wird, ob die Teilaufgaben und Arbeitspakete erledigt, die Kosten und Termine eingehalten werden oder ob irgendwo Handlungsbedarf besteht. Dazu kann der Projektstatus mit einem Ampelsystem dargestellt werden. Bei „grün" läuft das Projekt im geplanten Rahmen, „orange" bedeutet, dass es zu Abweichungen kommen wird und bei „rot" wurden Vereinbarungen bereits verletzt. Dieses Monitoring kann in Form von schriftlichen und mündlichen Berichten erfolgen. Da bei schriftlicher Kommunikation nicht immer alle Details zu erfassen sind, braucht es zusätzlich mündliche und vor allem auch informelle Kommunikation seitens der Projektleitung (Kolhoff, 2020, S. 111 f.).

Projektsitzungen, die meist dem Monitoring und kurzfristigen Absprachen dienen, sind auch in der Durchführungsphase nötig. Regelmäßige Sitzungen erhöhen die Verbindlichkeit im Projekt und sind gut zu dokumentieren. Nur so können Beschlüsse und Änderungen nachträglich nachvollzogen werden. Die wichtigsten Instrumente für Sitzungen sind die Tagesordnung und das Protokoll (Stöger, 2019, S. 144). In der Tagesordnung ist die Bezeichnung der Sitzung, Zeit, Dauert, Ort, Tagesordnungspunkte mit Zeitangabe, die Verantwortlichkeiten für einzelne Tagesordnungspunkte und die Bezeichnung der Person, die einlädt, anzugeben. Damit wird deutlich, dass die Sitzung inhaltlich und in ihrem zeitlichen Ablauf vorbereitet werden muss. Etwaige Berichte zur Vorbereitung sind als Anlage mitzusenden.

Bei der Durchführung der Sitzung bedarf es einer Sitzungsleitung. Das muss nicht zwangsläufig die Projektleitung sein, sondern kann von Teammitglieder rollierend übernommen werden (Antes, 2014, S. 167). Unterstützend kann eine Person das Amt der „Zeitwächter*in" übernehmen und auf den zeitlichen Rahmen achten. Eine weitere Person übernimmt das Protokollieren der Ergebnisse. Das über die Sitzung zu erstellende Protokoll enthält neben den anwesenden Personen, zentrale Aussagen und Informationen, Beschlüsse und Aufgaben und weitere Schritte zum Vorgehen (Stöger, 2019, S. 144).

Neben der Steuerung des Projektes durch Informationen und der Feststellung des Ist-standes durch das Monitoring, ist das wichtigste Instrument in der

Umsetzungsphase das *Projektcontrolling*. Es dient dazu, den bisherigen Projektfortschritt (Soll-Ist-Vergleich) und die Steuerung der zukünftigen Entwicklung (Soll-Wird-Vergleich) zu ermöglichen (Bea et al., 2020, S. 270; Ries, 2019, S. 110). „Kontrolle ist ein systematischer Prozess zur Ermittlung von Abweichungen zwischen Plangrößen und Vergleichsgrößen" (Bea et al., 2020, S. 268). Wer steuert, schaut nach vorne und versucht künftige Entwicklungen und Probleme vorauszusehen. Um das möglich zu machen, braucht das Controlling Informationen. Das Monitoring mit seinem Blick auf den aktuellen Ablauf ist also bereits der erste Schritt hin zum Controlling, denn es liefert Informationen über den aktuellen Stand des Projektes. (Antes, 2014, S. 50) Bleibt die Frage offen, welche Informationen aus dem Hier und Jetzt das Controlling braucht, um zukünftige Entwicklungen steuern zu können.

Das Projektcontrolling bezieht sich auf das in Abb. 2.1 dargestellte magische Projektdreieck. In den Blick genommen werden die zu erbringende Leistung, die Ressourcen und die Zeit. Diese Zieldimensionen hängen voneinander ab. Wird das Budget gekürzt, kann die Leistung nicht mehr im vorgesehenen Umfang erbracht werden. Soll das Projektergebnis schneller vorliegen, bedeutet dies unter Umständen höhere Kosten oder eine schlechtere Leistung (Bea et al., 2020, S. 270).

In Kapitel fünf wurde die Planung der Projektstruktur, der Projektablauf sowie die Projektressourcen dargestellt. Die Nachverfolgung dieser Pläne und der Soll-Ist-Vergleich von Planungs- und Durchführungsstand ist Bestandteil des Controllings. Zur Wiederholung wird nochmal deren Zielsetzung dargestellt

- „Die Projektstruktur dient der Definition der Projektleistung.
- Der Projektablauf und die Projekttermine gehören zur Dimension Zeit.
- Die Projektressourcen bestimmen zum Großteil die Projektkosten, aber auch den Ablauf und die Termine des Projektes…" (Bea et al., 2020, S. 270).

Ein ständiger Informationsstand über diese Zieldimensionen ermöglicht es, steuernd einzugreifen. Als Methode werden an dieser Stelle zwei Instrumente vorgeschlagen. Der Vergleich von Plänen sowie die Einführung von Kennzahlen. Diese beiden Methoden können auch Hand in Hand gehen.

Beim Vergleich von Plänen kann der Soll-stand mit dem Ist-stand verglichen werden. Die Erhebung des Status quo sollte auf alle Fälle am Ende eines Meilensteines erfolgen. Dies ist auch in der folgenden Abb. 6.2 ersichtlich.

Abb. 6.2 beinhaltet den Projektbalkenplan aus Kap. 5. Dabei wird der Planungsstand (dunkelgraue Balken) mit dem Ist-stand (hellgraue Balken) verglichen.

6.3 Projekte steuern und Projektcontrolling vornehmen

Projektbalkenplan „Verfassen einer schriftlichen Arbeit"						
TA und AP \ Wochen	1/2	3/4	5/6 (Heute)	7/8	9/10	11/12
0 Vorbereitung	14.01					
0.1 Schreibidee entwickeln	01.01					
0.2 Literatur sichten					11.03	
0.3 Zeitplan entwickeln	14.01					
1.1 Forschungsfrage formulieren	07.01					
1.2 Gliederung erstellen	14.01					
2 Schreiben					11.03	
2.1 Schreiben Kapitel 1		28.01				
2.2 Schreiben Kapitel 2			11.02			
2.3 Schreiben Fazit				25.02		
2.4 Schreiben Einleitung					11.03	
3 Fertigstellung						25.03
3.1 Korrektur lesen						18.03
3.2 Fehler ausbessern/Ausdruck						20.03
4 Abgabe						24.03

Abb. 6.2 Projektbalkenplan Soll-Ist-Vergleich. (Eigene Darstellung in Anlehnung an Antes, 2014, S. 53)

Es wird deutlich, dass bei der Teilaufgabe „Vorbereitung" die Schreibidee im Zeitplan entwickelt wurde, für die Forschungsfrage und die Gliederung aber mehr Zeit benötigt wurde. Bei der Teilaufgabe „Schreiben" hat die Schreibphase von Kapitel eins früher begonnen und länger gedauert. Insgesamt liegt das Projekt aber derzeit im Zeitplan.

Zusätzlich können Kennzahlen zur Anwendung kommen. Die verschiedenen Kennzahlen können sich dabei auf die Bereiche „Leistung", „Termin" und „Kosten" beziehen (Bea et al., 2020, S. 272).

Im *Bereich der Leistung* wird der Fortschritt der Leistung in den Blick genommen. Eine Methode dazu stellt die Überwachung des in Abb. 6.2 vorgestellten Balkenplanes dar. So hilft der Balkenplan bei der Beantwortung der Frage, ob ein Meilenstein auch tatsächlich erreicht wurde. Alternativ kann der Leistungsfortschritt auch in Prozent ausgedrückt werden. Für jede Teilaufgabe wird zu einem bestimmten Zeitpunkt definiert, wie viel Prozent der Fortschritt bereits beträgt.

So kann die Gliederung z. B. am Ende der zweiten Woche erst zu 80 % fertig gestellt sein. (Bea et al., 2020, S. 273).

Der Balkenplan hilft auch bei der Überwachung im *Bereich der Termine*. Er beantwortet nicht nur die Frage, ob ein Arbeitspaket und eine Teilaufgabe überhaupt bearbeitet wurde, sondern ob man mit der Bearbeitung im Zeitplan liegt. Berechnet werden kann mit Kennzahlen auch, ob und wie weit man mit den Terminen hinterherhinkt oder voraus liegt und inwieweit das den Abschluss des Projektes beeinflusst. In Abb. 6.2 hat das Formulieren der Forschungsfrage und das Erstellen der Gliederung doppelt so lange gedauert wie geplant (Bea et al., 2020, S. 278).

Im *Bereich der Kosten* werden Ist- und Plankosten gegenübergestellt und Abweichungen festgehalten (Bea et al., 2020, S. 284). Zu den Kosten gehört auch die *Überwachung des Ressourceneinsatzes*. In Abb. 5.7 haben Melanie, Jonas und Leonie den Stundeneinsatz für das Verfassen der schriftlichen Arbeit geplant. Spätestens bei einem abgeschlossenen Meilenstein lohnt es sich zu überprüfen, ob die Ressource „Zeit" und damit die „Personalkosten" richtig geplant wurden oder neu kalkuliert und angepasst werden müssen, damit am Ende des Projektes der Arbeitsaufwand sowohl bewältigbar als auch gerecht verteilt bleibt.

Neben diesen rein quantitativen Kennzahlen, können auch qualitative Aspekte der Arbeit von Interesse sein (Kolhoff, 2020, S. 115). Quantitative Kennzahlen beziehen sich auf eindeutig messbare Ergebnisse wie die Einhaltung bzw. Über- oder Unterschreitung von Terminen, bereits getätigten Ausgaben oder Anzahl der bereits geleisteten Arbeitsstunden. Qualitative Kennzahlen gehen über Leistung, Termine und Kosten hinaus und nehmen auch die Wirkung eines Projektes in den Blick. Es wird also gefragt, was sich durch das Projekt verändert hat.

Das Projekt strebt positive Veränderungen an, aber manchmal können auch Effekte wie etwa Unzufriedenheit bei den Anspruchsgruppen entstehen, die im Vorfeld so gar nicht im Blick waren und für unangenehme Überraschungen sorgen können. Die Wirkung für die Anspruchsgruppen kann oft erst im Nachgang endgültig bewertet werden und wird deshalb in Abschn. 7.5 „Evaluationsinstrumente einsetzen" beleuchtet. Dennoch kann eine Wirkungsbeurteilung schon im Vorfeld im Rahmen des Controllings mit bedacht werden. Stakeholder werden beispielsweise über die geplanten Vorhaben informiert und um eine Einschätzung gebeten.

Zusätzlich werden im Rahmen der Projektsteuerung neben der Wirkung die in Abschn. 4.5 angesprochenen Risiken betrachtet. Die Instrumente des Risikomanagements kommen nun zur weiteren Anwendung.

Somit lässt sich feststellen, dass die Projektdurchführung neben dem eigentlichen Tun mit Überwachungsaufgaben einhergeht. Diese reicht von einem einfachen Monitoring im Rahmen von mündlicher Berichterstattung hin zu Berichten mit Kennzahlen im Rahmen des Projektcontrollings. Wenn das Controlling einen Änderungsbedarf feststellt, muss diese Änderung aufgegriffen und bearbeitet werden. Dies ist Aufgabe des Änderungsmanagements.

6.4 Abweichungen bearbeiten und Änderungsmanagement vornehmen

Wenn sich Änderungsbedarf ergibt, hat das meist vielfältige *Ursachen*. So kann sich der Wunsch von Projektfinanziers oder solchen, die das Angebot in Anspruch nehmen wollen ändern. In der Entwicklung können Fehler unterlaufen sein. Neue Erkenntnisse, die im Verlauf des Projektes gewonnen wurden, verändern die Anforderungen, Vorschriften ändern sich oder es gibt Möglichkeiten, die Wirtschaftlichkeit zu verbessern (Kuster et al., 2019a, S. 223). Oder durch das Projektcontrolling wurde festgestellt, dass Pläne nicht eingehalten werden können und es Anpassungen im Bereich von Leistung, Termine und Kosten bedarf.

Abb. 6.3 zeigt den Zusammenhang zwischen Projektcontrolling mit Monitoring, den Ursachen von Abweichungen sowie der Entwicklung und Umsetzung von Gegenmaßnahmen.

Laut Abb. 6.3 ist nach der Ermittlung des Status quo durch das Monitoring ein Abgleich mit der Planung nötig. Die Aufgabe des Abgleichs übernimmt das Controlling. Die Abweichungen werden konkretisiert und es wird überprüft, ob eine Anpassung überhaupt nötig ist oder ob das Projekt trotzdem weiter wie geplant durchgeführt werden kann. Sollte eine Anpassung nötig sein, müssen die Ursachen der Abweichung ermittelt werden. Anschließend werden Gegenmaßnahmen entwickelt und umgesetzt. Auch diese Anpassungen gilt es per Monitoring zu überprüfen. Der Kreislauf beginnt also von vorne.

Wenn eine Abweichung festgestellt wird, erfolgt somit zuerst die Klärung ob überhaupt Handlungsbedarf besteht. Wenn Anpassungen nötig sind, können *Kreativitätstechniken* helfen Gegenmaßnahmen zu finden. Dabei dienen Kreativitätstechniken dazu, gezielt neue „Ideen zum Zwecke einer Problemlösung und zur Anregung der Kreativität" (Kamiske, 2015, S. 224) zu erzeugen. Die bekanntesten Kreativitätstechniken sind dabei das Brainstorming und das Mindmapping, sowie das Brainwriting, auch 6-3-5-Methode bezeichnet.

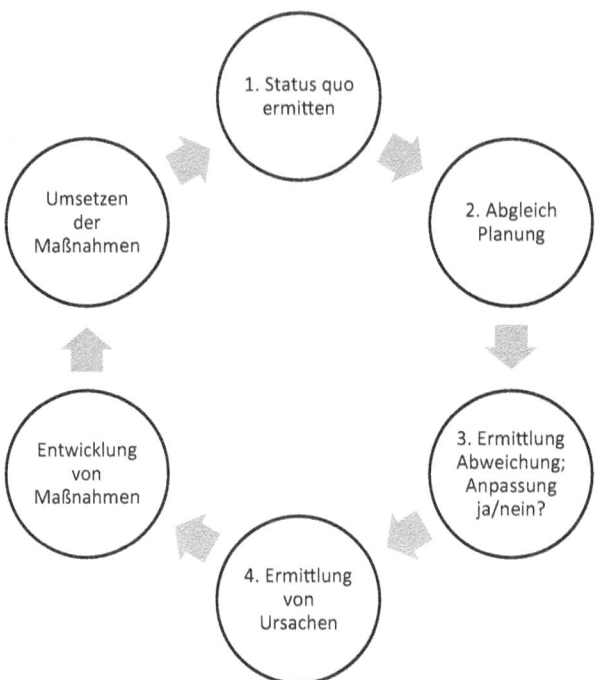

Abb. 6.3 Kreislauf der Projektkontrolle mit Änderungsmanagement (Eigene Darstellung nach Ries, 2019, S. 110)

- Beim *Brainstorming* werden in einem ersten Schritt möglichst viele Lösungsideen im Team gesucht und notiert ohne dass diese kommentiert und bewertet werden. In einem zweiten Schritt werden die Ergebnisse mithilfe einer Moderation sortiert und bewertet.
- Beim *Mindmapping* werden Ideen strukturiert, indem Zusammenhänge erfasst werden. Das Thema wird in der Mitte eines Blattes dargestellt. Von diesem Thema weg führen Schlüsselwörter in Form von Ästen. Diese Schlüsselwörter können sich in weitere Bedingungen und Zusammenhänge verzweigen, die als Nebenäste dargestellt werden (Kamiske, 2015, S. 224)
- Bei der *6-3-5-Methode* notieren 6 Teilnehmende auf einem Blatt je 3 Ideen zu einer Fragestellung oder einem Problem. Das Blatt wird 5-mal weitergegeben und die Ideen werden weitergeführt und ergänzt. Die Bearbeitungszeit beträgt drei bis fünf Minuten je nach Komplexität der Aufgabenstellung. So können

6.4 Abweichungen bearbeiten und Änderungsmanagement vornehmen

innerhalb von 30 min maximal 108 Ideen entstehen (Kamiske, 2015, S. 224; Kolhoff, 2020, S. 83)

Wie groß die *Tragweite der Änderung* ist, entscheidet darüber, wie viele Personen in die Änderung eingebunden werden müssen und wie formal die Änderung abgearbeitet wird. Kleinere Änderungen im Ablauf kann durch ein Teammitglied selbst initiierten, im Projektteam besprochen und durchgeführt werden. Wird die Änderung etwas umfangreicher, sollte, sofern vorhanden, der Lenkungsausschuss einbezogen werden, der die Projektleitung ernannt hat und den Projektplan genehmigt hat (vgl. Abschn. 3.2). Ändert sich der Projektumfang, sprich ein gewichtiger Punkt im Vertrag, muss dies dem Auftraggeber und allen betroffenen Gruppen bekannt gegeben werden. Ändert sich sogar das Projektziel, also die Leistung, wird die Änderung so umfassend, dass alle am Projektauftrag beteiligten Personen diese grundlegende Änderung des Vertragsinhalts neu unterzeichnen und bestätigen müssen (Ries, 2019, S. 125)

Bei so großen Änderungen mit hoher Tragweite, die den Projektauftrag und das Pflichtenheft betreffen also die Änderung z. B. von Zielsetzung, Meilensteinplänen oder Kostenverteilung, muss ein *Änderungsantrag* gestellt werden. Dieser Antrag kann von Auftraggeber*innen oder auch vom Projektteam bzw. Verantwortlichen von Teilaufgaben und Arbeitspaketen initiiert werden. Sind die Auswirkungen auf das Projekt sehr groß, werden die Änderungen mit den Auftraggebern oder Projektfinanciers besprochen. Dies ist vor allem dann der Fall, wenn Änderungen die Kosten und die einzusetzenden Ressourcen wie das Personal betreffen.

So ist es vonseiten der Drittmittelgeber nicht gestattet, Personal- und Sachkosten auszutauschen oder umzuschichten ohne dass dies im Vorfeld genehmigt wurde. Man kann also nicht freiwerdende Personalkosten in die Sachausstattung des Projektes investieren oder umgekehrt, außer solche Änderungen wurden von Drittmittelgebern ausdrücklich im Vorfeld schriftlich genehmigt. Beim Änderungsantrag sind die Kosten, der Zeitplan und die Auswirkungen auf das Gesamtvorhaben anzugeben. Spricht, es wird das Risiko in den Blick genommen, die Änderung durchzuführen oder dies eben auch nicht zu tun. Freigegeben wird die Änderung zuletzt meist durch die Projektleitung. (Kuster et al., 2019a, S. 223; Meyer und Reher, 2016, S. 206).

6.5 Individuelle Kompetenzen und organisationales Lernen in Projekten fördern

Wie deutlich wird, haben Projekte auch Anforderungen an Menschen, die in ihnen arbeiten. Es bedarf der Fähigkeit zu planen, sich neuen Gegebenheiten anzupassen, im Team zu arbeiten usw. Projekte sind damit eine Möglichkeit, die Kompetenzen von einzelnen Mitarbeitenden sowie in einem nachgelagerten Schritt die gesamte Organisation voranzubringen.

Ein Projekt ist kein formales Lernsetting wie ein Kurs in einer Weiterbildung. Es handelt sich um informell erworbene Kompetenzen. Das informelle Lernen erfolgt im Rahmen der Bearbeitung einer Aufgabe, beim Lösen von Problemen oder in dem Kolleg*innen erklären, wie etwas funktioniert. Die Erweiterung der Kompetenzen stellt sich nebenbei ein. Die Tätigkeit ist also nicht auf das Lernen an sich gerichtet, sondern verfolgt andere Zielsetzungen wie z. B. das Projektergebnis zu sichern (Dehnbostel, 2018, S. 433).

„Informelles Lernen in der Arbeit ist ein Lernen über Erfahrungen, die in und über Arbeitshandlungen gemacht werden. Es ergibt sich aus Arbeits- und Handlungserfordernissen und ist nicht institutionell organisiert; es bewirkt ein Lernergebnis, das aus Situationsbewältigung und Problemlösungen in der Arbeit oder aus Handlungen hervorgeht; es wird im Allgemeinen nicht professionell pädagogisch begleitet." (Dehnbostel, 2018, S. 434).

Informelle Lernsettings können formelle Lernsetting wie Aus- und Weiterbildungen nicht ersetzen, aber diese bereichern. Tynjälä (2008, S. 134) hat basierend auf den Erkenntnissen von Eraut (2004) acht Kategorien erarbeitet, die das Lernen am Arbeitsplatz bedienen können:

- Bewältigung der Aufgabe: Geschwindigkeit und Gewandtheit bei der Aufgabenerledigung entwickeln, sowie eine Vielfalt an weiteren Fähigkeiten, gemeinschaftliches Arbeiten üben
- Verständnis entwickeln: Kolleg*innen, Umstände und Kontexte verstehen, ebenso Problemrisiken, die eigene Organisation
- Persönliche Entwicklung: Selbstevaluation, Selbstmanagement, mit Emotionen umgehen, Beziehungen aufbauen und erhalten, aus Erfahrung lernen
- Teamwork: gemeinsames Arbeiten, gemeinschaftliche Problemlösung entwickeln
- Rolle finden: Prioritäten setzen, Führung und Delegation sowie Krisen-Management lernen

6.5 Individuelle Kompetenzen und organisationales Lernen …

- Akademische Fähigkeiten und Wissen einsetzen: Formales Wissen anwenden, wissenschafts-basierte Praxis einüben, theoretisches Denken und Wissensressourcen nutzen
- Entscheidungen treffen und Probleme lösen: mit Komplexität umgehen, Gruppenentscheidung finden, unter Druck Entscheidungen fällen
- Beurteilen und bewerten: von Ergebnissen, Prioritäten setzen, Risiko abschätzen usw.

Projekte bieten eine gute Möglichkeit, Mitarbeitende aus der Arbeitsroutine heraus in neue Aufgaben einzuführen und somit informelles Lernen und die Erweiterung der Kompetenzen zu fördern. Durch die Übernahme einer der in Abschn. 3.2 beschriebenen Rollen wird das Handlungsrepertoire erweitert und Mitarbeitende z. B. durch die Übernahme der Projektleitung auf weitere Führungsaufgaben vorbereitet. Doch auch durch die Übernahme von Projektaufgaben kann das Repertoire gesteigert werden. Wenn z. B. die Sitzungsleitung rolliert, kann sich jede Projektmitarbeiter*in in der Rolle der Moderation ausprobieren.

Damit die Organisation selbst langfristig von dem individuellen Erkenntnisgewinn profitiert, bedarf es auch der Sicherung der im Projekt gewonnenen Erkenntnisse. Das beginnt bereits damit, dass Erkenntnisse schriftlich festgehalten werden und anderen Mitarbeitenden zur Verfügung stehen. Doch neben diesem formalen Vorgehen, auf das in Abschn. 8.3. „Erkenntnisse für Folgeprojekte nutzen" noch näher eingegangen wird, ist es bedeutend, den informellen Austausch und somit die informelle Weitergabe von Wissen in Unternehmen zu fördern. Dazu bedarf es im Unternehmen einer positiven Grundhaltung für den Austausch in Gruppen und eine offene Gesprächskultur auch über Hierarchiegrenzen hinweg. Der persönliche Austausch z. B. in der Kaffeeküche muss gefördert werden und mit einer positiven Haltung seitens der Unternehmensführung unterstützt werden (Sagmeister, 2019, S. 428).

Zusammenfassend lässt sich feststellen, dass die Planungs- und Durchführungsphase im Projektmanagement viele Gelegenheiten zum informellen Lernen und damit zur Kompetenzerweiterung der Mitarbeitenden bietet. Das informelle Lernen ergänzt das Wissen, das in formalen Lernsettings wie Schulungen entstanden ist und sorgt für Wissenstransfer. Das erlernte Wissen, etwa wie ein Projekt theoretisch durchgeführt wird, ein Team geführt werden kann oder Probleme gelöst werden, findet praktische Anwendung und Transfer in informellen Lernsetting und führt zu Erfahrungswissen. Dieses Erfahrungswissen gilt es für die Organisation zu sichern und weiterzugeben. Dieses Sichern passiert sowohl schriftlich in Form von Berichten, aber auch im Austausch mit Kolleg*innen durch mündliche Weitergabe.

6.6 Eine Jubiläumsfeier zum 100jähren Bestehen wird durchgeführt

Für die Jubiläumsfeier zum 100. Geburtstag des Zentrums für Kindheit und Jugend e. V. wurde eine Projektgruppe aus allen Teilbereichen der Einrichtung zusammengestellt. Abb. 6.4 zeigt die beteiligten Protagonisten.

Wie in Abb. 6.4 dargestellt, wird das Projektteam von der wirtschaftlichen Gesamtleitung, Frau Schmidt, geleitet. Es arbeiten verschiedene Personen aus dem teilstationären, ambulanten und stationären Bereich mit. Der Vorstand erachtet das Fest als wichtig und bringt sich deshalb in Person von Herrn Huber und Frau Maier persönlich ein. Dem Projektteam zur Seite gestellt wird die Stabstelle Öffentlichkeit.

Der Projektauftrag ist unterzeichnet. Die Jubiläumsfeier findet am 26. Juni statt. Es sollen 100 Personen an dem Fest teilnehmen. Es dient der Öffentlichkeitsarbeit und soll über Presse und weitere Medien bei weitem mehr Personen als die genannten 100 erreichen. Eingeladen werden noch zu definierende Ehrengäste, Vereinsmitglieder und weitere Stakeholder.

Die Durchführungsphase für das Projekt beginnt mit Abschluss des Pflichtenheftes, indem alle Arbeitspakete definiert sind, der zeitliche Ablauf geklärt und Meilensteine fixiert sind. Ab jetzt können Verträge für Catering, Musik, Veranstaltungstechnik oder etwa eine Hüpfburg abgeschlossen werden. Die Durchführungsphase endet mit dem eigentlichen Höhepunkt, der Jubiläumsfeier am 26. Juni.

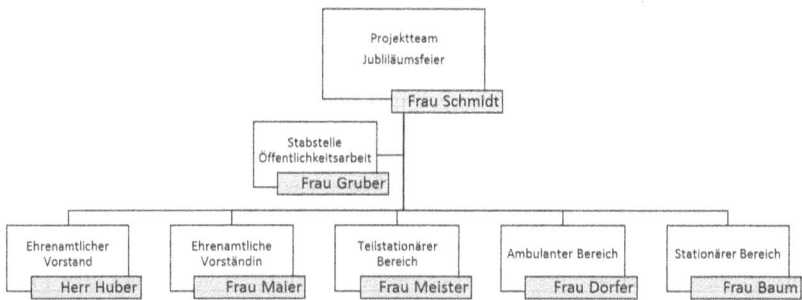

Abb. 6.4 Darstellung Projektteam Jubiläumsfeier (eigene Darstellung)

Der Projektgruppe steht für das Fest ein Budget von 5000 € zur Verfügung. Frau Schmidt, Frau Meister, Frau Dorfer und Frau Baum dürfen in die Durchführungsphase des Projektes je 60 Arbeitsstunden investieren, Frau Huber und Herr Maier bringen je 20 h ein. Somit sind für die Feier 280 Arbeitsstunden einkalkuliert. Ein erster Meilenstein ist die Vorbereitung der schriftlichen Einladung, indem eine Einladungsliste vorbereitet wird und der Entwurf einer Einladung inklusive Kostenkalkulation für Entwurf, Druck und Versand vorliegt. Dieser Meilenstein soll am 15. März erreicht werden.

6.7 Fragen und Musterlösungen zur Jubiläumsfeier

Versuchen Sie die folgenden Fragen für das Anwendungsbeispiel aus dem Abschn. 6.6 zu beantworten

- Auf welche Aspekte muss ein Monitoring im Fall der Jubiläumsfeier eingehen? Definieren Sie, worauf Sie in jeder Teamsitzung achten möchten.
- Welche Kennzahlen und Pläne schauen Sie sich im Rahmen des Controllings genau an? Informieren Sie sich auch in Kap. 5, welche Pläne bereits vorliegen oder noch erarbeitet oder angepasst werden müssen.
- Am 3. März stellt Frau Schmid fest, dass noch niemand einen Kostenvoranschlag von einer Grafikdesigner*in eingeholt hat. Was unternehmen Sie?
- Sie haben vergessen, die Kosten für ein Zelt einzuplanen, falls es regnet, zudem wurde keinerlei Blumenschmuck kalkuliert. Sie brauchen also zusätzliche finanzielle Mittel. Wen müssen Sie über die geplante Änderung informieren bzw. wessen Einverständnis brauchen Sie?
- Frau Meister hat noch nie mit der Führungsebene zusammengearbeitet und kannte die ehrenamtlichen Vorstände nicht persönlich. Welche informellen Lernmöglichkeiten bietet ein Projekt für Frau Meister und wie kann das informelle Lernen gefördert werden?

Musterlösung zu „Aspekte des Monitorings"

Ein Monitoring sollte auf den Erledigungsstand der *Teilaufgaben und Arbeitspakete* achten. Die für die Teilaufgaben und Arbeitspakete verantwortlichen Personen berichten über den Erledigungsstand. Zudem ist der *Verbrauch des Budgets* in den Blick zu nehmen. Es wird berichtet, welche Ausgaben getätigt wurden und inwieweit diese im Rahmen des geplanten Budgets liegen, sprich ob das Budget über- oder unterschritten wurden. Ein weiterer Blick wird auf die Ressource

Arbeitszeit gelegt. Es wird berichtet wie viele Stunden zur Bewältigung der Teilaufgaben und Arbeitspakete bereits eingesetzt wurden und ob dieser Stand den Planungen entspricht.

Musterlösung zu „Kennzahlen und Pläne" im Rahmen des Controllings
Das Controlling geht über das Monitoring hinaus und erfasst, ob z. B. zukünftige Termine und Budgets eingehalten werden können, oder ob es Anpassungen braucht. Folgende Pläne finden dabei Beachtung:

- Teilaufgaben und Arbeitspakete (Abb. 5.2): Überprüfung, ob die Zuordnung noch aktuell ist oder Anpassungen vorgenommen werden müssen. Zu fragen ist, ob das Arbeitspaket ausreichend erledigt ist oder ob offene Arbeitspakete Störungen im Ablauf nach sich ziehen werden. Dazu kann parallel das Funktionendiagramm herangezogen werden.
- Funktionendiagramm (Abb. 5.6): Überprüfung, ob die Zuständigkeiten noch richtig verteilt sind. Hier wird überprüft, ob die verantwortlichen Personen sich um Teilaufgaben und Arbeitspakete kümmern oder ob Anpassungen in der Arbeitsverteilung vorgenommen werden müssen.
- Personalaufwandplan (Abb. 5.7): Damit geht die Überprüfung einher, ob der Aufwand richtig geplant wurde. Es steht die Frage im Vordergrund, ob die Arbeitsverteilung auf die Personen noch passend ist oder Änderungen aufgrund von Über- oder Unterbelastung vorgenommen werden müssen. Zudem wird der Blick auf den gesamten Ressourcenverbrauch an Arbeitsstunden gelenkt. Kommt es zu einem zu großen Ressourcenverbrauch müssen ggf. Ziele angepasst werden.
- Projektbalkenplan (Abb. 5.5): Überprüfung, ob Meilensteine gehalten werden können. Die Terminabweichung kann z. B. auch in Prozentzahlen definiert werden. Damit kann auch eine Vorhersage getroffen werden, ob der Endtermin eingehalten wird, sprich ob am Tag der Feier alle Aufgaben erledigt sein werden. Wenn das nicht der Fall ist, muss das Controlling Änderungsvorschläge machen.
- Gesamtkostenplan (Abb. 5.8): Überprüfung, ob das finanzielle Budget eingehalten wird. Es wird die Frage geklärt, ob und wo das Budget über- oder unterschritten wird und Vorschläge zur Ausgabenkürzung oder zur Optimierung der Einnahmen gemacht.

*Musterlösung zu „Grafikdesigner*in vergessen"*
In diesem Fall ist nach Abb. 6.3 vorzugehen. Aufgrund des Monitorings und Controllings wurde festgestellt, dass kein Angebot eines/einer Grafiker*in vorliegt, aber am 15. März über die Entwürfe entschieden werden soll. Schritt 1

(Status quo ermitteln) und Schritt 2 (Abgleich Planung) sind somit bereits erfolgt. Festgestellt wurde in Schritt 3, dass eine Anpassung des Meilensteins vorgenommen werden muss. Nun ist Schritt 4 an der Reihe, die Ermittlung von Ursachen. Hier sind verschiedene Optionen denkbar. Das Arbeitspaket wurde vergessen und damit niemandem die Aufgabe zugeteilt. Oder das Arbeitspaket wurde zwar bedacht, aber niemand als dafür zuständig definiert. Das Personal ist überlastet, wodurch die Ressource Arbeitszeit unrealistisch geplant wurde. Nun muss definiert werden, welche Maßnahme entwickelt wird. Die Zuständigkeit kann geändert werden oder der Meilenstein nach hinten verlagert. Bedacht werden muss dabei, inwieweit andere Teilaufgaben davon beeinträchtigt sind.

Als Maßnahmen sind mehrere Optionen denkbar: Es kann eine weitere Person hinzugezogen werden, die sich um das Angebot kümmert. Mehrere Personen eruieren verschiedene Angebote, um die Arbeitsbelastung zu verteilen. Dem Thema wird oberste Priorität eingeräumt und alle anderen Arbeitspakete vorerst nicht bearbeitet. Man holt gar keine Grafikdesigner*in an Bord und nimmt die Vorlage von der vergangenen Feier usw. Weitere Möglichkeiten sind denkbar. Nachdem eine Maßnahme ausgewählt und durchgeführt wurde, wird erneut der Status quo ermittelt und überprüft, ob das Projekt wieder in der korrekten Zeit- und Budgetplanung liegt.

Musterlösung zu „Zelt und Blumenschmuck vergessen"

Diese Maßnahmen sind mit Kosten verbunden und haben gravierendere Auswirkungen auf das Budget und nicht nur auf „Arbeitszeit" und „Zeitplanung", wie das bei dem Thema „Grafikdesigner*in" der Fall war. Hier greift das Änderungsmanagement. Es muss überprüft werden, ob das Zelt und der Blumenschmuck mit dem vorgegebenen Budget überhaupt noch zu beschaffen sind oder ob das Budget nachverhandelt werden muss. Eine Beschaffung von Zelt und Blumenschmuck im Rahmen der Kostenplanung kann vom Projektteam selbst vorgenommen werden. Die Projektgruppe kann also bestimmen, zu welchem Preis ein Zelt und Blumen bestellt werden. Wird das Budget überschritten, muss ein Änderungsantrag gestellt werden. In dem konkreten Fall würde dieser Änderungsantrag an die Geschäftsführung und den Vorstand des Vereins gerichtet. Nachdem diese wichtigen Stakeholder aber bereits Teil der Projektgruppe sind und somit in die Planung einbezogen waren, dürfte die Genehmigung zur Erweiterung des Kostenrahmens relativ unproblematisch sein. Sollte diese Kostenerweiterung nicht möglich sein, muss die Projektgruppe überlegen, an welchen Stellen eingespart werden kann oder ob z. B. auf Blumenschmuck verzichtet wird.

Musterlösung zu Lernmöglichkeiten Frau Meister

Die Projektteilnahme ermöglicht Frau Meister im Rahmen des informellen Lernens folgende Kompetenzerweiterung:

- Einüben von Moderations- und Leitungsaufgaben bei rollierender Sitzungsleitung im Rahmen der Projektsitzung. Dazu ist wichtig, dass Frau Meister die Gelegenheit erhält, die Sitzung zu planen und zu moderieren.
- Information über die Tätigkeit der wirtschaftlichen Leitung Frau Schmidt und dem ehrenamtlichen Vorstand. Diese fungieren möglicherweise als Vorbild zum Thema Leitung. Zudem erfährt Frau Meister nebenbei von den Kompetenzen der Vorstände und kann ihr Wissen erweitern.
- Selbstständige Bearbeitung von Arbeitspaketen und damit das Kennenlernen von neuen, bisher unbekannten Aufgaben, die erledigt werden müssen.
- Informationen über andere Arbeitsbereiche, z. B. den ambulanten und stationären Bereich in informellen Gesprächen. Kennenlernen neuer Personen, deren Arbeitsweise und Haltungen.
- Raum für informelle Gespräche bei Pausen während der Sitzungen. Dabei werden neue Kontakte aufgebaut oder bestehende vertieft, die für die spätere Problemlösung z. B. zwischen den Abteilungen genutzt werden können.

Literatur

Antes, W. (2014). *Projektarbeit für Profis: Praxishandbuch für moderne Projektarbeit* (3. Aufl.). Beltz Juventa.
Bea, F. X., Scheurer, S., & Hesselmann, S. (2020). *Projektmanagement* (3. überarb. Aufl.). UTB GmbH; UVK.
Dehnbostel, P. (2018). Beruf und informelles Lernen. In M. Harring, M. D. Witte, & T. Burger (Hrsg.), *Handbuch informelles Lernen: Interdisziplinäre und internationale Perspektiven* (2. Aufl., S. 426–439). Beltz Juventa.
Kamiske, G. F. (Hg.). (2015). *Handbuch QM-Methoden: Die richtige Methode auswählen und erfolgreich umsetzen.* Hanser.
Kolhoff, L. (2020). *Projektmanagement* (2. überarb. Aufl.). Nomos.
Kuster, J., Bachmann, C., & Huber, E. (2019a). *Handbuch Projektmanagement: Agil – klassisch – hybrid* (4. überarb. Aufl.). Springer Gabler.
Kuster, J., Bachmann, C., Huber, E., Hubmann, M., Lippmann, R., Schneider, E., Schneider, P., Witschi, U., & Wüst, R. (2019b). Handbuch Projektmanagement. *Springer.* https://doi.org/10.1007/978-3-662-57878-0.
Meyer, H., & Reher, H.-J. (2016). Projektmanagement: Von der Definition über die Projektplanung zum erfolgreichen Abschluss. *Springer Gabler.* https://doi.org/10.1007/978-3-658-07569-9.
Ries, A. (2019). *Projektmanagement Schritt für Schritt: Arbeitsbuch.* UVK.
Sagmeister, M. (2019). Situiertes Lernen: Informelles Lernen am Arbeitsplatz in der Community of Practice. In M. W. Fröse, B. Naake, & M. Arnold (Hrsg.), *Perspektiven*

Sozialwirtschaft und Sozialmanagement. Führung und Organisation: Neue Entwicklungen im Management der Sozial- und Gesundheitswirtschaft (S. 417–432). Springer VS.

Stöger, R. (2019). *Wirksames Projektmanagement: Mit dem Project Model Canvas zu Resultaten* (4. überarb. Aufl.). Schäffer-Poeschel.

Tynjälä, P. (2008). Perspectives into learning at the workplace. *Educational Research Review, 3*, 130–154.

Projektabschluss 7

Zusammenfassung

In Kap. 7 wird erläutert, welche Herausforderungen die Projektabschlussphase prägen. Es wird begründet, warum ein systematischer Projektabschluss bedeutet für das Projekt, die involvierten Personen und die Organisation ist. Die Möglichkeiten der inhaltlichen Finalisierung von Projekten werden beschrieben und Anregungen zur Gestaltung der Abschlussphase bei organisationsinternen und drittmittelgeförderten Projekten gegeben. Anschließend wird die Projektdokumentation thematisiert und es werden Empfehlungen zur Gestaltung der Projektdokumentation angeführt. Die Zufriedenheitsanalyse als einfaches Instrument der Ergebnissicherung wird vorgestellt und im Kapitel wird auf organisationsinterne und drittmittelgeförderte Projekte und Herausforderungen der Nachkalkulation kurz eingegangen. Die Präsentation der Projektergebnisse und die nötigen Schritte der Vor- und Nachbereitung sind Gegenstand des nächsten Unterkapitels, ergänzt um einen Überblick über mögliche Wege der Öffentlichkeitsarbeit. Das Unterkapitel „Evaluationsinstrumente einsetzen" gibt einen kurzen Überblick über mögliche Projektkennzahlen und über die grundlegenden Möglichkeiten der Evaluation von Projektvorhaben. Abschließend werden die theoretischen Erkenntnisse in den Beispielprojekten des Zentrums für Kindheit und Jugend e. V. angewandt.

Schlüsselwörter

Projektabschluss • Projektabnahme • Projektübergabe • Projektdokumentation • Berichtslegung • Projektabrechnung • Projektpräsentation • Wege der Öffentlichkeitsarbeit • Projektabschlussmeeting • Projektevaluation.

Lernziele
- Sie verstehen die Bedeutung der Projektabschlussphase für die Praxis und können damit verbundene Herausforderungen benennen.
- Sie können unterschiedliche Möglichkeiten eines inhaltlichen Projektabschlusses erläutern und wissen, dass die konkrete Vorgehensweise vom jeweiligen Projektgegenstand abhängt.
- Sie sind in der Lage, die Aufgaben und die möglichen Rollen von Projektauftraggeber*innen, Projektleitung und Projektteam in der Projektabschlussphase zu benennen.
- Sie kennen die Bedeutung der Projektdokumentation/Berichtslegung und wissen grundsätzlich, welche Elemente diese umfasst. Ihnen ist bewusst, dass der konkrete Aufbau und die Inhalte jedoch an die jeweiligen Projekterfordernisse angepasst werden müssen.
- Sie verstehen die Potenziale einer Zufriedenheitsanalyse als einfaches Instrument der Ergebnissicherung in Projekten.
- Sie kennen die nötigen Schritte der Vor- und Nachbereitung der Präsentation von Projektergebnissen und können mögliche Wege der Öffentlichkeitsarbeit benennen.
- Sie verstehen die Bedeutung der Projektevaluation und wissen, dass bei Drittmittelprojekten die Förderverträge und Förderrichtlinien zu beachten sind.
- Sie können exemplarische Kennzahlen für Projekte und das Projektmanagement benennen und verstehen, dass die quantitativen Kennzahlen um qualitative Kriterien ergänzt werden müssen.
- Sie sind in der Lage, die theoretischen Betrachtungen der Projektabschlussphase im Fallbeispiel des Zentrums für Kindheit und Jugend e. V. anzuwenden.

7.1 Projekte systematisch abschließen

Der Projektabschluss ist eine bedeutende Phase, die jedoch in der Praxis häufig von Unsicherheit oder Zeitdruck geprägt ist. Fehler, die dabei passieren sind, dass der Abschluss und die Wissensreflexion vernachlässig werden und damit wertvolles Wissen nicht in die Stammorganisation transferiert wird. Fehler können sich in künftigen Projekten wiederholen, da keine Energie und Zeit vorhanden waren, um das Projektwissen systematisch zu erheben und zu dokumentieren sowie Erkenntnisse für Folgeprojekte zu gewinnen. (Millner & Majer, 2013, S. 344 f.) Besonders

7.1 Projekte systematisch abschließen

soziale Organisationen mit knappen Ressourcen sollten Fehler vermeiden und die internen Projektprozesse optimieren, um ihre Ressourcen für Adressat*innen und soziale Anliegen einsetzen zu können. Daher wird der Projektabschluss im vorliegenden Lehrbuch vom Projektreview-Prozess getrennt betrachtet, um besonderes Augenmerk auf die Potenziale sowohl eines zielgerichteten Abschlusses als auch eines nach Projektabschluss durchzuführenden Projektreviews zu legen (siehe Abb. 7.1).

Zu Abb. 7.1 ist noch ergänzend anzumerken, dass die Phasen des Projektabschlusses und des Projektreviews aufeinander folgen aber auch ineinander überfließen können. Greving (2008) bezeichnet die letzte Phase eines Projekts in der die Prozesse des Projektabschlusses und des Projektreviews ineinander münden als „Projektauswertung", die in enger Abstimmung mit allen Projektbeteiligten erfolgen soll. Dabei unterscheidet er unterscheidet zwei Arten der Auswertung:

- Das Projekt wird intern durch die Projektgruppe evaluiert, insbesondere sind dabei Abweichungen von der Planung zu berücksichtigen.

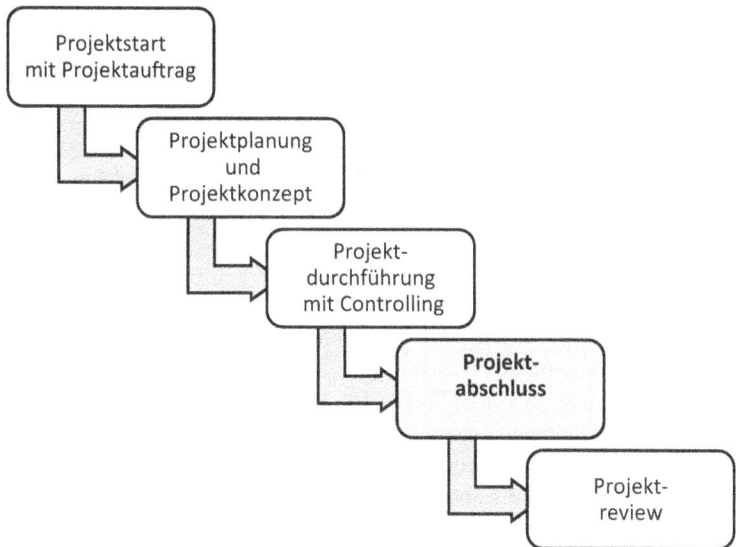

Abb. 7.1 Projektabschluss verortet im Gesamtablauf. (Eigene Darstellung in Anlehnung an Benkhofer et al., 2019, S. 23; Patzak & Rattay, 1998; Ries, 2019, S. 18, 25)

- Die Auswertung erfolgt als Teil des Projektes und eine Gesamtauswertung erfolgt zum Schluss des Projektes (z. B. durch interne und externe Kurzanalyse) (Greving, 2008, S. 140)

Zu ergänzen ist eine dritte Option: Die Projektbewertung erfolgt durch fördergebende Institutionen erst einige Zeit nach Projektabschluss. Besonders in diesem dritten Fall kommt der Phase des professionellen Projektreviews große Bedeutung zu und es ist sinnvoll, die Prozesse des Projektabschlusses und des Projektreviews zu trennen. Da soziale Organisationen meist auf Finanzgebende angewiesen sind, kommt die nachträgliche Prüfung durch fördergebende Institutionen relativ häufig zum Einsatz.

Die Phase des Projektabschlusses (Kap. 7) ist im Sinne des vorliegenden Lehrbuches vor allem auf die Projekte selbst und deren Ziele/Inhalte/Erfolg bezogen. Die Phase des Projektreview konzentriert sich auf den erfolgreichen Abschluss der Projektmanagementprozesse und der Weiterentwicklung der Projektorganisation (Kap. 8).

Im nächsten Unterkapitel wird thematisiert, wie Projekte enden können, welche Herausforderungen es dabei gibt und wie Projekte inhaltlich tatsächlich finalisiert werden sollten.

7.2 Projekte inhaltlich finalisieren

Drews et al. (2016) weisen darauf hin, dass beim Projektabschluss sowohl die Sachebene (Zahlen, Daten und Fakten) als auch die Beziehungsebene zwischen den Beteiligten (Projektteam, Auftraggeberschaft, Stakeholder) zu berücksichtigen sind. Die Autorinnen benennen drei Möglichkeiten des Projektabschlusses:

- Projekte planmäßig beenden: Die Ziele des Projektes sind entsprechend der Vorgaben von Projektauftraggebenden, Kund*innen und/oder dem Steuerungsgremium erreicht worden.
- Projekte unbewusst auslaufen lassen: Die Projektprioritäten wurden reduziert, entscheidende Mitarbeiter*innen fallen aus, die Projektziele sind unerreichbar und/oder die Organisation wurde umstrukturiert.
- Projekte bewusst vorzeitig abbrechen: Das Interesse am Projekt ist verschwunden, das Budget ist verbraucht, die Laufzeit ist zu Ende, das Personal nicht mehr verfügbar. Die Probleme sind nicht lösbar, neue Ideen/Konzepte ersetzen das Projekt, die Zusammenarbeit mit den Stakeholdern funktioniert nicht

7.2 Projekte inhaltlich finalisieren

und/oder die Projektziele wurden bereits vor dem Endtermin erreicht. (Drews et al., 2016, S. 535)

Bei dieser Auflistung ist festzuhalten, dass die Option „Projekte unbewusst auslaufen lassen" als die ungünstigste Variante der Projektbeendigung zu sehen ist. Organisationen sollten alle Projekte bewusst abschließen, da ein klares Projektende einen wichtigen Meilenstein für alle im Projekt involvierten Personen darstellt. Auch aus nicht erfolgreich verlaufenen Projekten können Lernerfahrungen für Folgeprojekte entstehen. Erfolgreiche Projekte sollten innerhalb und bei entsprechender Umweltrelevanz außerhalb der Organisation kommuniziert und die wesentlichen Erkenntnisse für künftige Projekte genutzt werden können.

Projekte, die sich der internen Weiterentwicklung der Organisation (z. B. Veränderungsprozesse, Einführung von Qualitätsmanagement, …) widmen oder Dienstleistungen bzw. Produkte erarbeiten, die dauerhaft in die reguläre Organisation eingebunden werden sollen, sind in der Praxis besonders gefährdet „unbewusst auszulaufen". Dafür gibt es unterschiedlichste Gründe, wie stressiger Arbeitsalltag in der Regelorganisation, Beschäftigung mit anderen Themen, die gerade dringlicher sind oder der Gedanke, dass die Personen ohnehin vor Ort seien und man sich um das Projektergebnis kümmern könne, wenn mehr Zeit sei. Je mehr Zeit von der Fertigstellung des Projektes durch das Projektteam bis hin zu einer möglichen Übergabe an die Regelorganisation verstreicht, desto höher das Risiko, dass das Projektergebnis nicht oder nicht vollumfänglich genutzt werden kann, weil sich die Projektgruppe und die Projektleitung wieder neuen Aufgaben zuwenden müssen.

Bei Projekten mit interner Auftraggeberschaft ist laut Sturzenhecker et al. (2019) besonders darauf zu achten, den nachhaltigen Übergang der erarbeiteten Ergebnisse in die Regelorganisation sicher zu stellen. Aufgabe der Projektleitung ist, diese Überleitung vorzubereiten und zu begleiten, wobei beispielsweise folgende Fragen zu berücksichtigen sind:

- Welche neuen oder veränderten Aufgaben und Zuständigkeiten ergeben sich und müssen Stellenbeschreibungen angepasst werden?
- Welche Prozessabläufe sind betroffen und wie sind diese gegebenenfalls neu zu gestalten?
- Müssen Dokumente oder Leitlinien angepasst werden (z. B. Prozessbeschreibungen oder Qualitätshandbücher)?
- Welche Personen/Stellen müssen informiert und eingebunden werden?
- Wann und wie wird die weitere Entwicklung beobachtet und wer ist künftig dafür zuständig? (Sturzenhecker et al., 2019, S. 316)

Bei der Übergabe an die Regelorganisation sind die relevanten Stellen einzubinden. Dies kann ein Lenkungsausschuss sein, die zuständige Stelle für Multiprojektmanagement in Zusammenarbeit mit einer Geschäfts- oder Abteilungsleitung oder eine andere auftraggebende Stelle in der Organisation. Welche Stellen und Personen im konkreten Fall einzubinden sind, hängt von der Struktur der Organisation, den Zuständigkeiten sowie vom jeweiligen Projektinhalt ab. Wesentlich ist jedoch, dass der Übergang in die Organisation von der Projektleitung mit den relevanten Stellen abgestimmt und geplant wird, damit das Projekt nachhaltig in der Organisation wirken kann. Sollten sich die relevanten Stellen gegen eine Einführung in die reguläre Organisation entscheiden, ist auch dies klar zu dokumentieren und zu kommunizieren. Projekte mit unklarem Status sorgen für Verunsicherung in der Organisation und im Projektteam.

Befristete Projekte können mit einer Produkt- oder Projektübergabe bzw. Produkt- oder Projektübernahme durch die Kund*innen oder Adressat*innen inhaltlich abgeschlossen werden, wenn ein konkretes Produkt oder eine Dienstleistung als Projektergebnis vorliegt. Drews et al. (2016) beschreiben dazu vier Schritte, die zur Entlastung des Projektteams und zur Übergabe der Verantwortung an den/die Auftraggebenden dienen:

1. Projektergebnis vorstellen: Je nach Projektinhalt bietet sich der Einsatz von Produktmustern, Prüfberichten, Protokollen an, oder die Bereitstellung des fertigen Konzepts, von Schulungsunterlagen, Trainingsmaterial und Evaluationsergebnissen etc.
2. Begutachtung: Diese erfolgt durch Kund*innen oder Adressat*innen bzw. die Organisation. Geprüft werden die Prozesse der Zielerreichung und die Zufriedenheit mit den Ergebnissen.
3. Freigabe: Ziel dabei ist, dass das „Erstmuster" des Produktes/der Dienstleistung freigegeben wird und der/die Auftraggeber*in das Projektergebnis annimmt.
4. Abnahme protokollieren: Das Übergabeprotokoll dokumentiert diesen Prozess, eventuelle Nacharbeiten werden vereinbart und dokumentiert. (Drews et al., 2016, S. 540–543)

Timinger (2017) sieht den Auftraggebenden des Projekts als verpflichtet zur Abnahme des Projektgegenstandes und verweist auf die Bedeutung der klaren Definition des Projektauftrages zu Projektbeginn. Unklare Definitionen sorgen in diesem Schritt für Missverständnisse und Meinungsverschiedenheiten, die Projektabnahme wird zum Problem. Umso wichtiger ist das Abnahmeprotokoll und die bei Bedarf nachvollziehbare Beschreibung der Nacharbeit und einer entsprechenden Bearbeitungsfrist. (Timinger, 2017, 114 f.)

Wenn ein Projekt bereits einen Testlauf absolviert hat oder mit einer Veranstaltung endet, sollte die Möglichkeit genutzt werden, die Zufriedenheit der involvierten Stakeholder festzustellen. Dazu bietet sich eine Zufriedenheitsanalyse an, die nach dem Testlauf oder der Veranstaltung durchgeführt werden kann und somit in die Planung des inhaltlichen Projektabschlusses eingeplant werden muss.

Kerth et al. (2015) empfehlen, sich bei der Zufriedenheitsanalyse auf 4 Schritte zu konzentrieren:

1. Leistungskriterien aus der Sicht der Befragten sowie Kennzahlen festlegen: Hier bietet sich je nach Umfang und Detailgrad der gewünschten Erhebung die Unterscheidung in drei Kategorien an:
   – Basisanforderungen, deren Fehlen zu Unzufriedenheit führt,
   – Funktionalitätswünsche, die von Stakeholdern im Projektprozess geäußerten Wünsche, deren Erreichung führt zur Zufriedenheit und
   – Begeisterungsfaktoren, sie gehen über die Erwartungen hinaus und lösen Begeisterung aus.
2. Leistungskriterien bewerten und Kennzahlen erheben: Die festgelegten Kriterien können durch Fragebögen, Interviews, Beobachtung und/oder Dokumentanalyse (z. B. Aufzeichnungen zu Kundenanfragen oder Beschwerden) evaluiert werden.
3. Unzufriedenheit beseitigen: Eruierte Schwachstellen der Leistung bzw. Gründe für eine mögliche Unzufriedenheit werden analysiert, Verbesserungspotentiale und -maßnahmen abgeleitet.
4. Zufriedenheit steigern: Im letzten Schritt wird der Fokus auf Begeisterungsfaktoren gelegt, um diese weiter auszubauen. (Kerth et al., 2015, S. 36–39)

Zufriedenheitsanalysen sind ein relativ einfaches Instrument, um Projektergebnisse festzustellen. Die Analysen sind in ihrem Detailgrad und der gewählten Methodik dem jeweiligen Projektgegenstand anzupassen. Bei selten stattfindenden Veranstaltungen oder Angeboten reicht z. B. ein kurzer Feedbackbogen oder eine Blitzlichtabfrage. Bei sich wiederholenden Events, die professionellen Charakter haben sollen und zum Leistungsprogramm einer Organisation gehören, ist eine umfassendere Analyse sinnvoll. Bei einer dauerhaften Verankerung von Produkten, Dienstleistungen, Prozessen oder Verbesserungsmaßnahmen kann die Analyse nach einigem Zeitabstand wiederholt werden, um gesetzte

Maßnahmen zur Steigerung von Leistung und Zufriedenheit zu messen. Zufriedenheitsanalysen können die Projektdokumentation sinnvoll ergänzen, da sie die Sicht bestimmter Stakeholder oder Nutzergruppen repräsentieren. Weitere Inhalte der Projektdokumentation werden im nächsten Kapitel behandelt.

7.3 Projektergebnisse dokumentieren

Um Projektergebnisse dokumentieren zu können, ist eine Abschlusskontrolle des Projektes vorzunehmen. Laut Litke et al. (2015) sollen zumindest folgende für ein Projekt relevante Faktoren berücksichtigt werden:

- Projektverlauf: Plan- und Ergebnisvergleich, Gründe von Abweichungen, Qualität der Projektarbeit, zusätzlich erzielte Ergebnisse, Weiterentwicklung des Teams
- Termine: Soll-Ist-Vergleich und Analyse von Abweichungen, Ursachen und Gründe für Terminüberschreitungen
- Personal: Analyse der Personalkapazitäten und von personellen Schwachstellen sowie von Personalproblemen (z. B. Führungsprobleme, Kompetenzen, Zusammenarbeit, Arbeitsverteilung, Konflikte)
- Kosten: Bestimmung der tatsächlichen Kosten des Projekts und Analyse der Ursachen möglicher Kostenüberschreitungen (Litke et al., 2015, S. 122 f.)

Die Projektdokumentation sichert gemäß Sturzenhecker et al. (2019) Informationen und soll schriftlich und nachvollziehbar formuliert sein. Idealerweise startet sie mit der Interessensgruppenanalyse am Projektbeginn und wird fortlaufend während der gesamten Projektlaufzeit vorgenommen. Die Dokumentation dient als Nachweis der Tätigkeiten, schriftliche Berichte und Planungsinstrumente fließen in die Dokumentation ein. Die Projektdokumentation soll personenunabhängiges Vorgehen ermöglichen, es wäre z. B. beim Wechsel der Projektleitung nötig, dass sich die neue Projektleitung mit den Unterlagen rasch in das Projekt einarbeiten kann. Wesentliche Elemente der Dokumentation sollten sein:

- Projektauftrag und Projekthandbuch: Der Projektauftrag ist Grundlage jeden Projektes (siehe auch Abschn. 4.1), das Projekthandbuch ist eine Sammlung von relevanten Unterlagen zum Projekt mit allen Projektmanagementinstrumenten und -dokumenten (Informationen, Vereinbarungen, Planung zum Vorgehen).

7.3 Projektergebnisse dokumentieren

- Protokolle und Berichte: Jede Projektsitzung im Team, mit dem Lenkungsausschuss oder mit den Stakeholdern des Projekts ist mit einem Ergebnisprotokoll zu dokumentieren, um richtungsweisende Entscheidungen nachvollziehbar zu gestalten. Erarbeitete Statusberichte sind von Ersteller*innen und Empfänger*innen zu unterzeichnen und zu archivieren.
- IT-gestützte Dokumentation: Diese dient der transparenten Projektdokumentation in einer nachvollziehbaren Ordnerstruktur und kann als Cloud-Lösung oder mit Hilfe von gemeinsamen Speicherorten in der Organisation gelöst werden. Für größere Organisationen mit vielen Projekten eignen sich unterschiedlichste Softwarelösungen für Projektmanagement. Projektleitung und Projektteam sollten Lese- und Schreibrechte haben, Auftraggebende und Lenkungsausschuss können über Leserechte informiert blieben. (Sturzenhecker et al., 2019, S. 319–321)

Neben der laufenden Dokumentation des Projektes und der Sammlung der relevanten Unterlagen und Dokumente in einem Projekthandbuch sind bei Drittmittelprojekten strukturierte Berichte üblich. Je nach Umfang und Dauer des Projektes sind Zwischen- und/oder Endberichte zu legen. Bei umfangreicheren und längerfristigen Projekten ist eine Zwischenberichtslegung in der Mitte der Projektlaufzeit oder aber auch quartalsweise oder halbjährlich nötig. Nach Projektabschluss wird ein Endbericht vorgelegt. Die Zwischen- und Endberichte bestehen im Regelfall aus einer inhaltlichen Berichtslegung der gesetzten Aktivitäten und aus einem zahlenmäßigen Nachweis (Projektabrechnung). Die Endberichtslegung ist häufig an die Zahlung der letzten Fördertranche gebunden, das bedeutet, dass der letzte Teil der Fördersumme erst ausbezahlt wird, wenn der Endbericht von einer Jury oder zuständigen Stellen der fördergebenden Stelle grundlegend geprüft und für in Ordnung befunden wird. Die genauen Modalitäten der Berichtslegung sind den Förderverträgen sowie Förderrichtlinien der jeweiligen Institution zu entnehmen.

Organisationsinterne Projektdokumentation und Projektberichtslegung ist insbesondere in kleineren Organisationen in der Gestaltung freier, da meist keine formellen Regelungen für diese Prozesse vorliegen. In größeren Organisationen mit mehr Projekten sollten Standards für die einzelnen Phasen des Projektmanagements definiert sein, die bei der Projektabwicklung zu berücksichtigen sind.

Wenn keine Standards vorliegen, müssen sich die Projektleitung und das Projektteam eigenständig um eine sinnvolle Berichtslegung kümmern, die gegebenenfalls durch Feedback der entsprechenden Stellen in der Organisation oder durch Stakeholder noch ergänzt und optimiert werden müssen. Als grundlegende

Orientierung für die Gestaltung des Berichtswesens können die von Drews et al. (2016) formulieren Kriterien herangezogen werden, die in Tab. 7.1 ersichtlich sind:

Aus der Tab. 7.1. ist ersichtlich, dass bei der Verfassung von Berichten von der Zielgruppe des jeweiligen Berichtes auszugehen ist und der Bericht in weiterer Folge bedarfsorientiert zu gestalten ist. Außerdem ist darauf zu achten, welche Informationen die jeweilige Zielgruppe erhalten will und in welchen Zeitabständen die Berichtslegung zu erfolgen hat. Die Berichte sind vom Projektteam arbeitsteilig zu erstellen. In Projekten kann es durchaus vorkommen, dass unterschiedliche Berichtsformate für die verschiedenen Zielgruppen zu erstellen sind und daher verschiedene Berichtsvarianten zu erstellen sind (z. B. Meilensteinberichte für den Lenkungsausschuss, Unterlagen für die weitere Entscheidungsfindung für die Geschäftsführung, regelmäßige Zwischenberichte zur Stakeholder-Kommunikation). Die Projektleitung muss in diesem Fall die verschiedenen Berichtsformate und Berichtzeiträume überblicken und die rechtzeitige Berichtslegung in die Wege leiten.

In der Projektabschlussphase ist der Projektabschlussbericht zu legen. Dieser hat laut Timinger (2017) den letzten Projektstatus vor Auflösung des Projektteams zusammen zu fassen oder als letzter Fortschritts- oder Statusbericht zum Projekt vor dessen Auflösung zu dienen. Die wesentlichen Themen sind für die Zielgruppen (Auftraggebende, Mitarbeitende und weitere interne oder externe Stakeholder) übersichtlich darzustellen. Der Bericht kann ähnlich aufgebaut sein, wie bisherige Status- oder Fortschrittsprojekte. Allerdings fokussiert sich der Inhalt des Berichts auf das Projektergebnis und die Erfahrungssicherung und sollte kurz und prägnant folgende Inhalte umfassen:

- Gesamtbewertung des Projekts
- Skizze des Projektverlaufs unter Berücksichtigung besonderer Herausforderungen und deren Lösungen
- Analyse der Projektziele und deren Erreichung
- Ausblick auf Folgeprojekte und Überlegungen zur Nachhaltigkeitssicherung (Timinger, 2017, S. 498)

Schreckeneder (2005) präsentiert das in Abb. 7.2 ersichtliche, konkrete Muster zur Gestaltung eines internen Projektabschlussberichtes:

Das Muster des Projektberichts in Abb. 7.2 bietet eine Übersicht über das Projekt. Diese Übersicht kann durch weiterführende Unterlagen und Detailanalysen ergänzt werden.

7.3 Projektergebnisse dokumentieren

Tab. 7.1 Allgemeine Kriterien für die Gestaltung des Berichtswesens. (Darstellung nach Drews et al., 2016, S. 577, leicht modifiziert)

Wesentliche Kriterien	Leitfragen	Ausgestaltung
Empfängerorientiert	An wen?	• Geschäftsführung • Lenkungsausschuss • Steuerungsgremium • Projektbeteiligte • Lieferanten • Sonstige Stakeholder
Bedarfsorientiert	In welcher Form?	• Mit Detailinformationen • In aggregierter Form
Inhaltlich	Was?	• Dienstleistungs-/Produktbezogene Informationen • Projektbezogene Informationen
Zeitlich	Wann?	• Feste Meilensteine bei besonderen Ereignissen (z. B. nach Projektphasen oder Abnahmeschritten) • Regelmäßige und zeitnahe Berichtslegung (z. B. monatliche oder quartalsweise Statusberichte)
Verantwortlich	Durch wen?	• Projektleitung (ist verantwortlich für das Projektergebnis) • Projektmitglieder (sind verantwortlich für Arbeitspakete)

Die Projektabrechnung im Sinne des zahlenmäßigen Nachweises ist ebenfalls Teil des Abschlussberichtes. Ziel der Nachkalkulation ist, einen Nachweis der Wirtschaftlichkeit des Projektes zu liefern bzw. die verwendeten Ressourcen transparent zu dokumentieren. Dabei sind die Regelungen der fördergebenden Stellen sowie generelle Regelungen der Rechnungslegung und Kostendarlegung zu beachten. Sowohl in der Darstellung als auch in der Form der Berechnung gibt es daher keine generelle Regelung, die in jedem Projekt Gültigkeit hat, sondern der zahlenmäßige Nachweis ist an die Erfordernisse des Projektes anzupassen.

Laut Drews et al. (2016) ist bei der Nachkalkulation zu beachten, dass Projektkosten in die Berechnung der Produkt-/Dienstleistungskosten einfließen. Die Leitung der Organisation und/oder die Kund*innen fordern daher in der Regel den Nachweis der Wirtschaftlichkeit des Projektes und/oder des Produkts/der Dienstleistung vom Projektteam. Dabei können Wirtschaftlichkeitsanalysen sowie die Kalkulation von Dienstleistungs-/Produktkosten gefordert sein. Darüber hinaus

Muster: Projektabschlussbericht		
Projektabschlussbericht	Datum:	Seite ... von ...
Projektleitung:	Projektbezeichnung:	Projektnummer:
Ausgangssituation im Projekt:		
Geplante Projektziele:		
Erreichte Projektziele:		
Begründung von Abweichungen bzw. Änderungen der Projektziele:		
Leistung/Qualität	Plan:	Ist:
Termine	Plan:	Ist:
Kosten	Plan:	Ist:
Analyse der Abweichungen:		
Zusammenarbeit mit den relevanten Umwelten/Stakeholdern:		
Zusammenarbeit im Projektteam:		
Wesentliche Ereignisse, Hindernisse und Probleme im Projekt:		
Zu erledigende Restarbeiten in der Nachprojektphase:		
Konsequenzen und Empfehlungen für zukünftige Projekte:		

Abb. 7.2 Muster eines internen Projektabschlussberichts. (Darstellung nach Schreckeneder, 2005, S. 189, leicht modifiziert)

hat das Projektcontrolling Plausibilitätsprüfungen durchzuführen und den Nachweis zu erbringen, dass die geplanten Arbeitspakete korrekt erbracht worden sind – dazu werden Soll-Ist-Vergleiche der Kosten und geleisteten Projektstunden erstellt. (Drews et al., 2016, S. 550).

Bei Drittmittelprojekten ist zu beachten, dass die Kostenplanung laut Förderrichtlinien meist mit Plankosten erfolgen darf, die Abrechnung jedoch zu Istkosten erfolgen muss. Dabei gilt häufig die Regelung, dass die Istkosten die Plankosten nicht übersteigen dürfen. Besonders relevant kann dies bei Personalkosten sein. Bei den Plankosten einer Fachleistungsstunde werden die durchschnittlichen Abwesenheitszeiten (Urlaub, Krankenstandstage, Weiterbildung…) eingerechnet, bei der Istkostenrechnung müssen die tatsächlichen Kosten der Fachleistungsstunde für die konkrete, im Projekt involvierte Person berechnet werden. Wenn eine Person überdurchschnittliche Abwesenheitstage hat, kann es passieren, dass die Istkosten der Fachleistungsstunde höher ausfallen als die Plankosten. In diesem Fall darf dennoch zumeist nur der im Projektantrag angekündigte Plankostensatzin der Endabrechnung erscheinen, dies ist in vielen Förderrichtlinien so verankert. Für die Organisation bedeutet die Regelung, dass die darüber hinaus gehenden Zusatzkosten nicht als förderfähige Kosten anerkannt werden und die Organisation diese alleinig tragen muss.

Sollte eine Person hingegen kaum Abwesenheitszeiten haben, kann es sein, dass der Istkostensatz um einiges niedriger ausfällt als der Plankostensatz. Bei Personen, die mit vielen Stunden im Projekt involviert sind, kann ein maßgeblicher Betrag zustande kommen, denn bei geringeren Istkosten dürfen nur diese in der finalen Abrechnung angesetzt werden. Jedoch ist es bei vielen Förderstellen möglich, die Personalkosten durch eine Mehrleistung von Stunden dennoch auszuschöpfen. Da Projekte immer knapp kalkuliert sind, können diese zusätzlich möglichen Arbeitsstunden im Projekt qualitativ sehr hilfreich sein, wenn rechtzeitig bemerkt wird, dass die Personalkosten zu Istkosten noch nicht ausgeschöpft sind. Zu empfehlen ist daher, eine mitlaufende Kalkulation vorzunehmen, um von Abweichungen am Projektende nicht überrascht zu werden.

Das nächste Unterkapitel befasst sich mit der Präsentation von Projektergebnissen und möglichen Wegen der Öffentlichkeitsarbeit.

7.4 Projektergebnisse präsentieren

Projektpräsentationen dienen laut Antes (2014) dazu, Entscheidungsträger für das Projekt zu gewinnen, den Projektfortschritt in kritischen Projektphasen zu sichern, oder über den Projektstand und Ergebnisse zu berichten. Am Beginn der Projektpräsentation ist das Thema kurz zu beschreiben und die Absicht der Präsentation zu benennen. Der Hauptteil ist der Darstellung der wichtigsten Projektdaten, Ergebnisse, Vorteile, Lösungen oder möglichen Alternativen zu widmen. Am Ende der Präsentation sollte das Wesentlichste in wenigen Sätzen zusammengefasst werden, verbunden mit klaren Perspektiven oder einer Handlungsaufforderung. Zur Visualisierung sollten unterschiedliche Instrumente wie Fotos, Videoclips, Foliensätze oder Flipcharts verwendet werden. (Antes, 2014, 70 f.) Diese Erläuterungen zeigen, dass Projektpräsentationen in unterschiedlichen Phasen der Projektarbeit bewusst genutzt werden können. In der Projektabschlussphase fokussiert die Projektpräsentation je nach Projektinhalt auf die abschließende Darstellung der Projektergebnisse und im Sinne einer weiteren Verwendung kann auf die nachhaltige Nutzung bzw. die Implementierung in der Organisation abgezielt werden.

Die folgende Abb. 7.3 zeigt einen idealtypischen Prozess der Vorbereitung, Durchführung und Nachbereitung einer Projektpräsentation:

Die Darstellung nach Antes in Abb. 7.3 zeigt, dass eine gute Vorbereitung bei Projektpräsentationen sehr wesentlich ist und den größten Raum in der Bearbeitung einnimmt, um die Präsentation erfolgreich zu gestalten. Anschließend dürfen die Reflexion und Nachbereitung der Präsentation nicht fehlen, um für

Abb. 7.3 Schritte zur erfolgreichen Projektpräsentation im Überblick. (Darstellung nach Antes, 2014, S. 72, leicht modifiziert)

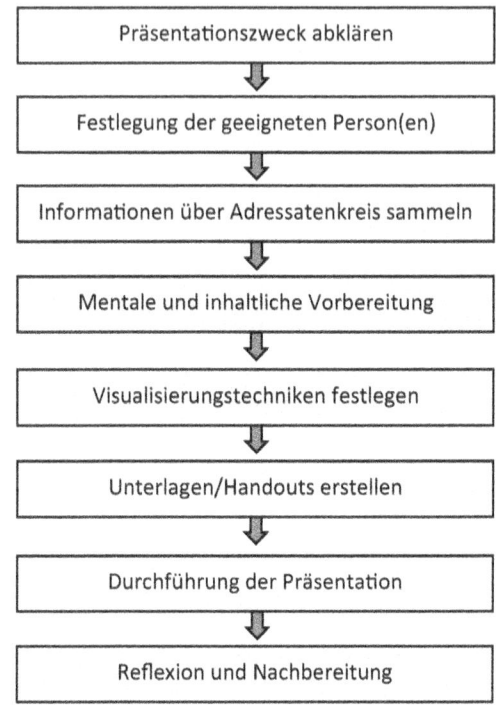

weitere Präsentationen zu lernen und/oder gegebenenfalls noch nötige Schritte der Nachbearbeitung des Projektes oder der Projektimplementierung zu setzen.

Bei Projekten, die an die Öffentlichkeit gerichtet sind, ist eine klare Strategie für Öffentlichkeitsarbeit wichtig, bei der laut Wurster et al. (2015) folgende Kanäle berücksichtigt werden können:

- Werbematerialien: Broschüren oder Faltflyer können in Printform oder als PDF-Dokumente auf der Homepage erscheinen. Sie können Informationstexte, Kontaktdaten und Links etc. enthalten.
- Internetauftritt: Webseiten sollten ein ansprechendes Design und eine gute Struktur haben, sie sollen benutzerfreundlich sein. Wenn die Organisation bereits eine Webseite hat, ist zu überlegen, wie Projekte bzw. das konkrete Projekt verortet werden kann.
- Social Media: Plattformen wie Facebook, Xing oder Twitter sind hilfreich, um Unterstützer*innen für Ideen oder Projekte zu finden. Grundprinzipien für die

7.4 Projektergebnisse präsentieren

Arbeit mit Social Media sind, dass die Aktion leicht und verständlich sein muss, sich über soziale Netzwerke teilen lassen muss, eine emotionale Komponente zulassen soll und idealerweise von prominenten Unterstützer*innen und/oder Medienberichterstattung begleitet sein sollte.
- Pressearbeit: Professionelle Pressearbeit braucht einen Presseverteiler mit Namen der Zeitung/Zeitschrift, Kontaktdaten zur Redaktion, Ansprechpartner*innen und Raum für Anmerkungen. Die klassische Information der Redakteur*innen erfolgt über die Pressemitteilung mit einer aussagekräftigen Headline, den wichtigsten Informationen zu Beginn (Kurzmeldung) und dem eigentlichen Pressetext sowie den Kontaktdaten.
- Newsletter: In Printform oder digital per Mail mit Anhang in Form einer PDF-Datei sind Newsletter eine gute Möglichkeit, um Stakeholder und die Öffentlichkeit informiert zu halten. Geeignete Inhalte sind Neuigkeiten, Statusberichte und aussagekräftige Fotos.
- Weblogs bzw. Blogs: Diese redaktionellen Online-Tagebücher stellen Informationen chronologisch dar und sind einfacher zu bedienen als eine Webseite. Blogs können statt einer Webseite, oder auch ergänzend eingesetzt werden und eignen sich für eine laufende Präsentation von Inhalten, die keiner Geheimhaltungspflicht unterliegen. Die Inhalte können von Leser*innen kommentiert werden, die Kommentarfunktion kann jedoch auch deaktiviert werden.
- Fundraising/Sponsoring: Beim Fundraising geht es um die Gewinnung von Spenden und Zuschüssen für Vereine und Projektvorhaben sowie Kooperationen mit prominenten Personen. Bei Spenden handelt es sich um freiwillige Geld-, Zeit- oder Sachzuwendungen durch Organisationen oder Privatpersonen. Sponsoring betrifft die Bereitstellung von Geld oder geldwerten Vorteilen, im Austausch dafür ist definierte Präsenz der Sponsor*innen vorgesehen. Für Fundraising und Sponsoring sind ein Konzept mit einer Liste potenzieller Zielpersonen und Organisationen, ein Projekt-Exposé und eine gezielte Kommunikation wesentlich. (Wurster et al., 2015, S. 174–192)

Eine Besonderheit der Öffentlichkeitsarbeit kann die Vorbereitung eines Pressegespräches oder einer Pressekonferenz sein, um Projekte mit Öffentlichkeitsrelevanz zu präsentieren. Laut Antes (2014) ist ein Pressegespräch als Gesprächsrunde mit Medienvertreter*innen dann angemessen, wenn ein eher allgemeiner inhaltlicher oder terminlicher Hintergrund gegeben ist (z. B. persönliche Vorstellung der Arbeit des Jugendhauses und Führung durch die Räumlichkeiten). Eine Pressekonferenz als Diskussionsrunde mit Medienvertreter*innen wäre bei einem sehr konkreten inhaltlichen und terminlichen Grund zu bevorzugen (z. B. Eröffnung des neuen Jugendhauses und Darstellung der Arbeit, die hier geleistet wird).

Einige wesentliche Eckpunkte zur Vorbereitung und Durchführung sind: Pressegespräche oder Pressekonferenzen sollten immer zwischen 10 und 13 Uhr geplant werden, um das Thema am Folgetag in der Zeitung zu ermöglichen, außer bei Einladungen zu konkreten Veranstaltungen, die sich zeitlich nicht verschieben lassen. Einladungen sollten persönlich und schriftlich erfolgen, eine Pressemappe ist vorzubereiten und es ist wichtig, sich auch auf unangenehme Fragen vorzubereiten sowie Zeit für Fotos und individuelle Fragen einzuplanen. (Antes, 2014, S. 100–103).

Dieses Kapitel zeigt eine Auswahl an unterschiedlichen Möglichkeiten der Projektpräsentation und Öffentlichkeitarbeit. Welche Wege konkret beschritten werden sollen, liegt im Entscheidungsbereich der Projektleitung in Kooperation mit den Auftraggeber*innen bzw. dem Lenkungsausschuss oder der jeweils zuständigen Leitungsperson in der Organisation (z. B. Abteilungsleitung, Geschäftsführung).

Im nächsten Unterkapitel geht es um die Evaluation des Projektes in der Projektabschlussphase sowie um die mögliche Evaluation von Wirkungen des Projektes nach einem bestimmten Zeitablauf nach Projektende.

7.5 Evaluationsinstrumente einsetzen

Wirkungen festzustellen, erfordert laut Millner und Majer (2013) klare Bewertungskriterien und Kennzahlen, die durch Projektmanagement und gute Dokumentation ersichtlich sein sollten und schon in der Konzeptions- und Startphase des Projektes mit bedacht werden müssen. In der Praxis wird dies jedoch teilweise vernachlässigt, die Daten müssen dann mit hohem Aufwand rekonstruiert werden. Daten für die Leistungsmessung und Evaluierung sollten konsequent und kontinuierlich im Laufe des Projektprozesses gesichert werden (Millner & Majer, 2013, S. 345).

Timinger (2017) benennt fünf Kennzahlen traditioneller Projekte und weist darauf hin, dass die Art der Erfassung und Auswertung von Kennzahlen mit Bedacht gewählt werden sollte, um nur Kennzahlen zu erheben, die auch tatsächlich für die Analyse und Steuerung des Projektes eingesetzt werden:

- Ressourcenverbrauch (Personalstunden pro Woche),
- Fertigstellungswert (Wert der geleisteten Arbeit),
- Fertigstellungsgrad (Fortschrittsgrad, Fortschritt),
- tatsächlich ausgegebene Kosten,
- geplante Kosten am Stichtag. (Timinger, 2017, S. 466)

7.5 Evaluationsinstrumente einsetzen

Sollten diese klassischen Daten nicht ausreichen, können die Kennzahlen ergänzt werden. Projektkennzahlen können laut Drews et al. (2016) auf zwei Ebenen erhoben werden:
Am Produkt durch

- Daten,
- Informationen,
- Produktleistungen/Dienstleistungsmerkmalen,
- Nutzwert für Kund*innen oder Adressat*innen,
- Preise und
- Kosten.

Im Projekt bzw. den Prozessen durch

- Personalaufwand,
- Projekt-/Prozesskosten,
- Musterkosten und/oder Werkzeugkosten,
- Termine und Termineinhaltung sowie Termintreue,
- Fehlerzahl und
- Nacharbeits-/Änderungsaufwand. (Drews et al., 2016, S. 551)

Schreckeneder (2005) empfiehlt die Nutzung von Kennzahlen für folgende Bereiche:

- Leistungen (z. B. Leistungsfortschritt, Leistungseffizienzfaktor),
- Termine, Aufwand (z. B. Terminenge = Anzahl zeitkritischer Vorgänge/Gesamtzahl der Vorgänge, Zeitanteil je Phase = Anzahl zeitkritischer Vorgänge/Gesamtzahl der Vorgänge),
- Kosten (z. B. Kosteneffizienzfaktor, Kostenplan-Kennzahl),
- Mitarbeiter*innen und Kund*innen (z. B. Mitarbeiter- und/oder Kundenzufriedenheitsindex). (Schreckeneder, 2005, S. 192)

Diese drei unterschiedlichen Perspektiven aus der Literatur zeigen auf, dass es vielfältige Möglichkeiten gibt, Projektkennzahlen zu erheben. Die geeigneten Kennzahlen für das jeweilige Projekt müssen daher klar definiert werden, sofern die Organisation kein Standardprozedere zum Projektcontrolling vorsieht. Bei drittmittelgeförderten Projekten sollten die Förderrichtlinien und der Fördervertrag bei der Definition der nötigen Kennzahlen einbezogen werden, um ein aufwendiges Nacherfassen oder eine Rekonstruktion nötiger Zahlen im Nachhinein zu vermeiden. Die Definition der Kennzahlen bzw. Messwerte für den Projekterfolg sollte bereits im Zuge des Projektauftrages von der Projektleitung mit den auftraggebenden Stellen erläutert und definiert werden, damit der Projekterfolg in der Projektabschlussphase möglichst konfliktfrei und objektiv festgestellt werden kann.

Ergänzend zu quantitativen Kennzahlen sollten weitere, stärker qualitativ orientierte Elemente der Evaluation von Projekten herangezogen werden. Dabei können laut Schober et al. (2013) folgende Hauptarten von Evaluationen unterschieden werden:

- Evaluation der Programmkonzeption: Programmziele und -maßnahmen werden mit Stakeholdern evaluiert. Dabei ist auch Gegenstand der Evaluation, ob die Programmkonzeption die Zielgruppe erreichen kann und wie der Zielerreichungsgrad erhöht werden könnte.
- Prozessevaluation: Bei routinemäßigen, fortdauernden Tätigkeiten kann die Prozessevaluation als Begleitforschung oder Monitoring (siehe Abschn. 6.3) wirken und Informationen zu Abweichungen im Prozess liefern, damit rechtzeitige Korrekturmaßnahmen möglich werden.
- Wirkungsanalyse: Diese wird auch Nutzenanalyse oder Outcome-Analyse genannt, die unmittelbare, mittelbare und/oder langfristige Wirkungen untersuchen kann. (Schober et al., 2013, S. 454–457)

Bei drittmittelgeförderten Projekten von professionellen Förderinstitutionen auf EU- und nationaler Ebene gibt es einen Legitimationsdruck der sachgemäßen Verwendung von Mitteln und damit meist klare Kriterien für die Evaluation, die im Fördervertrag und in Förderrichtlinien festgehalten sind. Die Projektleitung und die Steuerungsgruppe sollte diese Kriterien schon bei der Formulierung des Projektauftrages mit einbeziehen. Am Ende des Projektes sind die erforderlichen Daten spätestens an die jeweilige Förderinstitution zu liefern, auch sind Zeiträume für die Zwischenberichtslegung zu beachten.

Innerhalb der Organisation gibt es meist weniger klare Kriterien der quantitativen und qualitativen Feststellung des Erfolges von Projekten. Bei unklaren Erwartungen hinsichtlich der Messung der Zielerreichung kann es jedoch insbesondere am Projektende Konflikte oder Uneinigkeit über die Zielerreichung sowie über erforderliche Nacharbeiten geben. Die Einigung über die Kriterien der Erfolgsmessung von Projekten sollte zwischen Auftraggebenden und Projektleitung schon beim Start des Projektes erfolgen. Die gewählten Kriterien sollten sich dabei am Projektinhalt und den Projektzielen orientieren und geeignet sein, die

Zielerreichung im Projekt festzustellen. Somit könnten unterschiedliche quantitative und qualitative Kriterien je (Teil)Ziel festgehalten werden. Die Projektleitung und das Projektteam sollte die definierten Kriterien laufend im Blick behalten und nicht erst in der Abschlussphase erstmals prüfen.

Sollten Sie mehr Details zur Projektevaluation benötigen, oder selbst ein Evaluationsdesign erstellen müssen, empfehlen wir, sich in Bücher und Fachartikel zu (Projekt-)Controlling sowie zu Evaluation und Wirkungsmessung zu vertiefen.

In den nächsten beiden Teilkapiteln werden die drei Projekte des Zentrums für Kindheit und Jugend e. V. abgeschlossen. In Abschn. 7.6 erhalten Sie weitere Informationen zu den Projekten, in Abschn. 7.7 folgen Lern- und Kontrollfragen sowie die Musterlösung.

7.6 Die Beispielprojekte des Zentrums für Kindheit und Jugend e. V. abschließen

Die „Jubiläumsfeier" (siehe dazu auch Abschn. 3.6 und 3.7 sowie 6.6 und 6.7) war ein voller Erfolg. Bei schönem Wetter genossen 120 Ehren- und Partygäste den Fachvortrag und anschließenden Empfang. Der ehrenamtliche Vorstand bestehend aus Herrn Huber und Frau Maier hat sich beim Projektteam im Zuge der Feier für die großartige Arbeit bedankt und es gab tosenden Applaus vom Publikum. Das Projektteam ist erleichtert und sieht seine Arbeit hiermit als erledigt an. Besonders stolz ist das Projektteam auf das innovative Berichtsformat in Form eines Blogs, der auf der Homepage des Zentrums für Kindheit und Jugend e. V. einsehbar ist. Dort sind die Vorbereitungsarbeiten in chronologischer Reihenfolge dokumentiert und Statements und Fotos von der Feier wurden gepostet. Dies ist vor allem dem Engagement von Frau Gruber zu verdanken, der Stabstelle für Öffentlichkeitsarbeit und gleichzeitig Mitglied im Projektteam. Frau Gruber hat sich zum Ziel gesetzt, für das Zentrum für Kindheit und Jugend e. V. eine stärke Präsenz in den neuen Medien zu erwirken. Dies war allerdings in der Organisation nicht mit den vorgesetzten Stellen abgestimmt.

Der ehrenamtliche Vorstand hingegen ist davon ausgegangen, dass die Medienarbeit in klassischer Art erfolge, beim Projektmeeting zur Besprechung des begleitenden Blogs waren Herr Huber und Frau Maier verhindert und Frau Schmidt hat im Zuge der stressigen Vorbereitungsarbeiten für die Feier vergessen, über die Idee des Blogs zu informieren. Der ehrenamtliche Vorstand ist außerdem davon überzeugt, dass die Abrechnung der Projektbelege, der Nachbericht und die Projektdokumentation noch als Tätigkeiten des Projektteams zu erfolgen haben und führt dazu ein kritisches Gespräch mit Frau Schmidt, warum das Projektteam die Arbeit nicht fertigstelle. Es sei noch ein Bericht für die Homepage zu verfassen und außerdem fehle die Medienberichterstattung in der Lokalzeitung. Frau Schmidt kontert, dass dies niemals Teil des Projektauftrages war und dass sich das Projektteam bereits wieder um andere, operative Aufgaben kümmern müsse und ohnehin alles auf dem Blog ersichtlich sei.

Der ehrenamtliche Vorstand ist verärgert, weil so einen Blog ohnehin niemand lese und teilt Frau Schmidt mit, dass sie weiter zuständig sei. Sie müsse das Projektteam wieder aktivieren und dringend sei die fehlende Öffentlichkeitsarbeit über die erfolgreiche Feier durchzuführen. Außerdem sei das Projekt formal korrekt zu beenden und mit dem Projektabschlussformular zu dokumentieren. Frau Schmidt ist ebenfalls verärgert, weil sie mit dem Projektteam bereits aufgrund der Dankesworte des ehrenamtlichen Vorstandes eine informelle Sitzung nach der Feier durchgeführt hatte, um das Projekt kurz zu reflektieren und den Mitarbeitenden für die Arbeit zu danken. Da die Nacharbeiten unter Zeitdruck zu umfassend für eine Person sind, muss Frau Schmidt das Projektteam noch einmal zusammenrufen, um die Nacharbeiten arbeitsteilig zu lösen.

Das Pilotprojekt „Freizeitpädagogisches Angebot" (siehe dazu auch Asbchn. 3.6 und 3.7 sowie 4.6 und 4.7) in den Osterferien wurde erfolgreich durchgeführt. Erfreulicherweise gab es sowohl bei der „Spiel- und Sportwoche" für Kinder von 6 bis 10 Jahren als auch bei der „Action- und Sportwoche" für Kinder von 10 bis 14 Jahren jeweils 15 Teilnehmer*innen und gutes Feedback der Kinder und Eltern. Da die Gemeinde das Angebot einmalig mit einem Drittel des Elternbeitrages gefördert hat, war der Preis für die Eltern in einem adäquaten Rahmen.

Das Zentrum für Kindheit und Jugend e. V. würde das Angebot gerne beibehalten und in das Sommerprogramm überführen und hat schon erste Anfragen. Allerdings wollen die Eltern wissen, ob es wieder einen Kostenbeitrag der Gemeinde geben wird, da der Preis sonst zu hoch wäre. Aus informellen Kreisen haben Frau Müller (pädagogische Leitung und Projektauftraggeberin) und Herr Maus (Projektleitung) erfahren, dass die Gemeinde mit dem „einseitigen Angebot" von nur einer Sportwoche jedoch nicht so glücklich sei. Es haben sich Eltern aus der Fokusgruppe beim Herrn Bürgermeister gemeldet, die sich die „Musik- und Gesangswoche" gewünscht hatten und sich beschwert, dass diese nicht umgesetzt würde. Somit ist nicht wirklich klar, ob die Gemeinde das Angebot wieder finanzieren will, eine dringliche Aussprache und Präsentation des Angebots steht aus.

Nun ist es endlich gelungen, einen Termin mit dem Herrn Bürgermeister und dem Gemeinderat am 30.05. zu fixieren, damit das Angebot noch einmal präsentiert werden kann. Dringlich vorzubereiten ist aufgrund dieser informellen

Informationen jedenfalls auch, wie es mit der „Musik- und Gesangswoche" weitergehen soll. Der Verein muss in der Sitzung gut erklären, warum es in diesem Sommer das Angebot noch nicht gibt und bis wann es konzipiert werden kann. Der Projektabschlussbericht dafür soll am 20.05. fertig gestellt sein.

Das Projekt „Qualitätsmanagement" hat die Erstellung des Pflichtenheftes planmäßig abgeschlossen (siehe dazu auch Abschn. 3.6 und 3.7 sowie 5.6 und 5.7). Doch nun droht das Projekt zum Stillstand zu kommen, da sehr viele operative Aufgaben auf den Projektmitgliedern lasten und sich auch die pädagogische (Frau Müller) und wirtschaftliche Leitung (Frau Schmidt) momentan nicht um das Projekt kümmern kann, da diese aktuell mit der Nachbereitung der Jubiläumsfeier und den weiteren Schritten betreffend „Freizeitpädagogisches Angebot" befasst sind. Die Projektteammitglieder sind froh, dass derzeit wenig Druck im Projekt vorherrscht, da sie selbst mit operativen Aufgaben im Tagesgeschäft mehr als ausgelastet sind. Herr Frank, der Qualitätsbeauftragte und Projektleiter ist jedoch in Sorge, dass das geplante interne Audit des Projekts verschoben werden muss bzw. ist sich nicht mehr sicher, ob dieses überhaupt noch von der Leitungsebene angestrebt wird. Zudem äußern sich Mitarbeiterinnen und Mitarbeiter in der Kaffeeküche zunehmend kritisch zum Qualitätsmanagement, hauptsächlich besteht Unsicherheit, wie viel Dokumentationsaufwand das Qualitätsmanagement mit sich bringe und welchen Nutzen dieses überhaupt habe. Herr Frank sieht den Prozess der Einführung des Qualitätsmanagements derzeit gefährdet, obwohl das Pflichtenheft abgeschlossen ist. Eine Ergebnispräsentation und weiterführende Kommunikation mit Organisationsmitgliedern oder Stakeholdern hat (noch) nicht stattgefunden.

7.7 Fragen und Musterlösungen zum Abschluss der Beispielprojekte

Beantworten Sie die nachstehenden Fragen für die Projekte „Jubiläumsfeier", „Freizeitpädagogisches Angebot" und „Qualitätsmanagement" des Zentrums für Kindheit und Jugend e. V. und vergleichen Sie Ihre eigenen Lösungen anschließend mit den Musterlösungen:

- Welche Möglichkeiten des Projekt- oder Projektteilabschlusses sind denkbar und welche Herausforderungen sehen Sie bei der inhaltlichen Finalisierung der drei Beispielprojekte?

- Welche Empfehlungen geben Sie für die Projektübergabe bzw. die Projektübernahme der drei Projekte? Formulieren Sie fünf Empfehlungen pro Projekt.
- Wie sollte die Projektdokumentation für die beiden Projekte Jubiläumsfeier und Freizeitpädagogisches Angebot aus Ihrer Sicht gestaltet sein? Orientieren Sie sich bei Ihren Überlegungen an Tab. 7.1: Allgemeine Kriterien für die Gestaltung des Berichtswesens.
- Erstellen Sie einen Projektabschlussbericht für das Freizeitpädagogische Angebot der „Spiel- und Sportwoche" sowie der „Action- und Sportwoche" unter Verwendung der Mustervorlage für den internen Projektabschlussbericht in Abb. 7.2. Beachten Sie dabei das Musterbeispiel für den Projektauftrag und die Angaben zum Freizeitpädagogischen Angebot in den Abschn. 3.6 und 3.7 sowie 4.6 und 4.7.
- Planen Sie die Projektpräsentation für das Beispielprojekt „Freizeitpädagogisches Angebot", indem Sie die Schritte zur erfolgreichen Projektpräsentation aus Abb. 7.3 durchdenken.
- Welche drei Wege der Öffentlichkeitsarbeit sind für die Beispielprojekte Jubiläumsfeier und Freizeitpädagogisches Angebot besonders sinnvoll? Begründen Sie Ihre Auswahl. Warum ist für das Projekt Qualitätsmanagement noch keine Öffentlichkeitsarbeit zu empfehlen? Was schlagen Sie stattdessen (in Anlehnung an Ihre Erkenntnisse aus Kap. 6) vor?
- Welche Projektkennzahlen würden Sie für die Jubiläumsfeier in den Blick nehmen? Überlegen Sie sich drei aussagekräftige Kennzahlen und formulieren Sie eine ergänzende Idee, wie Sie qualitatives Feedback erhalten könnten.

Musterlösung zu Möglichkeiten des Projektabschlusses und Herausforderungen der Projekte:
Jubiläumsfeier:

- Das Projekt ist inhaltlich planmäßig beendet. Was noch fehlt, ist der Abschluss der nötigen Projektmanagementprozesse, die mit der Jubiläumsfeier verbunden sind sowie die Nachbearbeitung im Sinne der Dokumentation und Berichtslegung sowie der Bezahlung der offenen Rechnungen.
- Herausforderungen: Die Zuständigkeiten für die Nachbereitung und das Projektreview wurden im Vorfeld nicht geklärt. Die Konflikte zwischen Auftraggeberschaft (ehrenamtlicher Vorstand) und Projektleitung/Projektteam müssen gelöst werden. Die Projektleitung muss das Projektteam wieder aktivieren, obwohl sich dieses schon um andere Aufgaben kümmert. Das Projektteam

denkt, dass die Arbeit schon beendet ist und weitere Aufgaben nicht eingeplant sind.

Freizeitpädagogisches Angebot:

- Das Pilotprojekt „Freizeitpädagogisches Angebot" ist mit der „Spiel- und Sportwoche" sowie der „Action- und Sportwoche" in den Osterferien erstmals erfolgreich durchgeführt worden. Nun geht es um die Überführung des Pilotprojektes in das reguläre Angebot des Zentrums für Kindheit und Jugend e. V.
- Herausforderungen: Die Förderung von 1/3 des Elternbeitrages durch die Gemeinde ist noch ungeklärt, der Sommer rückt näher und anfragende Eltern wollen Informationen zu den Kosten für die freizeitpädagogischen Wochen. Die Gemeinde findet das Angebot zu einseitig, da die „Musik- und Gesangswoche" noch nicht konzipiert ist. Organisationsintern muss definiert werden, in welchem Rahmen die Konzeption erfolgen soll und in welchem Zeitrahmen dies realistisch möglich ist.

Qualitätsmanagement:

- Das Projekt „Qualitätsmanagement" droht unbewusst auszulaufen, wenn weder die Organisationsleitung noch die Projektleitung aktiv werden.
- Herausforderungen: Die Organisation ist momentan mit mehreren Projekten und dem Tagesgeschäft überfordert. Qualitätsmanagement als internes Projekt rückt von der Priorität her in den Hintergrund und es scheint ungeklärt zu sein, wie die nächsten Projektschritte nach der Formulierung des Pflichtenheftes aussehen. Das Multiprojektmanagement der Organisation scheint nicht ideal zu funktionieren bzw. es ist nicht geklärt, welche Person im Projekt Qualitätsmanagement aktiv sein sollte und wie die nächsten Meilensteine (inhaltlich und zeitlich) gestaltet werden sollten.

Empfehlungen für die Projektübergabe bzw. den inhaltlichen Abschluss der drei Projekte:
Jubiläumsfeier:

- Der Schritt „Projektergebnis vorstellen" fehlt in der Projektübergabe: Die Projektübergabe vom Projektteam an die Auftraggebenden ist nicht bewusst und geplant erfolgt, sondern die Veranstaltung selbst wurde vom Projektteam als

Projektabschluss interpretiert. Jedes Projekt sollte eine formale Projektübergabe haben, deren Zeitpunkt klar zu definieren ist (in diesem Fallbeispiel denkbar sind die Optionen der Übergabe vor der Veranstaltung, im Zuge der Veranstaltung oder nach der Veranstaltung mit gewissem Zeitablauf – daher entstehen die unterschiedlichen Auffassungen zwischen Auftraggebenden und Projektleitung).

- Die Schritte „Begutachtung" und „Freigabe" fehlen: Generell ist eine bessere Kommunikation zwischen Auftraggebenden, Projektleitung und Projektteam zu empfehlen. Dies sei am Beispiel des Blogs erklärt: Es gibt unterschiedliche Auffassungen über die Wirksamkeit und Reichweite des Blogs, das Projektteam bzw. die Projektleitung sollte den Auftraggeber besser über den Blog informiert halten, um dessen Wirkung aufzuzeigen. Dies könnte auch für andere Elemente der Jubiläumsfeier zutreffen, konkret wird die Öffentlichkeitsarbeit im Fall benannt. Maßnahmen der Öffentlichkeitsarbeit sollten im Vorfeld der Veranstaltung mit den Auftraggebenden geklärt werden.
- Der Schritt „Abnahme protokollieren" fehlt: Nacharbeiten fallen in jedem Projekt an, es sollte daher vorab geklärt werden, wie mit diesen Aufgaben umzugehen ist. Die genauen Erwartungen hinsichtlich nötiger Nacharbeiten zur Jubiläumsfeier zwischen ehrenamtlichem Vorstand als Auftraggebende des Projektes und der Projektleitung sollten genauer geklärt und schriftlich festgehalten werden, um weitere Missverständnisse zu vermeiden.
- Bewusstsein schaffen, dass die Projektübergabe/Projektübernahme nicht der letzte Prozess im Projektmanagement ist: Das Projekt wird vorschnell beendet, denn ein Projekt ist nicht nur inhaltlich abzuschließen, sondern auch hinsichtlich der Projektmanagementprozesse. Der Prozess des Projektreviews bleibt unberücksichtigt: Ein Projektabschlussmeeting mit dem Projektteam sollte nicht spontan (nach der Jubiläumsfeier) erfolgen, sondern gut geplant sein.

Freizeitpädagogisches Angebot:

- Der Schritt „Projektergebnis vorstellen" ist bisher nur innerhalb der Organisation erfolgt, aber nicht beim wichtigen Stakeholder der Gemeinde.
- Der Schritt „Begutachtung" mit der Gemeinde steht bevor, allerdings gibt es bereits Vorbehalte hinsichtlich des Angebots: Die Gemeinde hätte im Vorfeld bei der Definition des Pilotprojektes eingebunden werden können, so würde die Projektabnahme unter klareren Erwartungen ablaufen. Schon das Pilotprojekt hätte in einem Zwischenschritt der Begutachtung unterzogen werden können.

7.7 Fragen und Musterlösungen zum Abschluss der Beispielprojekte

- Der Schritt „Freigabe" fehlt: Die Gemeinde als potenzieller Fördergeber hätte über die Entscheidung informiert werden sollen, erst eine „Spiel- und Sportwoche" sowie eine „Action- und Sportwoche" zu konzipieren. Eine Zwischenabnahme dieser Entscheidung wäre sinnvoll gewesen, um den potenziellen Fördergeber einzubinden. Somit wäre die Gemeinde von der Organisation über die Beweggründe informiert, auf Kritik von Bürgerinnen und Bürgern am Angebot könnte besser reagiert werden.
- Der Schritt „Abnahme protokollieren" ist zu berücksichtigen: Vereinbarungen hinsichtlich Nacharbeiten bzw. nächsten Schritten in der Erstellung des Freizeitpädagogischen Angebots mit der Gemeinde sollten klar vereinbart und schriftlich dokumentiert werden. Zu klären ist, wie und welche weiteren Workshops ausgearbeitet werden sollen. Geht es um die „Musik- und Gesangswoche", oder sollen aus Perspektive der Gemeinde noch andere Angebote erstellt werden, die förderfähig sind? Organisationsintern ist zu entscheiden, ob das Folgeprojekt wieder von derselben Projektgruppe konzipiert werden soll oder ob es einen Wechsel im Projektteam geben wird.
- Generelle Empfehlung: Projektübergabeprozesse sind bereits in der Planung berücksichtigt: Wichtige Stakeholder des Projektes und deren Erwartungen sollten fortlaufend im Projektprozess Berücksichtigung finden. Die Kommunikation mit den Stakeholdern und gegebenenfalls sinnvolle Zwischenberichte sind im Planungsprozess zu verankern.

Qualitätsmanagement:
Alle nötigen Schritte einer Projektübergabe stehen noch aus, daher werden für diese Empfehlungen formuliert:

- Projektergebnis vorstellen: Die Leitungspersonen als Projektauftraggebende sind derzeit mit anderen Aufgaben ausgelastet. Dennoch sollte sich die Projektleitung um einen Termin zur Vorstellung des Projektergebnisses bemühen, damit Klarheit herrscht, wann das Projektergebnis präsentiert wird.
- Begutachtung: Das gesamte Pflichtenheft ist zu umfassend, es empfiehlt sich eine Präsentation der wesentlichsten Kerninhalte. Ziel der Begutachtung ist auch, eine Entscheidung über den weiteren Verlauf des Projektes zu erwirken, die nächsten Schritte sollten daher als Vorschlag formuliert werden.
- Freigabe: Im Projekt Qualitätsmanagement sollte es nicht nur darum gehen, das erstellte Pflichtenheft freizugeben, sondern es ist wichtig für den weiteren Projektverlauf, dass auch die nächsten Projektschritte freigegeben werden.
- Abnahme protokollieren: In diesem Fall handelt es sich um eine Zwischenabnahme, da der Qualitätsmanagementprozess in der Organisation weiter

fortgeführt werden soll. Doch auch die Ergebnisse einer Zwischenabnahme sollten schriftlich dokumentiert und die nächsten Schritte festgehalten werden.
- Projektschritte in der Organisation kommunizieren: Die Mitarbeiterinnen und Mitarbeiter sind verunsichert, da nicht klar ist, wie es im Projekt Qualitätsmanagement weiter geht. Das Projektergebnis sollte in diesem Fall nicht nur den Auftraggebenden (Leitungspersonen) vorgestellt werden, sondern es ist darüber hinaus ein Konzept für die Kommunikation an die Mitarbeitenden vorzusehen.

Gestaltung der Projektdokumentation der Projekte Jubiläumsfeier und Freizeitpädagogisches Angebot:
Jubiläumsfeier (Tab. 7.2):
Freizeitpädagogisches Angebot (Tab. 7.3):

Projektabschlussbericht für das Freizeitpädagogische Angebot:
Die geplanten Projektziele sind aus der Musterlösung zum Projektauftrag und den Zielformulierungen nach dem SMART-Prinzip ersichtlich und die relevanten Stakeholder können aus der Musterlösung zur Stakeholderanalyse ersehen werden (siehe dazu Abschn. 4.7).

Anmerkungen zur Musterlösung in Abb. 7.4: Eine Musterlösung ist niemals vollständig, sondern soll als Beispiel dienen. Ihre Analyse zur Zusammenarbeit des Projektteams, zu wesentlichen Ereignissen, Hindernissen und Problemen im Projekt sowie die Konsequenzen und Empfehlungen für künftige Projekte kann von der Musterlösung abweichen und trotzdem korrekt sein. Wesentlich ist, dass Sie Ihre Punkte gut begründen können. Die anderen Elemente der Projektdokumentation sind aus vorherigen Musterlösungen sowie Angaben zum Fall ersichtlich und sollten daher ähnlich gelöst werden, wie in diesem Beispiel.

Projektpräsentation für das Beispielprojekt „Freizeitpädagogisches Angebot":
Folgende Schritte der Planung, Durchführung und Nachbereitung sind für die Projektpräsentation zu berücksichtigen:

- Präsentationszweck abklären: Die Gemeinde (Bürgermeister und Gemeinderat) wird über das Pilotprojekt „Sportwoche" informiert und die weitere Vorgehensweise betreffend einer „Musik- und Gesangswoche" werden gemeinsam besprochen. Eine Förderentscheidung der Gemeinde soll erwirkt werden.

Tab. 7.2 Musterlösung zur Gestaltung der Projektdokumentation zur Jubiläumsfeier. (Eigene Darstellung)

Allgemeine Kriterien zur Gestaltung der Projektdokumentation zur Jubiläumsfeier		
Wesentliche Kriterien	Leitfragen	Ausgestaltung
Empfängerorientiert	An wen?	• Ehrenamtlicher Vorstand • Organisationsmitglieder • Öffentlichkeit
Bedarfsorientiert	In welcher Form?	• Ehrenamtlicher Vorstand: Berichtslegung mit Detailinformationen zum Projekt und dem Projektablauf • Organisationsmitglieder: In aggregierter Form im Sinne eines Nachberichtes zur Veranstaltung sowie mit aggregierten Eckdaten zum Projektabschluss (interne Informationsweitergabe ist vom Projektteam mit ehrenamtlichem Vorstand abzustimmen) • Öffentlichkeit: In aggregierter Form im Sinne eines Nachberichtes zur Veranstaltung
Inhaltlich	Was?	• Ehrenamtlicher Vorstand: Projekt- und Projektmanagementprozess-bezogene Informationen • Organisationsmitglieder: Eckdaten und Informationen zur Veranstaltung im Sinne eines eher informellen Nachberichts sowie klar definierte, formelle Eckdaten zum Projektabschluss • Öffentlichkeit: Eckdaten und Informationen zur Veranstaltung im Sinne eines eher informellen Nachberichts

(Fortsetzung)

- Festlegung der geeigneten Person(en): Die interne Projektauftraggeberin und pädagogische Leitung Frau Schmidt und Herr Maus in der Rolle der Projektleitung präsentieren das Projekt gemeinsam.
- Informationen über Adressatenkreis sammeln: Das Pilotprojekt im April wurde von der Gemeinde unterstützt. Der Bürgermeister und der Gemeinderat sind derzeit aufgrund einer Beschwerde von Eltern jedoch unzufrieden mit dem „einseitigen" Angebot.
- Mentale und inhaltliche Vorbereitung: Antworten auf kritische Fragen zum Projekt und zur Gestaltung eines weiteren Angebotes sind vorzubereiten.

Tab. 7.2 (Fortsetzung)

Allgemeine Kriterien zur Gestaltung der Projektdokumentation zur Jubiläumsfeier

Wesentliche Kriterien	Leitfragen	Ausgestaltung
Zeitlich	Wann?	• Da die Veranstaltung bereits durchgeführt wurde: Möglichst zeitnahe Berichte nach der Veranstaltung • Berichte für die Öffentlichkeit/in den Medien sollten prioritär erledigt werden, da diese nur zeitnah zu einer Veranstaltung relevant sind
Verantwortlich	Durch wen?	• Projektleitung: Ist verantwortlich für die Definition der entsprechend nötigen Berichtsformate und für die zeitliche Prioritätensetzung • Projektmitglieder in Zusammenarbeit mit der Projektleitung sind verantwortlich für das Verfassen der einzelnen Berichtsformate mit Fotos und Kontaktdaten für die Medien sowie für das Verfassen der organisationsintern nötigen Projektdokumentation

Diese sollten im Vorfeld auch noch einmal mit dem Projektteam und dem ehrenamtlichen Vorstand besprochen werden.
- Visualisierungstechniken festlegen: Im Gemeindesaal gibt es einen Beamer, eine Mischung aus Power Point und Handouts soll erfolgen, damit sich die Anwesenden Notizen machen können.
- Unterlagen/Handouts erstellen: Frau Schmidt und Herr Maus werden bei der Erstellung der Unterlagen Hilfe vom Projektteam benötigen.
- Durchführung der Präsentation: Diese erfolgt am 30.05. im Gemeindesaal.
- Reflexion und Nachbereitung: Direkt nach dem Termin gibt es eine Sitzung von Frau Schmidt und Herrn Maus mit dem Projektteam, um die nächsten Schritte zu besprechen und fällige Nachbereitungsarbeiten zeitnah zu lösen.

Im Anschluss an den Termin sind die nächsten Projektschritte: Vorbereitung der Marketingmaterialien, Kommunikation an die Öffentlichkeit, Vorbereitung des Anmeldeprozederes und die Organisation der konkreten Termine sowie die Vorbereitung für das Freizeitpädagogische Angebot im Sommer. Zusätzlich dazu ist hinsichtlich der Konzeption einer „Musik- und Gesangswoche" eine Entscheidung zu treffen, ob es ein Folgeprojekt und damit eine Ausweitung des Angebots geben soll.

7.7 Fragen und Musterlösungen zum Abschluss der Beispielprojekte

Tab. 7.3 Musterlösung zur Gestaltung der Projektdokumentation Freizeitpädagogisches Angebot. (Eigene Darstellung)

Allgemeine Kriterien zur Gestaltung der Projektdokumentation zum Freizeitpädagogischen Angebot		
Wesentliche Kriterien	Leitfragen	Ausgestaltung
Empfängerorientiert	An wen?	• Pädagogische Leitung (Auftraggebende) • Gemeinde • Organisationsmitglieder • Öffentlichkeit
Bedarfsorientiert	In welcher Form?	• Pädagogische Leitung: Aggregierte Informationen und Detailinformationen • Gemeinde: Aggregierte Informationen • Organisationsmitglieder: Aggregierte Informationen • Allgemeine Öffentlichkeit: Aggregierte Informationen • Interessierte Eltern/Kinder: Detailinformationen bei konkreter Anfrage

(Fortsetzung)

Auswahl der drei sinnvollsten Wege der Öffentlichkeitsarbeit für die Projekte Jubiläumsfeier und Freizeitpädagogisches Angebot mit Begründung:
Jubiläumsfeier:

- Pressearbeit: Da die Organisation keinen Presseverteiler zu haben scheint, ist die Zusammenarbeit mit lokalen Medien, wie Zeitung, Radio oder Fernsehen zu empfehlen. Möglichst rasch sollte ein Pressetext übermittelt und mit der Redaktion abgestimmt werden, ob und wie über die Jubiläumsfeier berichtet werden kann. Für künftige Feierlichkeiten wäre zu empfehlen, die Presse einzuladen.
- Internetauftritt: Bericht auf der Homepage: Die Homepage wird von der Organisation schon genutzt und ist den Stakeholdern bekannt, ein Nachbericht sollte daher erscheinen.
- Blog: Das Projektteam sollte die Öffentlichkeitsarbeit nicht nur auf den Blog konzentrieren. Der Blog ist für die Organisation als „innovatives Format" noch zu wenig bekannt und kann ergänzend eingesetzt werden. Der Blog sollte

Tab. 7.3 (Fortsetzung)

Allgemeine Kriterien zur Gestaltung der Projektdokumentation zum Freizeitpädagogischen Angebot

Wesentliche Kriterien	Leitfragen	Ausgestaltung
Inhaltlich	Was?	• Pädagogische Leitung: Aggregierte Informationen zum Projektverlauf und zum Angebot der „Spiel- und Sportwoche" sowie der „Action- und Sportwoche"; Detailinformationen bei konkreten, weiterführenden Fragen und nötigen Entscheidungsprozessen (z. B. zur „Musik- und Gesangswoche) • Gemeinde: Aggregierte Informationen zu den bereits konzipierten Workshops und zum weiteren Projektverlauf • Organisationsmitglieder: Aggregierte Informationen zu den konzipierten Workshops und zum weiteren Projektverlauf • Allgemeine Öffentlichkeit: Aggregierte Informationen zum geplanten Angebot im Sommer zur „Spiel- und Sportwoche" sowie der „Action- und Sportwoche" • Interessierte Eltern/Kinder: Detailinformationen bei konkreter Anfrage zum gewünschten Freizeitangebot sowie zu organisatorischen Fragen (Anmeldung, Preise, Ablauf, konkrete Durchführung etc.)

(Fortsetzung)

auf der Homepage gut verlinkt sein, in der Pressearbeit ist auf die eigene Homepage und den Blog zu verweisen.

Warum die anderen Wege nicht für die Musterlösung gewählt wurden:

- Werbematerialen hätten bei der Veranstaltung aufgelegt werden können.

Tab. 7.3 (Fortsetzung)

Allgemeine Kriterien zur Gestaltung der Projektdokumentation zum Freizeitpädagogischen Angebot

Wesentliche Kriterien	Leitfragen	Ausgestaltung
Zeitlich	Wann?	• Pädagogische Leitung: So rasch wie möglich, jedenfalls noch vor dem Termin mit der Gemeinde • Gemeinde: Beim Termin mit Bürgermeister und Gemeinderat und bei Bedarf ergänzende Informationen/Unterlagen im Rahmen der Nachbereitung des Termins • Organisationsmitglieder: Nach dem Termin mit der Gemeinde bzw. der Förderentscheidung zum Sommerangebot sowie grundlegende Information zum weiteren Projektverlauf • Allgemeine Öffentlichkeit: Nach Förderentscheid der Gemeinde, wenn die Marketingmaterialien fertig gestellt sind • Interessierte Eltern/Kinder: Detailinformationen erfolgen bei konkreter Anfrage
Verantwortlich	Durch wen?	• Projektleitung ist verantwortlich für die Planung und Übermittlung der relevanten Dokumente der pädagogischen Leitung als projektauftraggebende Instanz • Projektmitglieder sind verantwortlich für die Erarbeitung der Dokumente in Abstimmung mit der Projektleitung

- Ein Newsletter wäre denkbar, sofern das Zentrum für Kindheit und Jugend e. V. die Kontaktdaten der Gäste und deren Einverständnis einholt, dass Informationen über einen Newsletter versendet werden dürfen. Es gibt allerdings keinen Hinweis in der Fallstudie, dass die Organisation dies in die Wege geleitet habe.
- Nachdem ein Blog schon als „innovativ" gesehen wird, ist davon auszugehen, dass die Organisation keine Erfahrung mit Social Media hat.

\multicolumn{3}{|l|}{Musterlösung eines Projektabschlussberichts für das Freizeitpädagogische Angebot der „Spiel- und Sportwoche" sowie der „Action- und Sportwoche"}		
Projektabschlussbericht	Datum: 20.05.	Seite 1 von 3
Projektleitung: Herr Maus	Projektbezeichnung: Freizeitpädagogisches Angebot	Projektnummer: 2
\multicolumn{3}{|l|}{Ausgangssituation im Projekt: Ein neues und spannendes Konzept für ein Freizeitpädagogisches Angebot für Kinder von 6-10 und 10-14 Jahren in den Ferien soll entstehen, das eine Betreuungsdauer von fünf Tagen umfasst. Das Programm soll für die Kinder des Zentrums für Kindheit und Jugend e.V. und für Kinder und Eltern der Gemeinde konzipiert werden. Das Projektteam entscheidet sich aufgrund einer Fokusgruppenbefragung mit Kindern und Eltern für die Konzeption einer „Spiel- und Sportwoche" für die 6-10-Jährigen und einer „Action- und Sportwoche" für die 10-14 Jährigen. Die Konzeption einer Musik- und Gesangswoche muss aus zeitlichen und personalressourcenbezogenen Gründen aufgeschoben werden.}		
\multicolumn{3}{|l|}{Geplante Projektziele (aus dem Projektauftrag sowie den SMARTEN-Zielformulierungen): Projektgesamtziel: Das Freizeitpädagogische Angebot wird durch ein neues Konzept inklusiv ausgerichtet, zeitlich flexibler gestaltet und bietet vielfältige, altersadäquate Freizeitmöglichkeiten. Projektziele: a) Das neue Konzept des Freizeitpädagogischen Angebots bietet unterschiedliche Freizeit- und Betätigungsmöglichkeiten für Kinder und Jugendliche innerhalb und außerhalb der Organisation. b) Die zeitliche Ausgestaltung der Angebote erlaubt mehr Flexibilität, insbesondere in der schulfreien Zeit. Konkretisierte Ziele (nach der SMART-Formel): a) Das neue Konzept bietet jeweils 3 unterschiedliche 5-Tagesfreizeitangebote für die Altersgruppe von 6-10 Jahren und von 10-14 Jahren. b) Die Anzahl der Freizeitangebote und der Angebotstage ist messbar. c) Die Freizeitangebote sollen bereits ab nächstem Sommer zur Verfügung stehen. d) Die Freizeitangebote sollen für Kinder, Jugendliche und deren Eltern bedarfsorientiert sein, die Bedarfe werden in Fokusgruppen abgefragt. e) Die Fokusgruppen sind bis November abgeschlossen. f) Das Konzept liegt bis Ende Januar vor. g) Das Konzept wird im April getestet. h) Die Marketingmaßnahmen starten im Mai. j) Buchungen sind ab Juni möglich.}		
\multicolumn{3}{|l|}{Erreichte Projektziele: Die Projektziele der flexibleren Gestaltung wurden mit dem Fünftagesangebot erreicht, Kinder innerhalb und außerhalb der Organisation können teilnehmen. Die konkretisierten Ziele b) bis g) nach der SMART-Formel wurden erreicht.}		
\multicolumn{3}{|l|}{Begründung von Abweichungen bzw. Änderungen der Projektziele: Das Projektgesamtziel ist noch nicht erreicht, die Konzeption weiterer Workshops ist anzudenken. Inhaltlich sollte die Musik- und Gesangswoche als nächstes bearbeitet werden. Nicht erreicht wurde das Ziel eines vielfältigeren Angebots durch die nötige Konzentration der zeitlichen und personellen Ressourcen auf die Fertigstellung des Angebots bis zum Sommer. Das Ziel drei verschiedene Angebote für die beiden Altersgruppen zu haben, ist nicht erreicht, sondern ein Angebot pro Altersgruppe ist fertiggestellt – mehr war aus Gründen des Zeitdrucks und der verfügbaren personellen Ressourcen für das Projekt nicht möglich, alle Projektmitglieder hatten auch noch andere wichtige Aufgaben.}		
Leistung/Qualität	Plan: Drei Angebote pro Altersgruppe	Ist: Ein Angebot pro Altersgruppe
Termine	Plan: Fokusgruppen Ende November Konzept Ende Januar Testlauf im April Marketingmaßnahmen im Mai Buchungen im Juni	Ist: Fokusgruppen Ende November Konzept Ende Januar Testlauf im April Marketingmaßnahmen Ende Mai/Anfang Juni Buchungen im Juni noch möglich
Kosten	Plan: 2/3 Elternbeitrag 1/3 Förderung durch Gemeinde	Ist: Förderentscheidung der Gemeinde ist noch ausständig

Abb. 7.4 Musterlösung eines Projektabschlussberichtes zum Freizeitpädagogischen Angebot. (Eigene Darstellung)

7.7 Fragen und Musterlösungen zum Abschluss der Beispielprojekte

Analyse der Abweichungen: Die Marketingmaßnahmen können nicht ab Mai starten, da die Förderentscheidung der Gemeinde noch aussteht und die Eltern Klarheit brauchen, wieviel das Angebot kostet. Buchungen ab Juni sind möglich, wenn die Entscheidung der Gemeinde und die Erstellung der Marketingmaterialien zügig voranschreiten kann.
Zusammenarbeit mit den relevanten Umwelten/Stakeholdern: • Ehrenamtlicher Vorstand: Doppelrolle als Projektmitglieder und ehrenamtliche Vorstände konnte im Projektverlauf gut vereinbart werden. Die Kontakte des ehrenamtlichen Vorstandes zu den Vereinen und in die Gemeinde war bei der Konzeption des Angebotes und der Zusammenstellung der Fokusgruppen sehr hilfreich. • Pädagogische Leitung: Der regelmäßige Austausch hat nach dem Beschluss des Pilotprojektes „Sportwoche" gut funktioniert. • Gemeinde: Die Gemeinde hat das Pilotprojekt unterstützt, die Annahme, dass der Herr Bürgermeister und der Gemeinderat Sport als Fokus gut heißen würden, hat sich nicht ganz bestätigt. Eine Rückschleife nach der Definition des Pilotprojektes mit der Gemeinde wäre zu empfehlen. Der Förderentscheid hinsichtlich der weiteren Unterstützung des Freizeitpädagogischen Angebots mit 1/3 des Elternbeitrages ist noch ausständig. • Ortsansässige Vereine: Im Pilotprojekt wurde mit dem Bogenschießverein zusammengearbeitet, der sich sehr interessiert und kooperativ gezeigt hat. Die Zusammenarbeit hat sich bewährt und soll weiter geführt werden. • Eltern und Kinder (Fokusgruppen): Die Fokusgruppen waren sehr aufschlussreich. Die involvierten Eltern und Kinder hätten über das Ergebnis informiert werden sollen, dann hätte es womöglich keine Elternbeschwerde über das „eingeschränkte Angebot" bei der Gemeinde gegeben. • Bürger*innen: Außer den Fokusgruppen im Projekt noch nicht näher eingebunden, da das Marketing für das Freizeitpädagogische Angebot im Sommer noch aussteht. Die Information der Bürger*innen wird als wesentlich betont.
Zusammenarbeit im Projektteam: • Das Projektteam hat in dieser Form noch nicht zusammengearbeitet und brauchte Zeit, um sich in den Rollen und Zuständigkeiten zu finden. • Für das Projektteam war es sehr wichtig, ein Pilotprojekt zu definieren, um die Ressourcen gezielt einzusetzen. • Die Definition einer stellvertretenden Projektleitung hat den Projektfortschritt unterstützt. • Die Projektmitglieder haben ihre Rollen und Arbeitsaufträge in weiterer Folge zuverlässig erledigt.
Wesentliche Ereignisse, Hindernisse und Probleme im Projekt: • Der Projektauftrag (drei verschiedene Angebote pro Altersgruppe) war zu ambitioniert in Relation zu den zeitlichen und personellen Ressourcen. • Die Missverständnisse und Uneinigkeit im Projektteam haben zu Verzögerungen im Projekt geführt. Der gemeinsame Workshop mit Frau Sicher war wegweisend für die weitere Arbeit und rückblickend hätte dieser schon zu einem früheren Zeitpunkt stattfinden sollen. • Die Verzögerung in der Verhandlung mit der Gemeinde bringt das Projekt neuerlich unter Druck.
Zu erledigende Restarbeiten in der Nachprojektphase: • Projektdokumentation fertig stellen • Marketingmaterialien vorbereiten • Anmeldeprozedere und Informationen an Interessierte vorbereiten • Konkrete Termine für das Freizeitpädagogische Angebot im Sommer planen und mit den involvierten Personen abstimmen • Entscheidung über ein Nachfolgeprojekt treffen und ein Team beauftragen
Konsequenzen und Empfehlungen für zukünftige Projekte: • Die Formulierung der Ziele sollte sich noch stärker an den verfügbaren zeitlichen und personellen Ressourcen orientieren, das Ziele in diesem Projekt (3 Angebote pro Altersgruppe) waren zu hoch gesteckt. • Die Fokusgruppen, das Projektkonzept und die Durchführung des Pilotversuches im April waren sehr sinnvoll und sollten auch in Folgeprojekten durchgeführt werden. • Die Abstimmung mit der Gemeinde als Fördergeber sollte laufend erfolgen – das Projektrisiko einer fehlenden Förderung sollte in die Risikoanalyse mit aufgenommen werden. Gespräche zu Förderentscheidungen sollten frühzeitig vereinbart werden.

Abb. 7.4 (Fortsetzung)

- Fundraising/Sponsoring hätten im Vorfeld oder im Zuge der Veranstaltung stattfinden können.

Freizeitpädagogisches Angebot:

- Werbematerialien: Broschüren oder Faltflyer mit fundierten Informationen und Kontaktdaten zum Freizeitpädagogischen Angebot im Sommer sollten in Printform und als PDF-Dokumente auf der Homepage erscheinen. In der Printausgabe ist der Link zur Homepage anzuführen.
- Internetauftritt/Homepage: Auf der Homepage soll über das Freizeitpädagogische Angebot informiert werden. Onlinebroschüren/Flyer zum Download, ein Kontaktformular für Anfragen und die Möglichkeit der Online-Anmeldung sollen geboten werden.
- Pressearbeit: Es fehlt der professionelle Presseverteiler, die Organisation sollte sich darum kümmern, diesen aufzubauen. Für die nötige zeitnahe Pressearbeit zum Freizeitpädagogischen Angebot können lokale Medien sowie die Gemeindezeitung in den Blick genommen werden.

Warum die anderen Wege nicht für die Musterlösung gewählt wurden:

- Blog: Dieser ist ein chronologisches Medium, er könnte zum laufenden Bericht über das Freizeitpädagogische Angebot eingesetzt werden.
- Newsletter scheiden aus demselben Grund aus, wie bei der Jubiläumsfeier.
- Fundraising/Sponsoring: Die Öffentlichkeit oder potenzielle Sponsoren werden wenig Interesse daran haben, die Sommerbetreuung für Eltern zu lösen, beim Fundraising und Sponsoring stehen der gute Zweck bzw. die Präsenz der Organisationen im Vordergrund. Die Gespräche mit der Gemeinde sind hier zielführender.

Noch keine Öffentlichkeitsarbeit für das Qualitätsmanagement – Begründung und Vorschlag:

Das Projekt Qualitätsmanagement ist noch zu wenig weit fortgeschritten, um Öffentlichkeitsarbeit dafür zu nutzen. Im Rahmen der Öffentlichkeitsarbeit sollten bereits konkrete Ergebnisse vorliegen, die von allgemeinem, öffentlichem Interesse sind.

Für das Projekt Qualitätsmanagement wird jedoch dringlich internes Projektmarketing benötigt, um die Gerüchte und die negative Kommunikation über das Projekt im informellen Rahmen zu bearbeiten.

Auswahl von drei aussagekräftigen Kennzahlen für die Jubiläumsfeier und Ideen für eine mögliche qualitative Ergänzung:

- Personalressourcenverbrauch: Auflistung der tatsächlich benötigte Personalstunden für die Vorbereitung, Durchführung und Nachbearbeitung (pro Person und als Gesamtsumme)

- Tatsächlich ausgegebene Sachkosten: Rechnungen für Getränke, Verpflegung, Musik, etc. (pro Sachkostenposition und als Gesamtsumme)
- Kund*innen: Anzahl der Besucher*innen am Veranstaltungstag

Dies sind die drei wesentlichsten Kennzahlen für die Veranstaltung. Ergänzend könnten auch weitere Kennzahlen erhoben werden. Die Kennzahlen könnten außerdem qualitativ durch Feedback der Besucher*innen im Rahmen von Abfragen oder Aussagen ergänzt werden. Dem feierlichen Anlass entsprechend, sollte so eine Abfrage nicht im Sinne eines klassischen Evaluationsbogens erfolgen, sondern ungezwungen verlaufen, z. B. im Rahmen von informellen Abfragen auf der Feier, wie mit einer Pinnwand für Statements: „Was Sie uns für die Zukunft wünschen…" oder „Ihre Eindrücke zu unserem Jubiläum …".

Literatur

Antes, W. (2014). *Projektarbeit für Profis: Praxishandbuch für moderne Projektarbeit* (3. Aufl.). Beltz Juventa.

Drews, G., Hillebrand, N., Kärner, M., Peipe, S., & Rohrschneider, U. (2016). *Praxishandbuch Projektmanagement* (2. Aufl.). Haufe.

Greving, H. (2008). *Management in der sozialen Arbeit. Kernkompetenzen soziale Arbeit und Pädagogik*. Klinkhardt.

Kerth, K., Asum, H., & Stich, V. (2015). *Die besten Strategietools in der Praxis: Welche Werkzeuge brauche ich wann?; Wie wende ich sie an?; Wo liegen die Grenzen?* (6. überarb. Aufl.). Hanser.

Litke, H.-D., Kunow, I., & Schulz-Wimmer, H. (2015). *Projektmanagement* (3. überarb. Aufl.). Haufe.

Millner, R., & Majer, C. G. (2013). Projekt- und Prozessmanagement. In R. Simsa, M. Meyer & C. Badelt (Hrsg.), *Handbuch der Nonprofit-Organisation* (S. 335–375). Schäffer-Poeschel.

Schober, C., Rauscher, O., & Millner, R. (2013). Evaluation und Wirkungsmessung. In R. Simsa, M. Meyer, & C. Badelt (Hg.), *Handbuch der Nonprofit-Organisation* (S. 451–470). Schäffer-Poeschel.

Schreckeneder, B. C. (2005). *Projektcontrolling: Projekte überwachen, steuern und präsentieren* (2. überarb. Aufl.). Haufe.

Sturzenhecker, M., Amerein, B., & Andrä, R. (2019). *Sozialmanagement: Organisation*. Verlag Europa-Lehrmittel Nourne.

Timinger, H. (2017). *Modernes Projektmanagement: Mit traditionellem, agilem und hybridem Vorgehen zum Erfolg*. Wiley.

Wurster, M., Prinzessin von Sachsen-Altenburg, M., & Küstenmacher, W. T. (2015). *Helden gesucht: Projektmanagement im Ehrenamt. Springer Gabler*. https://doi.org/10.1007/978-3-662-43923-4.

Projektreview 8

Zusammenfassung

Die folgenden Kapitel konzentrieren sich auf wichtige Aspekte der Projektreviewphase, die vom Abschluss der relevanten Projektmanagementprozesse geprägt ist. Verschiedene Möglichkeiten der Sicherung von Projektwissen und der Nutzung von Erfahrungen für Folgeprojekte werden thematisiert. Besonders wesentlich ist dieser Prozess der Wisssenssicherung für komplexe Projekte oder bei Projekten, die sich zu einem späteren Zeitpunkt in ähnlicher Form in der Organisation wiederholen könnten. Eine weitere Herausforderung der Projektreviewphase ist die Gestaltung des personellen und sozialen Projektendes, das dazu dient, Projekte klar und transparent für die involvierten Personen, das Projektteam und die Organisation abzuschließen. In der Nachprojektphase tritt vor allem bei drittmittelgeförderten Projekten die Aufgabe auf, nachträgliche Projektprüfungen zu meistern – dazu werden mögliche Lösungsansätze aufgezeigt. Im Anwendungsbeispiel des Zentrums für Kindheit und Jugend e. V. werden die beiden Projekte der Jubiläumsfeier und des Freizeitpädagogischen Angebots mit Lern- und Kontrollfragen sowie Musterlösungen der Projektreviewphase unterzogen.

Schlüsselwörter

Projektreviewphase • Projektende • Projekterfahrungen • Projektwissenstransfer • Projektabschluss-Sitzungen • Lessons Learned • Wissensmeetings • Sozialer Projektabschluss • Projektprüfung

Lernziele
- Sie verstehen den Unterschied zwischen einem projektbezogenen, inhaltlichen Abschluss (Kap. 7) und dem Abschluss von Projektmanagementprozessen im Rahmen eines Projekts (Kap. 8).
- Sie können die Herausforderungen sowie die Bedeutung der Projektreviewphase für die Weiterentwicklung von Projektmanagementprozessen erklären.
- Sie kennen verschiedene Möglichkeiten und Methoden, um Projektwissen zu sammeln und weiter zu geben.
- Sie kennen verschiedene Möglichkeiten der Nutzung von Projektwissen für Folgeprojekte und können konkrete Maßnahmen benennen, die eine Organisation anwenden kann.
- Sie verstehen, wie die Methodik des Wissensmeetings für den Transfer von Projektwissen genutzt werden kann und können den Ablauf eines Wissensmeetings erläutern.
- Sie sind in der Lage, exemplarische Herausforderungen des sozialen Projektendes zu benennen und Empfehlungen für Projektabschluss-Sitzungen und Meetings zum Wissenstransfer zu formulieren.
- Sie kennen einen möglichen Aufbau eines Feedbackbogens für Projektmitglieder und wissen, wann die Anwendung von Feedbackbögen zu empfehlen ist.
- Sie wissen, welche Unterlagen für nachträgliche Projektprüfungen erforderlich sind und wie diese in geeigneter Form abgelegt werden.

8.1 Projektmanagementprozesse reflektieren und verbessern

Ein erfolgreich abgeschlossenes Projekt zeigt sich laut Millner und Majer (2013) an den im Projektauftrag vereinbarten Zielen gemäß des Projektdreiecks der Leistungen/Qualität, Termine und Ressourcen/Kosten. Die Erreichung dieser Ziele bedeutet jedoch nicht, dass die mit dem Projekt angestrebten Wirkungen erzielt wurden, da diese erst nach Projektende feststellbar sind. Daher sollten Ziele, Nutzen und Wirkung unterschieden werden. (Millner & Majer, 2013, S. 344).

Die Wirkungen eines Projektes festzustellen und dessen Nachhaltigkeit zu sichern sowie den systematischen Abschluss der Projektmanagementprozesse vorzunehmen, sind Aufgaben der Projektreviewphase. Diese ist die letzte Phase im Projektprozess, wie Abb. 8.1 zeigt:

8.1 Projektmanagementprozesse reflektieren und verbessern 165

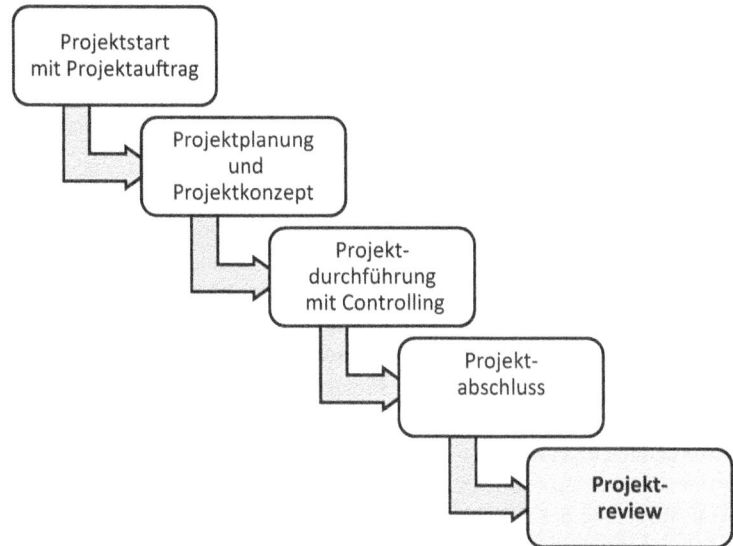

Abb. 8.1 Projektreview verortet im Gesamtablauf. (Eigene Darstellung in Anlehnung an Benkhofer et al., 2019, S. 23; Patzak & Rattay, 1998; Ries, 2019, S. 18,25)

Abb. 8.1 zeigt die Projektabschlussphase und die Projektreviewphase als klar voneinander abgegrenzte Schritte. In der alltäglichen Projektpraxis fließen diese jedoch zeitlich ineinander über oder laufen teilweise parallel ab. Sofern die Organisation beide Prozesse meistert, ist dies kein Problem, wichtig ist jedoch, dass tatsächlich beide Phasen absolviert werden.

Fachlich können die Projektabschlussphase und die Projektreviewphase dadurch voneinander abgegrenzt werden, dass sich die Projektabschlussphase stärker um den Abschluss des Projektes selbst bemüht (Projektinhalte und Stakeholder stehen im Vordergrund) und die Projektreviewphase dazu dient, mit dem Projekt verbundene Projektmanagementprozesse systematisch abzuschließen und einen nachhaltigen Projekt- und Wissenstransfer in die Organisation zu bewirken. Die Projektreviewphase soll auch für allfällige Projektprüfungen bei Drittmittelprojekten vorbereiten, die häufig erst einige Zeit nach Projektende stattfinden. Die Projektreviewphase soll zudem ein klares Projektende für alle Projektbeteiligten und in der Organisation erwirken und nötige Folgetätigkeiten in die Zuständigkeit der Organisation überführen.

In der Praxis ist dieses klare Projektende leider nicht immer der Fall, was dazu führt, dass Projekte im (ehemaligen) Projektteam und gegebenenfalls mit den Auftraggebenden immer wieder aufleben oder zeitlich irgendwann auslaufen, ohne die Ergebnisse und wichtige Projekterfahrungen zu sichern. Beide Varianten führen zu einer unnötigen, zusätzlichen Unsicherheit in der Projektarbeit, die ohnehin schon von hohen Flexibilitätsanforderungen und Risiko geprägt ist. Zudem bindet ein unprofessionelles Projektende Ressourcen und birgt das Risiko von Folgekosten oder einer Rückforderung von Projektgeldern bei Drittmittelprojekten bzw. die nicht vollständige Auszahlung der letzten Fördersumme.

Die Projektreviewphase kann auch als „Nachprojektphase" bezeichnet werden. Sie in das Projektmanagementprozessmodell bewusst zu integrieren, hat den Vorteil, dass diese wichtige Phase aktiver und mit klaren Zuständigkeiten durch Projektteam, Projektleitung und Projektauftraggebende im Projektgeschehen wahrgenommen wird. Die Projektreviewphase ist vor allem durch folgende Herausforderungen geprägt:

1. Herausforderung des Abschlusses der Projektmanagementprozesse: Wenn das Projekt inhaltlich abgeschlossen ist, erhalten andere Aufgaben in der Organisation oder aus anderen Projekten mehr Priorität. Damit besteht die Gefahr, dass der Abschluss der Projektmanagementprozesse vernachlässigt wird. Vor allem die Projektdokumentation und Projektabrechnung ist eine ungeliebte Aufgabe, die aber sehr wichtig ist. Die Sicherung von Projektwissen, die Nutzung dieses Wissens für Folgeprojekte, die Schaffung eines klaren personellen und sozialen Abschlusses sowie die Sicherung der Dokumente gehören zu diesen Projektmanagementprozessen und können jeweils separat als Herausforderung betrachtet werden.
2. Herausforderung der Sicherung des Projektwissens: Projektteams sind häufig darauf konzentriert, den Projektplan einzuhalten und die Projektumsetzung voranzutreiben. Der Wert der Reflexion des Projektgeschehens und der Sammlung von Projektwissen wird in der Praxis leider unterschätzt.
3. Herausforderung der Nutzung von Erkenntnissen für Folgeprojekte: Fehler oder Versäumnisse in der Planung und Umsetzung können in künftigen, ähnlichen Projekten vermieden werden, die neuen Projektteams können sich an guter Vorarbeit orientieren und müssen „das Rad nicht neu erfinden". Damit werden die Projektprozesse professioneller und rascher bearbeitbar, was bei meist knappen Ressourcen und bei der Vielfalt der Aufgaben in sozialen Einrichtungen eine wesentliche Arbeitserleichterung bedeutet.

4. Herausforderung des personellen und sozialen Projektabschlusses: Die Projektmitglieder und die Projektleitung in Abstimmung mit dem/der Projektauftraggeber*in brauchen Klarheit, wann das Projekt tatsächlich personell beendet ist und wie die weiteren Perspektiven für die Tätigkeit der Projektmitglieder in der Organisation aussehen.
5. Nachträgliche (interne oder externe) Projektprüfung meistern und die Dokumentation für Folgeprojekte sichern: Projektdokumente sollten direkt im Nachgang von Projekten erstellt und wieder auffindbar abgelegt werden. Die Rekonstruktion nötiger Unterlagen (z. B. für die Prüfung von Drittmittelprojekten) im Nachhinein gestaltet sich sehr aufwendig und ist kaum qualitativ hochwertig möglich, wenn längere Zeiträume zwischen Projektende und Projektprüfung liegen.

Kap. 8 ist der Bearbeitung dieser genannten Herausforderungen gewidmet. Dabei ist anzumerken, dass diese Auflistung der Herausforderungen in der Projektreviewphase keinen Anspruch auf Vollständigkeit erhebt, sondern die aus der Sicht der Autorinnen wesentlichsten Herausforderungen für die Projektpraxis behandelt werden.

Die Phasen des Projektabschlusses und -reviews sind besonders herausfordernd für Projektleitung und Projektmanagement. Timinger (2017) beschreibt, dass einerseits das Engagement auf hohem Niveau gehalten werden muss, andererseits aber jene Mitarbeitenden freigegeben werden müssen, die andere Aufgaben haben. Nur für das Projekt angestellte Personen brauchen Perspektiven über das Projektende hinaus, oder müssen in einem geordneten Prozess freigesetzt werden. Die Empfehlungen für Projektleitung und das Projektmanagement lauten:

- Den Projektabschluss/-review sorgfältig planen und mit dem Mitarbeitenden sowie dem Ressourcenmanagement der Organisation abstimmen.
- Vor Abgabe von Projektressourcen prüfen, ob alle Arbeiten abgeschlossen und dokumentiert sowie Wissen und Erfahrungen für künftige Projekte gesichert sind.
- Mitarbeitenden Feedback zu ihrer Projektarbeit geben und Wertschätzung für Engagement äußern.
- Projektende klar mit einer Projektabschlussbesprechung markieren, bei der jedes Teammitglied noch einmal zu Wort kommt und gegebenenfalls eine Projektabschlussfeier planen. (Timinger, 2017, S. 119)

Im nächsten Kapitel geht es um die Analyse des Projektes, um Projektwissen zu sichern und Erfahrungen für Folgeprojekte zu gewinnen. Diese Schritte zu tätigen, ist eine wesentliche Voraussetzung, um Projektmanagementprozesse zu verbessern und eine Qualitätssicherung oder im Idealfall eine Qualitätssteigerung in Projekten zu erwirken.

8.2 Projektwissen sichern

Aus der Disziplin des Wissensmanagements kann die Sammlung von Good bzw. Best Practices (guten bzw. optimalen Praktiken) und Lessons Learned (gelernten Lektionen) genutzt werden, um Projektwissen zu sichern. Diese Methoden ermöglichen Organisationen systematisch aus positiven wie negativen Erfahrungen zu lernen. Mittelmann und Della Schiava (2019) führen aus, dass ein Lessons Learned Prozess erfolgsrelevante Erfahrungen von Einzelpersonen und Teams oder auch der Organisation in eine Lernschleife bringt, um das daraus gewonnene Wissen wieder in Handlungen zu integrieren. Dazu gibt es folgendes, zyklisches Vorgehen:

- Identifizieren von positiven und negativen Erfahrungen: Hauptbeteiligte und Schlüsselpersonen sammeln Erfahrungen zum Untersuchungsgegenstand (z. B. Projekt) nach einer bestimmten Erhebungsmethode (z. B. Einzel- oder Gruppeninterviews).
- Aufbereitung der Erfahrungen im Rahmen eines Projektes, bei der Lösung eines Problems oder bei der Bewältigung einer kritischen Situation: Dabei werden die Gesamtsituation und deren Rahmenbedingungen beschrieben, das Kernthema/die Kernerfahrungen und Erkenntnisse im Umgang damit erläutert sowie gegebenenfalls noch allgemeine Empfehlungen hinzugefügt.
- Setzen von aus den Lernerfahrungen abgeleiteten Maßnahmen: Die komprimierte Dokumentation der Lernerfahrungen wird vom Management bezogen auf Prozesse und Praktiken der Organisation analysiert und es werden Verbesserungsmaßnahmen abgeleitet.
- Integration des Gelernten durch Verbesserung der Prozesse oder Praktiken der Organisation: Die gesetzten Maßnahmen werden nach einer angemessenen Zeit auf ihre Wirksamkeit überprüft und bei Erfolg in Prozessbeschreibungen, Verfahrensvorschriften und Arbeitsanweisungen der Organisation integriert sowie Mitarbeiter*innen entsprechend geschult. (Mittelmann & Della Schiava, 2019, S. 142–145)

Timinger (2017) führt aus, dass aufgrund des Einmaligkeitscharakters von Projekten die Gefahr besonders groß sei, positive und negative Projekterfahrungen am Projektende zu verlieren. Es ist daher essenziell, eine Kultur der Wissensweitergabe zu etablieren, um Erfahrungen in Projekten systematisch zu sammeln, komprimiert in Kürze zu verdichten, diese für künftige Projekte zu dokumentieren und bereitzustellen. Besonders relevant erscheinen Aspekte wie

- unvorhergesehene Risiken und erfolgreiche Gegenmaßnahmen im Projekt,
- Aufwandsschätzungen und tatsächliche Aufwände der erledigten Aufgaben,
- der Umgang mit Stakeholdern,
- erfolgreiche oder fehlgeschlagene Werkzeuge der Projektsteuerung,
- etc. (Timinger, 2017, S. 496)

Drews et al. (2016) empfehlen, Lessons Learned nicht erst am Ende des Projektes, sondern projektbegleitend durchzuführen. Die Projektleitung sollte die Frage nach Lessons Learned immer dann stellen, wenn es zu Abweichungen kommt, damit das Team noch zeitnah für das noch laufende Projekt lernen kann. Dabei wird auch aktives Risikomanagement als Teil des Lessons Learned Prozesses gesehen. Die Intensität und Häufigkeit des Lernprozesses sollte im Projektverlauf von der Projektleitung begleitet werden, auch seien nicht immer alle Projektteammitglieder zu involvieren. Zusätzlich sollten „Best Practice" Vergleiche angestellt werden (Vergleiche mit den Besten im Sinne von Benchmarking) und „Kontinuierliche Verbesserung" im Projekt etabliert werden. (Drews et al., 2016, 560 f.)

Projektteams, die diese laufende Form des Lernens in ihre Projekte integrieren, sind das idealtypische Beispiel für erfolgreiche Lernprozesse in Organisationen. Wenn diese Teams die Lernerfahrungen auch laufend mitdokumentieren, damit diese am Projektende noch verfügbar sind und für Nachfolgeprojekte genutzt werden können, ist eine integrierende Lernschleife gelungen. Das nächste Kapitel kümmert sich im Detail um die Nutzung von Erkenntnissen aus Projekten für Folgeprojekte.

8.3 Erkenntnisse für Folgeprojekte nutzen

„Werden repetitive Projekte nicht als jeweils singuläre Aufgabe verstanden, sondern als Prozess organisiert, so lässt sich gewonnenes Know-how leichter systematisieren und steuern. Mit der Nominierung von Prozessverantwortlichen für bestimmte kundenrelevante Themen und der Etablierung kontinuierlicher Verbesserungsprozesse wird ein Fokus auf organisatorisches Lernen und Wissenssicherung gelegt." (Millner & Majer, 2013, S. 353) Projekte sind inhaltlich per

Definition durch eine gewisse Einmaligkeit gekennzeichnet. Repetitiv an Projekten ist der Projektmanagementprozess selbst, selten wiederholen sich Projekte in ähnlicher Form und wenn dies der Fall ist, besteht meist ein zeitlicher Abstand in der Durchführung (z. B. eine Jubiläumsfeier wie zum zehnjährigen Bestehen der Einrichtung wird erst wieder zum fünfzehn- oder zwanzigjährigen Bestehen relevant werden). Sollten sich Projekte tatsächlich laufend wiederholen, ist zu überlegen, wie diese sinnvoll in den geregelten Ablauf der Organisation integriert und in Routineprozesse überführt werden können.

Timinger (2017) betont, dass Projekte von Vorprojekterfahrungen profitieren können, wenn diese Vorprojekte analysiert und bewertet wurden und relevante Erkenntnisse an künftige Projekte bzw. Projektgruppen weiter gegeben werden. Die Analyse bezieht sich nicht nur auf den Projekterfolg, sondern auf die Projektmanagementprozesse der Organisation (wie die Projektdefinition, Projektplanung, Projektsteuerung etc.). Konkret kann sich die Weitergabe von Erfahrungen z. B. in folgenden Maßnahmen äußern:

- Überarbeitung des Vorgehensmodells zur Projektarbeit in der Organisation gemäß den Erfahrungen aus aktuellen Projekten
- Erarbeitung neuer Vorlagen und Checklisten (z. B. für Risikoeinschätzung oder Zusammenarbeit mit Stakeholdern)
- Tabellen mit Erfahrungen der Aufwandsschätzung (z. B. zur Erstellung von Pflichtenheften, Designentwürfen, Abschlussdokumentation)
- Erfahrungsaustausch durch Berichte, Vorträge und Besprechungen (z. B. eines ehemaligen Projektteams oder einer Projektleitung mit einem neuen Projektteam/-leitung)
- Schulungen des Projektpersonals
- Erstellung von Wikis im Intranet der Organisation (Timinger, 2017, S. 115)

Unter „Wikis" versteht man eine webbasierte Software, die unterschiedlichen Usern die gemeinsame Bearbeitung von Informationen erlaubt. Die User dürfen Informationen ergänzen, bearbeiten und korrigieren. Die Software ist dabei so nutzerfreundlich zu gestalten, dass die User keine Programmierkenntnisse benötigen. Für die Projektarbeit sind organisationsinterne Wikis sinnvoll, ein Beispiel für öffentliche Wikis ist „Wikipedia.org". Die einzelnen Wissensseiten können miteinander verlinkt werden und eine Stichwortsuche ist möglich. Wikis können für einzelne Projekte oder das Projektmanagement der Organisation erstellt werden. (Dalkir, 2011, S. 285–288) Wichtig bei Wikis ist, dass diese eine klare Struktur der Dokumentations- und Suchmöglichkeiten haben, die den Usern

8.3 Erkenntnisse für Folgeprojekte nutzen

bekannt ist. Strukturgebend können Projektthemen und/oder Projektmanagementphasen wirken. Eine gute Verschlagwortung und Stichwortsuche sollen zudem die Auffindbarkeit von Dokumenten erleichtern.

Drews et al. (2016) empfehlen folgende Maßnahmen zur Nutzung von Projekterfahrungen:

- Arbeitspakete für Wissens- und Erfahrungssicherung bereits in der Planungsphase mit berücksichtigen,
- Sicherung der Ergebnisse von einzelnen Projektphasen und Reflexion der abgeschlossenen Phasen (Herausforderungen, Erfolge, Erfahrungen) bereits während des laufenden Projektprozesses,
- Problemstellung und gewählten Lösungsweg im Rahmen der Sammlung von Lessons Learned in der Projektnachbetrachtung detailliert beschreiben,
- Projektdokumentation als Fallstudie(n) für Schulungszwecke nutzen,
- Projektsteckbriefe ergänzend zur klassischen Projektdokumentation erstellen, die Projekte in Stichworten zusammenfassen und in einer Datenbank zur Verfügung stehen. (Drews et al., 2016, S. 109)

Eine Methode der gezielten Wissensentwicklung ist laut Mittelmann und Della Schiava (2019) die Gestaltung eines Wissensmeetings. Zielsetzung dabei ist, bestehendes Wissen zu nutzen und neues Wissen zu entwickeln. Die Ergebnisse der Besprechung werden durch eine definierte Person in der Rolle des/der Wissensreporter*in im sogenannten Wissensreport (Ergebnisprotokoll) festgehalten. Dies soll den anderen Beteiligten ermöglichen, sich auf den Austausch und die Weiterentwicklung von Wissen und Erfahrungen zu konzentrieren. Das Wissensmeeting soll Expertenwissen oder Prozesswissen ergründen, implizites Wissen (= Wissen der einzelnen Personen, das nicht systematisch dokumentiert ist) sichtbar machen und die Reflexion und Weiterentwicklung des Wissens ermöglichen. Das Wissensmeeting verläuft in drei Phasen:

1. Vorbereitung: Wissensthemen, kritische Punkte und Ressourcen werden mit der auftraggebenden Person besprochen und sieben bis neun Teilnehmer*innen für das Wissensmeeting ausgewählt. Die einzelnen Teilnehmer*innen bringen eigene Fragen für die anderen Expert*innen des Wissensmeetings ein. Der/die Wissensreporter*in kümmert sich um die nötigen Ressourcen für das Meeting, der/die Moderator*in bereitet den Ablauf vor.
2. Durchführung: Das Wissensmeeting sollte ca. 2 h dauern, der/die Wissensmoderator*in eröffnet und erklärt die Zielsetzungen, den Ablauf und die Zusammenarbeit im Wissensmeeting. Die Expert*innen führen, wenn nötig,

kurz in die Themen ein, dann folgen die Schlüsselfragen mit deren Bearbeitung. Die Wissensmoderation koordiniert die Wortmeldungen und zeitliche Gestaltung, der/die Wissensreporter*in dokumentiert schriftlich und/oder mit Ton- oder Filmsequenzen. Am Schluss fasst der/die Wissensreporter*in die Ergebnisse zusammen.

3. Nachbereitung: Diese Phase dient der Rückführung des Wissens in die Organisation, durch die schriftliche Dokumentation, gegebenenfalls ergänzt der/die Wissensreporter*in diese um Videoclips oder Tondokumente (mit entsprechendem Einverständnis der Beteiligten). Die generierten Wissensdokumente werden im Intranet abgelegt. Die Teilnehmer*innen erhalten eine Frist für Feedback, bevor die Wissensdokumente für die Organisationsmitglieder freigegeben werden. Gemeinsam mit der auftraggebenden Stelle können bei Bedarf weitere Maßnahmen generiert und in Projekte überführt werden. (Mittelmann & Della Schiava, 2019, S. 197–200)

Eine mögliche Anwendung im Projektkontext wäre beispielsweise, ein Wissensmeeting zwischen ehemaligen und neuen Projektgruppenmitgliedern durchzuführen. Das Wissensmeeting bietet in diesem Setting eine sehr gute Möglichkeit, um Wissen aus einem oder mehreren Vorprojekten in Folgeprojekte einfließen zu lassen. Der direkte Austausch zwischen den Projektgruppen kann die Dokumentation und Sammlung der Lernerfolge aus den Projekten sehr gut ergänzen. Die Mitglieder des neuen Projektteams sollten auf Basis der Sichtung von Projektdokumenten aus den Vorprojekten Fragen generieren, die erfahrenen Projektmitglieder könnten Fragen für das neue Projektteam einbringen, an die dieses vielleicht noch nicht gedacht hat.

Neben Dokumentation und Sammlung der projektbezogenen Lernerfolge sollten die Projektmanagementprozesse in Feedbackrunden, bei Projektabschluss-Sitzungen oder in Wissensmeetings hinterfragt und bei Bedarf verbessert werden. Die Optimierung der Projektmanagementprozesse in der Organisation trägt dazu bei, die Qualität von Projekten zu steigern und die Projekte zu professionalisieren. Projektteams können sich an erfolgreichen Projektprozessen und -dokumenten orientieren, die Fehlerwahrscheinlichkeit in Projekten sinkt durch transparent beschriebene Projektprozesse, die idealerweise um hilfreiche Formatvorlagen und Checklisten ergänzt werden.

8.4 Projekte personell und sozial abrunden

Drews et al. (2016) weisen darauf hin, dass es in der Praxis selten vorkommt, dass ein Projektteam bis zum Projektende vollständig zusammen arbeitet und führen beispielsweise folgende Gründe an:

- Teammitglieder (insbesondere bei befristeten Projekten) springen vorzeitig ab, um ihre weiteren Beschäftigungsperspektiven zu optimieren, „langweilige" Abschlussarbeiten (Dokumentation, Berichtslegung …) zu vermeiden oder um bei ungünstigem Projektverlauf keine Verantwortung übernehmen zu müssen.
- Teammitglieder arbeiten weniger Zeit am Projekt, da sie wieder vermehrt in die reguläre Tätigkeit einsteigen oder sich neuen und spannenderen Aufgaben widmen.
- Das Wir-Gefühl des Teams schwächt sich ab und/oder die Teammitglieder haben Angst vor neuen, ungewissen Aufgaben.
- Ressourcen werden für andere Aufgaben oder zum Zwecke der Kostenersparnis abgezogen
- Das Interesse von Auftraggeberseite/Stakeholdern lässt nach oder es wird ein schnelles Projektende/eine schnelle Projektabrechnung und -dokumentation gefordert (Drews et al., 2016, S. 535–537)

Diese beschriebenen Herausforderungen können dazu führen, dass die wichtige Phase des Projektreview in der Praxis vernachlässigt wird. Bevor also ein Projekt formal beendet wird, ist zu überlegen, welche Schritte des Projektreviews noch erforderlich sind und welche Personen/Stellen in der Organisation dafür zuständig sind oder die Verantwortung übernehmen, wenn es nachträgliche Projektprüfungen geben wird (bei drittmittelgeförderten Projekten).

Ein Projektabschluss-Workshop bietet laut Peipe (2018) die ideale Möglichkeit, Projektergebnisse und -erfahrungen gemeinsam mit dem Projektteam zu erheben und zu bewerten. Dabei kann folgende Checkliste von Schreckeneder (2005) und Peipe (2018) mit wesentlichen Fragen Orientierung bieten:

- Haben wir die gesetzten Ziele erreicht? Wenn nein, aus welchen Gründen ist dies nicht gelungen?
- Sind die Stakeholder mit dem Ergebnis zufrieden? Wenn nein, welche Gründe gibt es für die Unzufriedenheit?
- Was ist im Projekt gut, was schlecht gelaufen?
- Wie war das Klima im Team?
- Wie war die Zusammenarbeit mit den Fachabteilungen und Externen?

- Welche Konsequenzen werden aus den Erfahrungen für künftige Projekte gezogen?
- Sind diese Erfahrungen dokumentiert?
- Wie werden sie allgemein zugänglich gemacht?
- Sind noch Restarbeiten zu erledigen?
- Werden die Projektleitung und das Projektteam entlastet? (Schreckeneder, 2005, S. 191; Peipe, 2018, S. 117 f.)

Schreckeneder (2005) verweist darauf, dass Feedbackbögen eine interessante Möglichkeit für einen Feedbackbogen sind, wie ihn Abb. 8.2 zeigt. Der Bogen kann bei Bedarf an eigene Bedürfnisse angepasst werden kann:

Der Feedbackbogen in Abb. 8.2 kann insbesondere bei Projekten mit Irritationen im Projektteam hilfreich sein, um offenes individuelles Feedback zu erhalten. Außerdem sind Feedbackbögen hilfreich, wenn die Projektteammitglieder nicht mehr für eine gemeinsame Sitzung zur Verfügung stehen. Der Feedbackbogen könnte auch bereits in früheren Projektphasen eingesetzt werden, wenn die Projektleitung Hinweise für die Verbesserung der eigenen Arbeit bereits im laufenden

Feedbackbogen Projektteammitglieder						
Projektbezeichnung:						
Projektleitung:						
	1	2	3	4	5	Anmerkungen:
Projektinhalt:						
Die Ziele des Projekts waren SMART formuliert (spezifisch, messbar, attraktiv, realistisch, terminiert)						
Projektinhalt und -umsetzung wurden aufbauend auf die Projektziele im Team geplant.						
Organisation:						
Die Effizienz der Projektteamsitzungen war gegeben						
Das Team war gut auf die Sitzungen vorbereitet						
Die Projektrollen waren klar definiert und transparent						
Die Projektleitung hat das Projekt sehr gut betreut						
Die Arbeitsaufträge an mich waren klar						
Kommunikation/Team:						
Vereinbarungen im Team wurden eingehalten						
Der kollegiale Umgang im Team war offen						
Die Zugehörigkeit im Team wirkte motivierend für mich						
Gesamteindruck:						
Ich bin mit dem Projektergebnis zufrieden						
Ich würde mit dem Projektteam gerne weiterarbeiten						
(1 = Ich stimme voll zu ... 5 = Ich stimme gar nicht zu)						

Abb. 8.2 Beispiel für einen Feedbackbogen für Projektteammitglieder (Schreckeneder, 2005, S. 193)

Projektprozess erhalten möchte. In diesem Fall könnte das Feedback im Projektprozess mit dem Feedback am Projektende, bei einer neuerlichen Anwendung des Feedbackbogens, verglichen werden.

Neben der Auflösung des Projektteams und der Rückkehr der Mitarbeitenden in die Regelorganisation sind beim sozialen Projektabschluss auch die Stakeholder zu berücksichtigen. Es ist zu überlegen, wie soziale Beziehungen mit dem Projektumfeld abgeschlossen werden und welche Stakeholdergruppen zu berücksichtigen sind. Das Projektteam oder die Projektleitung bzw. Projektauftraggebenden sind gefordert, abschließende Informationen für die relevanten Stakeholdergruppen aufzubereiten und die Projektergebnisse sowie allfällige nächste Schritte in Kürze zu kommunizieren.

Der letzte Schritt im Reviewprozess ist die Vorbereitung aller nötigen Unterlagen für nachträgliche Projektprüfungen, damit befasst sich das nächste Kapitel.

8.5 Nachträgliche Projektprüfung meistern und Dokumentation für Folgeprojekte sichern

Auch wenn Projekte nicht unter dem Druck einer nachträglichen externen Projektprüfung stehen, sollten Projektdokumente in der in diesem Kapitel beschriebenen Form aufbereitet und abgelegt werden, um Projektunterlagen und Projektwissen für Folgeprojekte zur Verfügung zu stellen. Zudem braucht die Organisation einen klaren Überblick über die verwendeten Ressourcen in den Projekten für das interne Projektcontrolling und die interne Projektprüfung. Das Kapitel fokussiert dennoch auf Drittmittelprojekte, da diese strengen Kriterien unterliegen, die auch für die interne Dokumentation als Orientierung herangezogen und bei Bedarf ergänzt werden können.

Bei drittmittelgeförderten Projekten gibt es zwei Formen der Projektprüfung nach Projektabschluss:

- Prüfung des Projektes direkt nach Projektende auf Basis von im Projektvertrag und in Förderrichtlinien definierten Abschlussdokumenten
- Detailprüfung des Projektes nach einem bestimmten Zeitablauf nach Projektende

Die Prüfung eines drittmittelgeförderten Projektes direkt nach Projektende, auf Basis von im Fördervertrag und den Förderrichtlinien definierten Projektunterlagen, ist bei jedem Drittmittelprojekt vorgesehen. Die Projektbewertung erfolgt durch fördergebende Institutionen zumeist direkt nach Projektabschluss, diese

Prüfung basiert auf Kontrolle der Abschlussberichtslegung. Die übermittelten Dokumente werden von der fördergebenden Institution und/oder einer Jury überprüft und die Zahlung des restlichen Förderbetrages wird häufig an die erfolgreiche Prüfung der Unterlagen geknüpft. Bei dieser Form der Prüfung, die zeitnah an den Projektabschluss erfolgt, ist die Projektleitung meist noch Ansprechperson für Fragen und auch die Projektteammitglieder sind zumindest teilweise noch in der Organisation und stehen für offene Fragen zur Verfügung.

Fördergebende Institutionen behalten sich aber auch vor, Projekte und die Projektprozesse nach der Zahlung der letzten Rate im Detail zu prüfen, dies kann in einem Zeitraum von einem halben Jahr bis zu sieben Jahren nach Projektende der Fall sein. Diese Prüfungen finden nicht in jedem Projekt, sondern stichprobenartig statt. Bei diesen nachträglichen Projektprüfungen ergibt sich die Herausforderung der zeitlichen Diskrepanz zwischen Projektende und Projektprüfung. Die Projektgruppe ist zu diesem Zeitpunkt bereits aufgelöst, die Mitwirkenden haben vielleicht schon die Position innerhalb der Organisation gewechselt oder haben die Organisation verlassen. Insbesondere soziale Organisationen, die viele Drittmittelprojekte abwickeln, brauchen daher einen strukturierten Vorgang der Projektdokumentation für nachträgliche Projektprüfungen.

Damit das Projektgeschehen und die Ergebnisse tatsächlich langfristig nachvollziehbar bleiben, sollten sämtliche Dokumente des Projektes zu Projektende archiviert werden, dazu gehören laut Timinger (2017, S. 117):

- Projektpläne und -verträge,
- Protokolle,
- die Dokumentation des Projektgegenstandes (z. B. Konstruktionszeichnungen, Prozessbeschreibungen, Abschlussdokumentation),
- die Nachkalkulation,
- die Evaluierung des Projekts.

Ein guter elektronischer Projektordner sollte jedenfalls folgende Punkte/Unterordner umfassen: Inhaltsverzeichnis, Projektorganisation, Projektaufträge, Planungsunterlagen, Sitzungsprotokolle (vom Projektteam, mit dem Auftraggeber, mit involvierten Gremien bzw. Stakeholdern), Berichte und Schriftverkehr. (Litke et al., 2015, S. 244).

Das Projektende kann von unterschiedlichsten Instrumenten, Methoden oder Kennzahlen begleitet werden. Welche davon angewendet werden hängt laut Schreckeneder (2005) von folgenden Faktoren ab:

- Unternehmensintern verankerte Standards,

8.5 Nachträgliche Projektprüfung meistern und Dokumentation ...

- Notwendigkeiten aus der Nachprojektphase,
- Vereinbarungen zu Projektbeginn,
- Erfordernisse des Multiprojektmanagements,
- Interessen von Projektleitung (Schreckeneder, 2005, S. 194)

Diese Aufzählung ist zu ergänzen um:

- Interessen von Projektauftraggebenden und Stakeholdern,
- Erfordernissen aus Fördervertrag und Förderrichtlinien bei Drittmittelprojekten.

Gemäß Timinger (2017) sollte schon am Beginn eines Projektes eine Projekttakte angelegt werden, die ein Verfahren definiert, wie Dokumente im Projekt erzeugt und archiviert werden. Eine datenbankgestützte Software sollte genutzt werden, um die Dokumente abzulegen und abzurufen. In kleineren Projekten kann es gemeinsame Cloud-Speicherplätze, eine Netzfestplatte oder ein gemeinsames Laufwerk im Intranet mit einer projektbezogenen Ordnerstruktur geben. Gute Dokumentenmanagementsoftware bzw. eine gute elektronische Ablage erfüllen folgende Anforderungen:

- Sie erlaubt die ortsungebundene, sichere Ablage von Dokumenten und den sicheren Zugriff (z. B. über Webinterfaces),
- hat ein Rechtesystem, das individuell regelt, wer Dokumente anlegen, einsehen, ändern und löschen darf,
- vergibt Dokumenten Versionsnummern (alternativ Vergabe durch das Projektteam oder die Projektleitung) und ermöglicht die Einsichtnahme in ältere Dokumente,
- erstellt Backups der eingestellten Dokumente, um Datenverlust vorzubeugen. (Timinger, 2017, S. 139)

Ergänzt werden sollten diese Dokumente für den internen Gebrauch um Dokumente der Wissenssicherung und Dokumenten, die im Rahmen der Anwendung von Maßnahmen der Anwendung von Projektwissen für Folgeprojekte entstehen (siehe Abschn. 8.2 und 8.3).

Die Ergebnisse und Abläufe im Projekt müssen auch nach längerem Zeitablauf noch klar erkennbar und die Dokumentation gut auswertbar sein. Unterlagen sind für den Fall der nachträglichen Projektkontrolle besonders sorgfältig aufzubereiten und abzulegen. Eine eventuelle Projektprüfung durch Fördergebende wird dabei meist nicht von der Projektleitung begleitet, sondern einer definierten zuständigen Stelle in der Organisation wie Multiprojektmanagement, die interne Revision, das Forschungscontrolling oder vorgesetzte Stellen, wie Abteilungsleitungen oder Geschäftsführung. Je klarer und nachvollziehbarer die Projektprozesse und Unterlagen, desto einfacher wird die nachträgliche Projektprüfung bzw. die Verwendbarkeit von Projektunterlagen für Nachfolgeprojekte.

Im nächsten Schritt geht es darum, die theoretischen Erkenntnisse der Projektreviewphase in der Beispielorganisation Zentrum für Kindheit und Jugend e. V. anzuwenden. Die beiden Projekte der Jubiläumsfeier und des Freizeitpädagogischen Angebots sollen eine professionell gestaltete Projektreviewphase durchlaufen. In Abschn. 8.6 finden Sie ergänzende Anmerkungen zu den Fallbeispielen. Die Lern- und Kontrollfragen sowie Musterlösungen folgen in Abschn. 8.7.

8.6 Anwendungsbeispiel Jubiläumsfeier und Freizeitpädagogisches Angebot

Das Projekt der Jubiläumsfeier konnte trotz einiger Turbulenzen in der Planungsphase (siehe Kap. 6. „kein Angebot für eine Grafikdesigner*in eingeholt", „Blumenschmuck und Zelt vergessen") inhaltlich und zeitlich planmäßig am 26. Juni beendet werden. Die Feier war ein toller Erfolg und der ehrenamtliche Vorstand (Frau Maier und Herr Huber) voll des Lobes für das Projektteam im Rahmen offizieller Dankesworte bei der Feier.

Bedauerlicherweise hat die Projektleitung Frau Schmidt diese Geste als Projektende verstanden und hat während der Feier eine abschließende kurze, informelle Sitzung mit dem Projektteam ohne den ehrenamtlichen Vorstand durchgeführt, um dem Projektteam zu danken und das Projekt in aller Kürze zu reflektieren. Der ehrenamtliche Vorstand als vorgesetzte Stelle von Frau Schmidt hat sich im Nachgang der Feier über die ausstehende Fertigstellung der Projektarbeit (siehe Abschn. 7.6) beschwert. Trotz der erfolgreichen Feierlichkeiten gibt es daher letztlich leider doch Unstimmigkeiten im Projekt, was die aus der Sicht des ehrenamtlichen Vorstandes fehlende Öffentlichkeitsarbeit (Medienberichterstattung) und die vorzeitige Freigabe des Projektteams für andere Aufgaben betrifft.

Frau Maier und Herr Huber sind in einer Doppelrolle: Als ehrenamtliche Vorstände und damit Projektauftraggebende und vorgesetzte Stellen von Frau Schmidt einerseits. Andererseits sind die beiden Vorstandsmitglieder gleichzeitig in der Rolle als Teammitglieder für die Jubiläumsfeier, konnten sich aber aufgrund von anderen Verpflichtungen nicht in jeder Sitzung einbringen. Frau Schmidt muss auch weiterhin kooperativ mit dem ehrenamtlichen Vorstand und

8.6 Anwendungsbeispiel Jubiläumsfeier und Freizeitpädagogisches Angebot

den weiteren Mitgliedern des Projektteams zusammenarbeiten. Frau Gruber, Frau Meister, Frau Dorfer und Frau Baum sind verärgert, dass der ehrenamtliche Vorstand doch nicht zufrieden mit der Projektarbeit ist und machen sich Sorgen, dass dies Auswirkungen auf ihre Arbeit und Karriere in der Organisation haben könnte.

Die Projektreviewphase sollte daher gut genutzt werden, um den nötigen Abschluss der Projektmanagementprozesse (Nachbearbeitung: Öffentlichkeitsarbeit, Dokumentation und Berichtslegung, Zahlung der offenen Rechnungen) sowie den sozialen Projektabschluss zu bewirken. Der ehrenamtliche Vorstand möchte in fünf bis zehn Jahren wieder eine Jubiläumsfeier gestalten, das Projekt wird sich daher nach einem bestimmten Zeitablauf in ähnlicher Form wiederholen, ein Wissenstransfer für künftige Feierlichkeiten ist daher anzustreben. Trotz aktiver Bemühungen von allen Seiten, ist es leider nicht möglich, einen gemeinsamen Termin für eine Projektreview- oder Abschluss-Sitzung zu finden.

Beim Projekt Freizeitpädagogisches Angebot ist der Projektstatus, dass die Pilotprojekte „Spiel- und Sportwoche" und „Action und Sportwoche" erfolgreich in den Osterferien getestet wurden und das Angebot im Sommer regulär zur Verfügung stehen soll (siehe Abschn. 4.6 und 4.7 sowie 7.6 und 7.7). Die Verhandlungen mit der Gemeinde betreffend einer Förderung des Angebots (1/3 des Elternbeitrages) sind erfolgreich verlaufen, allerdings mit der Auflage, schnellstmöglich eine „Musik- und Gesangswoche" für 6–10-Jährige und 10–14-Jährige mit in das Programm aufzunehmen.

Die aktuelle Projektgruppe ist nun gefordert, rasch ein Projektreview der Pilotprojekte „Spiel- und Sportwoche" und „Action und Sportwoche" vorzunehmen. Gleichzeitig sind Herr Maus (Projektleitung) und Frau Weber intensiv damit beschäftigt, die Vorbereitungen für die Sommerdurchführung der „Spiel- und Sportwoche" sowie der „Action- und Sportwoche" vorzunehmen. In der Organisation muss entschieden werden, in welcher Teamkonstellation die „Musik- und Gesangswoche" konzipiert werden soll.

Das aktuelle Projektteam ist verunsichert, wie es in der Projektarbeit weitergehen soll, Frau Malers Stelle ist immer noch befristet, obwohl die Sommerplanung bereits im Gange ist. Frau Richter als Praktikantin würde ihr Studium gerne berufsbegleitend weiterführen und in der Organisation auf Teilzeitbasis weiterarbeiten. Herr Maus hat versprochen, dies zu klären, ist aber noch nicht dazu gekommen, das Anliegen mit den vorgesetzten Stellen zu besprechen. Frau Arndt und Herr Schiller als ehrenamtliche Projektmitglieder wären prinzipiell daran interessiert, eine Musik- und Gesangswoche mit zu konzipieren, allerdings wünschen sie sich eine baldige Entscheidung, da sie sich anderenfalls ehrenamtlich in andere Projekte in der Gemeinde einbringen wollen.

8.7 Fragen und Musterlösungen zur Phase des Projektreview der beiden Projekte

Beantworten Sie die nachstehenden Fragen für die Projekte Jubiläumsfeier und Freizeitpädagogisches Angebot des Zentrums für Kindheit und Jugend e. V. und vergleichen Sie Ihre eigenen Lösungen anschließend mit den Musterlösungen:

- Welche drei bis maximal fünf Hauptherausforderungen der Projektreviewphase können Sie in den beiden Projekten Jubiläumsfeier und Freizeitpädagogisches Angebot erkennen? Beschreiben Sie diese kurz und geben Sie Empfehlungen für die Projektleitung zur weiteren Vorgehensweise.
- Wie kann das Projektwissen in den beiden Projekten gesichert und für Folgeprojekte genutzt werden? Welche Methodik empfehlen Sie für das jeweilige Projekt? Bitte begründen Sie Ihre Auswahl und erläutern Sie, welches Ergebnis Sie sich von Ihrer Methodik erwarten.
- Welche Schritte sind nötig, um die beiden Projekte auch personell und sozial abzurunden? Welche Zuständigkeiten/Verantwortung sehen Sie hierbei bei den involvierten Personen? Sollte der Prozess im aktuellen Projekt nicht gut gelungen sein: Gibt es Empfehlungen für Folgeprojekte?
- Welche Dokumente sind für allfällige nachträgliche Projektprüfungen oder Einsichtnahmen zu sichern und wie sollten diese abgelegt werden?

Musterlösung zu Herausforderungen der Projektreviewphase und zu Empfehlungen für die Projektleitung.
Jubiläumsfeier:

1. Herausforderung des Abschlusses der Projektmanagementprozesse: Es gibt unterschiedliche Auffassungen, was zu den Aufgaben des Projektteams gehört und wann die Arbeiten des Projektteams beendet sind. Empfehlung: Die Phasen des Projektabschlusses und des Projektreviews sorgfältig planen und mit den Auftraggebenden bzw. den vorgesetzten Stellen abstimmen.
2. Herausforderung der Sicherung des Projektwissens: Das Projekt der Jubiläumsfeier wurde nur kurz informell reflektiert, die Erkenntnisse wurden nicht dokumentiert. Empfehlung: Da sich das Projekt in ähnlicher Form in fünf bis zehn Jahren wiederholt, sollte das Projektwissen gut dokumentiert und einfach auffindbar abgelegt werden.
3. Herausforderung der Nutzung von Erkenntnissen für Folgeprojekte: Fehler oder Versäumnisse in der Planung der Jubiläumsfeier (z. B. fehlender Blumenschmuck und Zelt) können durch gute Dokumentation verhindert werden.

Empfehlung: Erarbeitung von Vorlagen und Checklisten für die Planung, Durchführung und Nachbearbeitung einer Jubiläumsfeier für Folgeprojekte erstellen.
4. Herausforderung des personellen und sozialen Projektabschlusses: Die Projektleitung hat das Projekt zu rasch beendet, die Teammitglieder fühlen sich dem Projekt damit nicht mehr verpflichtet. Empfehlung: Vor der Abgabe von Projektressourcen prüfen, ob tatsächlich alle nötigen abschließenden Tätigkeiten erledigt sind und einen klaren, sozialen Projektabschluss einplanen.
5. Nachträgliche (interne) Projektprüfung meistern: Die Jubiläumsfeier hat Kosten in der Organisation verursacht, die sich budgetär niederschlagen. Spätestens beim Jahresabschluss muss es Klarheit über die Kosten der Jubiläumsfeier geben, diese sind jedoch leichter im direkten Nachgang des Projektes zu erfassen. Zum gegenwärtigen Zeitpunkt gibt es noch offene Rechnungen und keinen Überblick über die tatsächlichen Kosten des Projekts. Empfehlung: Die offenen Rechnungen müssen beglichen und eine Nachkalkulation des Projektes muss durchgeführt werden. Die Projektdokumente sollten nachvollziehbar abgelegt werden.

Freizeitpädagogisches Angebot:

1. Herausforderung des Abschlusses der Projektmanagementprozesse: Im Projekt Freizeitpädagogisches Angebot besteht die Gefahr, dass die Pilotprojekte „Spiel- und Sportwoche" sowie „Action und Sportwoche" nicht klar abgeschlossen werden, sondern die Konzeption des neuen Vorhabens „Musik- und Gesangswoche" ein klares Projektende überlagert. Empfehlung: Die Projektmanagementprozesse für die beiden Pilotprojekte sind abzuschließen und es ist ein Projektreview vorzunehmen. Die Neukonzeption der „Musik- und Gesangswoche" sollte als neues Projektvorhaben mit einer Klärung des Projektauftrages starten.
2. Herausforderung der Sicherung des Projektwissens: Die erste Umsetzung der beiden Pilotprojekte in den Osterferien bietet zahlreiche Erkenntnisse und Anregungen für die Neukonzeption der „Musik- und Gesangswoche". Empfehlung: Diese sollten systematisch erhoben und der neuen Projektgruppe zur Verfügung gestellt werden. Die Erkenntnisse aus den bereits durchgeführten Fokusgruppen mit Eltern und Kindern sollten ebenfalls gesichtet und in der Neukonzeption berücksichtigt werden.
3. Herausforderung der Nutzung von Erkenntnissen für Folgeprojekte: Bei der Neukonzeption der „Musik- und Gesangswoche" besteht die Gefahr, dass die Erfahrungen aus dem Vorprojekt nicht genutzt werden. Empfehlung: Nach

Möglichkeit mit dem bewährten Projektteam weiterarbeiten oder zumindest teilweise die Teammitglieder beibehalten. Im Falle eines neuen Projektteams für Wissenstransfer zwischen den alten und neuen Projektteammitgliedern sorgen.
4. Herausforderung des personellen und sozialen Projektabschlusses: Die Verunsicherung der Projektmitglieder über den weiteren Fortgang des Projektes und die eigenen Möglichkeiten der Beschäftigung in der Organisation sind belastend für die befristet hauptberuflichen sowie für die beiden ehrenamtlichen Personen. Empfehlung: Herr Maus als Projektleitung sollte rasch mit seinen ihm vorgesetzten Stellen klären, wie es mit den befristeten Verträgen weiter geht und ob Frau Maler und Frau Richter Zukunftsperspektiven in der Organisation haben. Auch die beiden Ehrenamtlichen, Frau Arndt und Herr Schiller brauchen Klarheit, da diese Personalressourcen anderenfalls für Folgeprojekte verloren gehen.
5. Nachträgliche externe Projektprüfung meistern: Die Gemeinde als fördergebende Organisation wird Transparenz über die Zusammensetzung der Elternbeiträge benötigen, auch wenn das Projekt in ein reguläres Angebot überführt wird. Das Zentrum für Kindheit und Jugend e. V. gerät somit in den Legitimationsdruck, die Adäquatheit der Höhe des Elternbeitrages unter Beweis zu stellen. Empfehlung: Die Kosten der Projekte sind klar und nachvollziehbar zu dokumentieren, eine Nachkalkulation der Pilotprojekte ist vornehmen und die Preiskalkulation des Elternbeitrages sollte im Vorfeld mit der Gemeinde besprochen und abgestimmt werden.

Musterlösung zu Projektwissen sichern und für Folgeprojekte nutzen:
Jubiläumsfeier:

- Da die Projektmitglieder bereits in der Organisation anderen Tätigkeiten nachgehen und trotz aller Bemühungen kein gemeinsamer Termin für eine Projektreview- oder Abschluss-Sitzung gefunden werden kann, hat Frau Schmidt die Möglichkeit, einen schriftlichen Feedbackbogen für die Projektmitglieder zu verwenden und die Ergebnisse zusammenzufassen. Den Feedbackbogen sollte Frau Schmidt jedenfalls um die folgenden Fragen ergänzen:
  – Welche Empfehlungen haben Sie für künftige Jubiläumsfeierlichkeiten?
  – Was sind Ihre wichtigsten Checkpunkte für eine gelungene Planung, Durchführung und Nachbereitung einer Jubiläumsfeier?

8.7 Fragen und Musterlösungen zur Phase des Projektreview der beiden Projekte

- Sollte es terminlich (bei den Projektmitgliedern) und zeitlich (Ressourcen von Frau Schmidt) möglich sein, wären auch persönliche Interviews mit den Projektmitgliedern denkbar. Der ergänzte Feedbackbogen wirkt in diesem Fall als Leitfaden für die Interviews und kann situativ um weitere Fragen oder Erkenntnisse in der Gesprächssituation erweitert werden. Die Interviews müssten danach dokumentiert und zusammengefasst werden, was bei mündlichen Gesprächen mehr Aufwand bedeutet als beim schriftlichen Feedbackbogen.
- Ergebnisse der durchgeführten Methodik und Nutzung für Folgeprojekte:
  - Es sollten eine Dokumentation der wichtigsten Erkenntnisse der Projektmitglieder und eine Checkliste mit den relevanten Tätigkeiten der Planung, Durchführung und Nachbereitung von (Jubiläums-)Feierlichkeiten entstehen.
  - Im Idealfall sollten Vorlagen für Folgeprojekte zur Verfügung gestellt werden (z. B. Vorlagen für die Zeit- und Kostenplanung), sofern die zeitlichen und personellen Kapazitäten eine Erstellung oder Adaptierung von Projektvorlagen erlauben.
  - Die erstellten Dokumente können den Projektmitgliedern zur Verfügung gestellt werden. Feedback und/oder Ergänzungen können eingebracht werden, bevor die Unterlagen im Intranet abgelegt werden, um für Folgeprojekte zur Verfügung zu stehen.

Freizeitpädagogisches Angebot:

- Da die Projektmitglieder derzeit noch in der Organisation zur Verfügung stehen, sollten Good/Best Practices und Lessons Learned gesammelt werden. Dies kann im Rahmen einer Projektsitzung zur Sammlung von Projektwissen geschehen. Alternativ ist die Anwendung der Methodik des Wissensmeetings erfolgsversprechend, sofern ein/e Wissensmoderator*in und ein/e Wissensreporter*in für die Wissenssicherung zur Verfügung gestellt werden können.
- Ergebnisse der durchgeführten Methodik:
  - Ergänzend zu den klassischen Projektdokumenten (Projektdokumentation, Dokumentation der Ergebnisse der Fokusgruppen) gibt es eine Sammlung von Good/Best Practices und Lessons Learned aus den Pilotprojekten.
  - Im Falle des Wissensmeetings entsteht eine schriftliche Dokumentation die gegebenenfalls um Ton- oder Filmsequenzen ergänzt wird.
  - Die entstandenen Dokumente sollen im Intranet abgelegt und für Folgeprojekte zur Verfügung gestellt werden.
- Weitere Möglichkeit der Nutzung von Erkenntnissen für Folgeprojekte:

- Das Projektteam aus den Pilotprojekten könnte möglichst beibehalten werden, dadurch nehmen die Projektmitglieder ihr Wissen und ihre Erfahrungen aus den Pilotprojekten in die Konzeption der „Musik- und Gesangswoche" mit.
- Im Falle eines neuen Projektteams zur Konzeption der „Musik- und Gesangswoche" wäre ein Wissensmeeting zwischen altem Projektteam (bzw. den noch in der Organisation verfügbaren Teammitgliedern) und dem neuen Projektteam zu empfehlen, um neben dem schriftlich dokumentieren Wissen auch persönlich Erfahrungen auszutauschen und offene Fragen zu besprechen.

Musterlösung zur Aufgabenstellung Projekte personell und sozial abzurunden:
Jubiläumsfeier:
Möglichkeiten des personellen und sozialen Projektabschlusses:

- Das Gespräch von Frau Schmidt als Projektleitung mit den Projektmitarbeitenden ist in Form von kurzer Reflexion und Dank direkt bei der Jubiläumsfeier erfolgt, jedoch ohne die beiden ehrenamtlichen Vorstandsmitglieder in ihrer Doppelrolle als Projektmitglieder einzubinden. Projektabschlussmeetings sollten frühzeitig geplant werden, dabei ist genug Zeit für die gemeinsame Reflexion und den Abschluss des Projektes vorzusehen. Nach Möglichkeit sollte eine Projektabschluss-Sitzung mit dem vollständigen Projektteam durchgeführt werden.
- Durch die verfrühte Auflösung des Projektteams und die Irritationen im Projekt zum Abschluss ist der Feedbackbogen an die Projektmitglieder ein Weg, um einen sozialen Projektabschluss zu markieren. Die Ergebnisse aus den Feedbackbögen sollten von Frau Schmidt an die Projektmitglieder gesendet werden und gegebenenfalls kann die Möglichkeit der Ergänzung gegeben werden, bevor die Dokumente im Intranet veröffentlicht werden.
- Frau Schmidt sollte zusätzlich über den Status des Projektabschlusses und das Projektreview informieren, nach Möglichkeit durch persönliche Gespräche mit den Projektmitgliedern, alternativ durch schriftliche Kommunikation via Mailnachrichten.
- Gespräch von Frau Schmidt mit Frau Gruber von der Stabstelle Öffentlichkeitsarbeit: Frau Gruber und Frau Schmidt brauchen eine zeitnahe Abstimmung zu eventuell noch offenen Aufgaben zur Öffentlichkeitsarbeit, die dem ehrenamtlichen Vorstand noch fehlen.
- Gespräche der Projektleitung mit ehrenamtlichem Vorstand: Neben regelmäßigen Updates über die zu erledigenden Abschlussarbeiten sollte eine

gemeinsame Reflexion erfolgen, was im Projekt gut oder weniger gut gelaufen ist. Für die Verbesserung der Projektprozesse wäre die Thematisierung der Doppelrollen des ehrenamtlichen Vorstandes und der Dank der Projektleitung für das Engagement wichtig, aber auch der Austausch bezüglich wechselseitiger Erwartungen und die Vereinbarung zum künftigen Umgang mit diesen Doppelrollen.

- Der ehrenamtliche Vorstand in der Rolle der vorgesetzten Stelle sollte eine abschließende Kommunikation mit dem Projektteam vornehmen: Da die Jubiläumsfeier zwar gut verlaufen ist aber Irritationen zum Projektende auftraten, wäre es gut, wenn sich der ehrenamtliche Vorstand noch einmal in mündlicher oder schriftlicher Kommunikation an das Projektteam wendet und das Projekt am Ende der Projektreviewphase mit einer kurzen Information und einem Dank formal abschließt.

Zuständigkeiten/Verantwortung der involvierten Personen und Empfehlungen für Folgeprojekte:

- Projektmitarbeitende: In der Verantwortung der Projektmitarbeitenden liegt eine bestmögliche Beteiligung an den nötigen, abschließenden Arbeiten zur Dokumentation und Wissenssicherung in Abstimmung mit der Projektleitung.
- Stabstelle Öffentlichkeitsarbeit: In Frau Grubers Verantwortung liegt die Unterstützung der Projektleitung bei den noch ausstehenden Tätigkeiten der Öffentlichkeitsarbeit (Bericht für Homepage, Medienarbeit) im aktuellen Projekt. Für künftige Projekte sollte sich die Stabstelle Öffentlichkeitsarbeit mit Projektleitung und vorgesetzten Stellen abstimmen, wie die Öffentlichkeitsarbeit für das jeweils konkrete Projekt zu gestalten ist. Eine noch offene Aufgabe ist, einen Presseverteiler für die Organisation aufzubauen, der für Folgeprojekte und die Öffentlichkeitsarbeit der Organisation im Allgemeinen genutzt werden kann.
- Projektleitung: Zu Frau Schmidts Zuständigkeit als Projektleitung gehört, die Projektabschluss- und Projektreviewphase zu gestalten, dies sollte in künftigen Projekten berücksichtigt werden. Für das aktuelle Projekt hat Frau Schmidt die Verantwortung, ein soziales Projektende trotz vorzeitiger Auflösung des Projektteams zu erwirken und sich mit dem ehrenamtlichen Vorstand zum Projekt und Möglichkeiten der Verbesserung von Projektprozessen für künftige Projekte austauschen.
- Ehrenamtliche Vorstände: Die Doppelrolle besser trennen, sich als Projektmitarbeitende noch in die Abschlussdokumentation und Wissenssicherung einbringen oder mit der Projektleitung im Vorfeld klarstellen, dass dies aus

der Sicht der ehrenamtlichen Vorstände in der Verantwortung des Projektteams und des übrigen Projektteams läge. Ein persönlicher Austausch mit der Projektleitung ist sinnvoll, um Erkenntnisse für Folgeprojekte und Vereinbarungen zur weiteren Zusammenarbeit zu treffen. Die Verunsicherung des Projektteams über die letztliche Unzufriedenheit des ehrenamtlichen Vorstandes mit der Arbeit des Projektteams sollte durch eine klare, abschließende Kommunikation aufgelöst werden.

Freizeitpädagogisches Angebot:
Möglichkeiten des personellen und sozialen Projektabschlusses:

- Mit dem Projektteam des Projektes Freizeitpädagogisches Angebot sollte einerseits ein Treffen zum Wissenstransfer für Folgeprojekte (siehe vorherige *Musterlösung zu Projektwissen sichern und für Folgeprojekte nutzen*) und andererseits ein Projektabschluss-Meeting zur gemeinsamen Projektreflexion und Finalisierung des Projektes gestaltet werden.
- Zusätzlich sind persönliche Gespräche von Herrn Maus in der Rolle der Projektleitung mit den Projektmitarbeitenden zu folgenden Themen zu empfehlen:
  – Frau Weber: Arbeitsteilung zwischen Herrn Maus und Frau Weber bei der Überführung der „Spiel- und Sportwoche" sowie der „Action und Sportwoche" in das reguläre Angebot der Abteilung sowie Klärung der Bereitschaft und zeitlichen Kapazitäten, in einem Folgeprojekt „Musik- und Gesangswoche" mitzuarbeiten.
  – Frau Maler und Frau Richter: Erwartungsklärung hinsichtlich der befristeten Verträge und Interesse an Folgeprojekt.
  – Frau Arndt und Herr Schiller: Dank für ehrenamtliche Arbeit und Klärung der Bereitschaft, in einem Folgeprojekt mitzuarbeiten.
- Gespräche der Projektleitung mit auftraggebenden und vorgesetzten Stellen: Informationen zum Status des aktuellen Projektes, Klärung der Zusammensetzung des Projektteams für das Folgeprojekt, Perspektiven der weiteren Beschäftigung von Frau Maler und Frau Richter.
- Gespräch Projektleitung mit Stabstelle Öffentlichkeitsarbeit: Klärung der nächsten Schritte zu Marketing und Öffentlichkeitsarbeit für das Freizeitpädagogische Angebot im Sommer.
- Gespräch Projektleitung, vorgesetzte Stelle und Gemeinde: Informationen an die Gemeinde über den Projektstatus und finale Abstimmung des Förderbetrages sowie klare und realistische Vereinbarung zu zeitlichen Vorgaben für die Konzeption der

8.7 Fragen und Musterlösungen zur Phase des Projektreview der beiden Projekte

Zuständigkeiten/Verantwortung der involvierten Personen:

- Frau Maler und Frau Richter mit befristeten Verträgen: Klare Äußerung der eigenen Absichten und Erwartungen – ist Herrn Maus sowie den vorgesetzten Stellen überhaupt bekannt, dass beide weiter in der Organisation bleiben wollen?
- Frau Maler als hauptamtliche Mitarbeiterin: Umsetzung des regulären Angebots und Abstimmung mit Herrn Maus, wie es mit dem Projektteam neu weiter geht.
- Ehrenamtlich Mitarbeitende: Sonderstellung in der Organisation, müssen Erwartungen nicht so klar äußern, spenden ihre Zeit freiwillig – Herr Maus sollte auf sie zugehen.
- Projektleitung: Abschluss des Pilotprojekts und Auftragsklärung für das neue Projekt mit den zuständigen Stellen, vernetzende und koordinierende Funktion sowie Ansprechperson für das Projektteam, regelmäßige Berichte an vorgesetzte Stellen über Projektstatus und Gespräch mit Gemeinde in Abstimmung mit der vorgesetzten Stelle.
- Vorgesetzte Stellen: Entscheidung über die Nutzung der freiwerdenden Projektressourcen und Entscheidung über die Zusammensetzung des neuen Projektteams, Entscheidung über den Umgang mit den befristeten Verträgen, Kontakt zu externen Stakeholdern (Gemeinde) in Abstimmung mit Projektleitung.
- Stabstelle Öffentlichkeitsarbeit: Werbemaßnahmen für das Freizeitpädagogische Angebot im Sommer in Abstimmung mit Herrn Maus und vorgesetzten Stellen.

Musterlösung zu Dokumenten für nachträgliche Projektprüfung/Einsichtnahme und Empfehlungen für die Ablage.

- Jubiläumsfeier:
- Wichtige Dokumente:
- Projektauftrag und Planungsunterlagen
- Protokolle der Sitzungen im Projektteam
- Programm der Jubiläumsfeier
- Marketingmaterialien und Nachberichte
- Eingeholte Angebote und bezahlte Rechnungen sowie relevante Korrespondenz
- Nachkalkulation der Projektkosten
- Aufstellung der geleisteten Arbeitsstunden
- Fotodokumentation der Feier
- Auswertung der Feedbackbögen des Projektteams

- Entstandene Checklisten und/oder Vorlagen aus der Wissenssicherung

Empfehlungen für die Ablage:

- Ablage im Intranet oder einem gut strukturierten Projektordner – elektronisch und leicht zugänglich, da bis zur nächsten Jubiläumsfeier noch fünf bis zehn Jahre verstreichen werden
- Definition der Zugriffsrechte ist erforderlich: Das aktuelle Projektteam und vorgesetzte Stellen sollten Zugriffsmöglichkeiten haben
- Alle Dokumente sollen mit Projektnummer und Datum versehen werden
- Die Daten sollten zusätzlich auf einem Datenträger gesichert werden

Freizeitpädagogisches Angebot:
Wichtige Dokumente:

- Projektauftrag und Projektplanung
- Protokolle der Sitzungen im Projektteam und der Besprechungen mit Stakeholdern (Gemeinde, externe Kooperationspartner*innen/Vereine)
- Dokumentation der Fokusgruppen
- Details zur Konzeption des Angebotes
- Ergebnisse der Pilotprojekte: Ablauf der Wochen, Kosten, involvierte Personen, organisatorische Details
- Abstimmung mit Eltern (Korrespondenz, Informationsblätter…) und Abrechnung der Elternbeiträge
- Evaluierung der Pilotprojektwochen durch die Kinder
- Unterlagen für das Marketing: Flyer, Homepage, Anmeldeformular …
- Reflexion der Organisationsteams der Pilotwochen
- Dokumentation der Wissenssicherung durch das Projektteam – gewonnene Erkenntnisse für Folgeprojekte

Empfehlungen für die Ablage:

- Ablage im Intranet oder einem gut strukturierten Projektordner – elektronisch und leicht zugänglich
- Definition der Zugriffsrechte ist erforderlich: Das aktuelle Projektteam und vorgesetzte Stellen sollten Zugriffsmöglichkeiten haben sowie das neue Projektteam für das Folgeprojekt
- Alle Dokumente sollen mit Projektnummer und Datum versehen werden
- Die Daten sollten zusätzlich auf einem Datenträger gesichert werden

Literatur

Benkhofer, S., Esswein, W., Hülsbeck, M., Krippendorff, T., Liebens, P., & Mandel, C. (2019). *Projektmanagement nach DIN ISO 21500:2016-02*. Schäffer-Poeschel.

Dalkir, K. (2011). *Knowledge management in theory and practice* (2. Aufl.). MIT.

Drews, G., Hillebrand, N., Kärner, M., Peipe, S., & Rohrschneider, U. (2016). *Praxishandbuch Projektmanagement* (2. Aufl.). Haufe.

Litke, H.-D., Kunow, I., & Schulz-Wimmer, H. (2015). *Projektmanagement* (3. überarb. Aufl.). Haufe.

Millner, R., & Majer, C. G. (2013). Projekt- und Prozessmanagement. In R. Simsa, M. Meyer, & C. Badelt (Hrsg.), *Handbuch der Nonprofit-Organisation* (S. 335–375). Schäffer-Poeschel.

Mittelmann, A., & Della Schiava, M. (2019). *Wissensmanagement wird digital*. BoD – Books on Demand.

Patzak, G. & Rattay, G. (1998). *Projekt-Management: Leitfaden zum Management von Projekten, Projektportfolios und projektorientierten Unternehmen* (3. Aufl.). Linde.

Peipe, S. (2018). *Crashkurs Projektmanagement: Grundlagen für alle Projektphasen* (7. Aufl.). Haufe.

Ries, A. (2019). *Projektmanagement Schritt für Schritt: Arbeitsbuch*. UVK.

Schreckeneder, B. C. (2005). *Projektcontrolling: Projekte überwachen, steuern und präsentieren* (2. überarb. Aufl.). Haufe.

Timinger, H. (2017). *Modernes Projektmanagement: Mit traditionellem, agilem und hybridem Vorgehen zum Erfolg*. Wiley.

Besonderheiten des agilen Projektmanagements

9

Zusammenfassung

In diesem Kapitel werden digitale Projektmanagementmethoden vorgestellt. Digitales und klassisches Projektmanagement unterscheiden sich vor allem hinsichtlich des Ziels. Während dies bei klassischen Projekten im Vorfeld deutlich festgelegt und nachprüfbar formuliert wird, sind im agilen Projektmanagement der Zeitaufwand sowie der finanzielle Aufwand definiert, das Ergebnis und damit das Ziel wird ständig mit den Auftraggebern abgestimmt und immer wieder angepasst. Dieses Vorgehen erfordert autonomere Teams, flexiblere Methoden und Techniken und vor allem den engen Einbezug von Anspruchsgruppen in den Projektablauf. Deshalb werden im Kapitel zuerst agile Techniken zur Projektsteuerung, Projektdurchführung und Projektcontrolling vorgestellt. Dann wird erläutert, wie im laufenden Verfahren die Rückkopplung zu den Anforderungen der Auftraggeber hergestellt wird. Zur Veranschaulichung wird beispielhaft auf User Storys und Personas eingegangen. Soll ein Projekt ausschließlich agil durchgeführt werden, eigenen sich die Methoden Scrum und Kanban. Beide unterstützen mit ihren unterschiedlichen Schwerpunkten die agile Projektdurchführung. Anschließend wird auf die digitale Unterstützung der Projektarbeit z. B. mittels Collaborationstools zur Zusammenarbeit eingegangen. Zu guter Letzt wird über das Fallbeispiel überprüft, inwieweit und wo agiles Projektmanagement in der Sozialen Arbeit Anwendung finden kann.

> **Schlüsselwörter**
>
> Agiles Projektmanagement • Agile Werte • Agile Prinzipien • Agile Methoden • Agile Techniken • Visualisierungstechniken • Scrum • Kanban • Digitale Projektarbeit • Kollaboration

> **Lernziele**
> - Sie verstehen die Unterschiede zwischen klassischem und agilem Projektmanagement und können erläutern, wann eher klassisches und wann eher agiles Projektmanagement angewandt werden sollte.
> - Sie können erklären, aus welchen vier Bausteinen agiles Projektmanagement besteht und sind in der Lage, agile Werte, agile Prinzipien, agile Techniken und agile Methoden zu unterscheiden.
> - Sie wissen, welche agilen Techniken es gibt und weshalb diese Techniken zu agilem Projektmanagement führen.
> - Sie haben einen Überblick über die agilen Methoden Scrum und Kanban, kennen deren Hauptanwendungsgebiete und den Unterschied der beiden Methoden.
> - Sie wissen um die digitale Unterstützung von Projektmanagement, sowohl was die Zusammenarbeit im Team als auch die Projektdurchführung betrifft.

9.1 Projekte agil und anpassungsfähig gestalten

Die vorgestellten traditionellen Ansätze des Projektmanagements sorgen dafür, dass ein Projekt von Anfang an komplett durchstrukturiert wird und versucht wird, einen Plan bestmöglich einzuhalten. Das agile Projektmanagement bedient sich ähnlicher Methoden und Instrumente, versucht aber dabei wendiger und anpassungsfähiger zu sein. Dabei nutzt das agile Projektmanagement eigene Methoden (die wichtigsten Vertreter agiler Methoden sind Kanban und Scrum) und nimmt Anleihen an Instrumenten des Innovations- und Entrepreneurshipmanagements (Organisationsgründung). Dieses Kapitel gibt einen kurzen Überblick über agiles Projektmanagement und skizziert die Anwendung von agilem Projektmanagement im Rahmen der in diesem Buch beschriebenen Prozess-Schritte des Projektmanagements.

Abb. 9.1 erläutert den Unterschied zwischen klassischen und agilem Projekt-

9.1 Projekte agil und anpassungsfähig gestalten

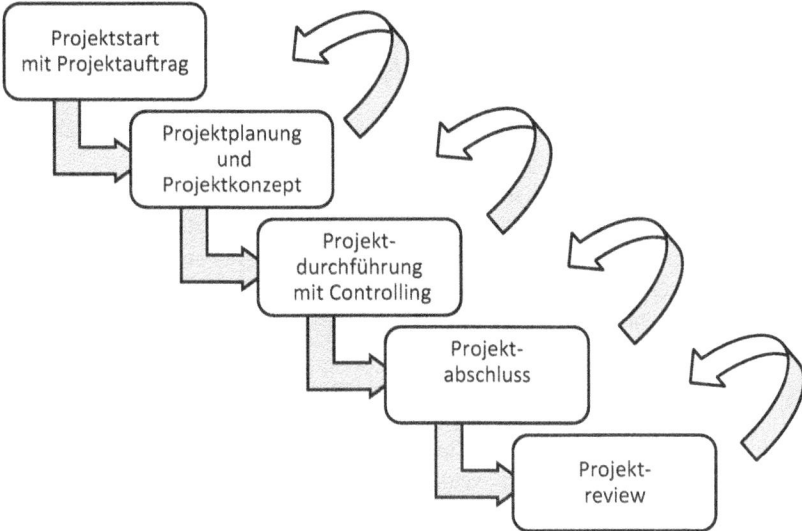

Abb. 9.1 Projektmanagementphasen im Kontext des agilen Projektmanagements. (Eigene Darstellung in Anlehnung an Benkhofer et al., 2019, S. 23; Patzak & Rattay, 1998; Ries, 2019, S. 18, 25, erweitert und modifiziert)

management.

Es wird gezeigt, dass nicht nur ein Schritt nach dem anderen stufenweise abgearbeitet wird, sondern dass auch Rückkopplungsschleifen vorgenommen werden. Bereits erfolgte Maßnahmen werden nochmal aufgegriffen und überarbeitet, um dann im Projektablauf den nächsten Schritt zu gehen. So kann gerade bei der Projektdurchführung die Planung nochmal überdacht und angepasst werden. Die agile Vorgehensweise baut auf Teilergebnissen auf und zielt nicht auf das eine angestrebte Ergebnis, wie traditionelles Projektmanagement. Agiles Projektmanagement ist geeignet, wenn sich die Anforderungen an das Ergebnis zu Beginn noch nicht so genau definieren lassen. Dann braucht es Methoden, die es ermöglichen, schnell auf Veränderungen bei den Projektanforderungen reagieren zu können (Preußig, 2018, S. 13). Aus diesem Grund ist im agilen Projektmanagement die Durchführungsphase die wichtigste Phase (Kuster et al., 2019, S. 61), da die Projekt-/Produkterstellung schrittweise erfolgt. Teilergebnisse werden entwickelt, ein Prototyp schon mal ausprobiert und dann aufgrund des Kundenfeedbacks nochmal optimiert. Damit wird deutlich, dass sich agiles Projektmanagement nicht bei allen Projekten anwenden lässt.

Klassisches Projektmanagement ist laut Kusay-Merkle (2018) „plangetrieben". Inhalt und Umfang des Projektes werden zu Beginn definiert, Zeit und Kosten werden geschätzt. Damit eignet sich der Ansatz immer, wenn

- das Ergebnis genau spezifiziert bzw. spezifizierbar ist,
- bereits Erfahrungen mit ähnlichen Projekten vorliegen,
- mit wenigen Änderungen im Projektverlauf zu rechnen ist,
- Feedback im Laufe des Projektes keine große Bedeutung zukommt,
- die Sachverhalte einen überschaubaren Komplexitätsgrad aufweisen,
- keine Zwischenlieferungen möglich/nötig sind, oder daraus kein besonderer Nutzen entsteht. (Kusay-Merkle, 2018, S. 22)

Agiles Projektmanagement eignet sich hingegen immer dann, wenn

- die Anforderungen und das Ergebnis noch nicht ganz klar sind,
- inhaltliches oder technisches Neuland von der Organisation betreten wird,
- komplexe Sachverhalte zu lösen sind, bei denen Zusammenhänge zwischen Ursache und Wirkung oft erst im Nachhinein klar erkennbar sind,
- Feedback und Lernschleifen damit eine große Bedeutung zukommt,
- Änderungen und Anpassungen auf Basis von Feedback gewollt sind und auch im Projektverlauf berücksichtigt werden,
- Lieferungen/Leistungen zwischendurch gewünscht sind und bereits Nutzen bieten. (Kusay-Merkle, 2018, S. 22)

Abb. 9.2 zeigt wesentliche Unterschiede von traditionellem und agilem Projektmanagement auf.

Die Abb. 9.2 zeigt, dass im traditionellem Projektmanagement das Ziel des Projektes sehr klar formuliert ist. Die Kosten und die dafür zur Verfügung stehende Zeit müssen dagegen geschätzt und geplant werden. Im agilen Projektmanagement hingegen sind die Kosten vorher fixiert, die Zeit terminiert. Wie allerdings das genau Ergebnis aussieht, ergibt sich erst im Verlauf des Projektes und kann zu Beginn nicht dezidiert beschrieben werden, da Kundenanforderungen erst ausfindig gemacht werden müssen und sich im Projektverlauf auch ändern können.

Willkommer und Storz (2017) erläutern: „Agiles Vorgehen ist iterativ und inkrementell." Unter einem Inkrement wird ein fertiges Teilstück/Teilergebnis verstanden. Eine Iteration soll eine neue (möglichst) verbesserte Version eines bestehenden Teilstücks/Teilergebnisses oder des Ganzen als Ergebnis erzielen. „Kern des agilen Vorgehens ist nun: Was ist das kleinste Inkrement, mit dem

9.1 Projekte agil und anpassungsfähig gestalten

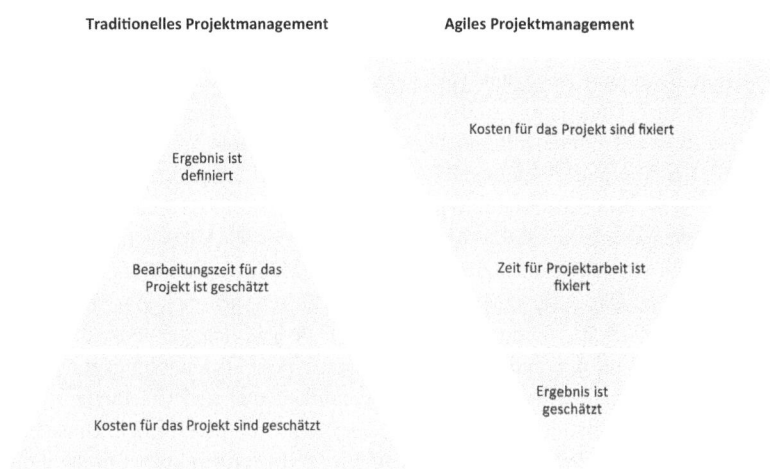

Abb. 9.2 Unterschied von traditionellem und agilem Projektmanagement. (Darstellung in Anlehnung an Kuster et. al., 2019, S. 287)

wir etwas Wertvolles liefern? Und was ist die einfachste Iteration, die wir dafür verwenden können?" Iterationen werden dabei so oft wiederholt, bis das Ergebnis zufriedenstellend ist. Die Inkrements werden im Zuge des Projektverlauf zu einem Gesamtbild/gesamten Projektergebnis. Bei der agilen Methode des Scrum fallen Iteration und Inkrement zusammen, bei anderen Methoden ist das nicht der Fall. (Willkommer & Storz, 2017, S. 9 f.)

Ein weiterer, wesentlicher Unterschied zum traditionellen Projektmanagement ist, dass agile Werte und Prinzipien als Basis der Arbeit dienen. Die folgenden vier agilen Werte wurden 2001 im sogenannten agilen Manifest, einer speziellen Erklärung für die Softwareentwicklung, festgelegt. Diese Erklärung bildet nun die Grundlage von agilen Vorgehensweisen:

- „*Individuen und Interaktion* sind wichtiger als Prozesse und Werkzeuge.
- *Funktionierende Software* ist wichtiger als umfassende Dokumentation
- *Zusammenarbeit mit dem Kunden* ist wichtiger als Vertragsverhandlungen.
- *Reagieren auf Veränderung* ist wichtiger als das Befolgen eines Plans." (Wolter & Sommerhoff, 2019, S. 7)

Es geht bei diesen agilen Werten darum, mehr die Menschen und die Interaktion untereinander zu fokussieren, statt auf einen korrekten Ablauf von vorher definierten Prozessen zu achten (Dechange, 2020, S. 39). Dabei werden Kommunikation und Transparenz und offener Austausch besonders hoch geschätzt, der respektvolle Umgang miteinander, der Fokus auf das Wesentliche und das Wichtige, der Mut neue Wege zu gehen, Offenheit und Einfachheit im Austausch von Ideen sowie Konsensorientierung und Vertrauen gelten als wesentlich im agilen Projektmanagement. (Kusay-Merkle, 2018, S. 59 f.) Ausgehend von diesen Werten gelten angepasste Prinzipien, angepasste Methoden und eine angepasste Vorgehensweise. Das agile Projektmanagement besteht also aus vier Bausteinen: Agile Werte bilden das Fundament des agilen Projektmanagements, die agilen Prinzipien bauen auf den agilen Werten auf und wirken als Handlungsgrundsätze. Weitere wesentliche Elemente sind agile Techniken und agile Methoden. Unter agilen Techniken versteht man konkrete Verfahren zur praktischen Umsetzung der agilen Werte und Prinzipien und die agilen Methoden strukturieren die agilen Techniken im Sinne des Projektmanagements. (Preußig, 2015, S. 9)

Die agilen Prinzipien können wie folgt zusammengefasst werden:

- Kurze Feedbackschleifen nutzen, um möglichst viel über Kund*innen, das Team, das Aufgabenfeld und die Bedürfnisse zu lernen,
- die Ziele des Business unterstützen, durch häufige/zeitnahe Lieferungen, Verlässlichkeit und niedrige Anpassungskosten,
- das Ganze wird im Blick behalten und Entscheidungen werden bis zum letzten verantwortbaren Zeitpunkt vertagt, um die bestmögliche Lösung zu suchen (Effektivität geht vor Effizienz),
- die nicht-getane Arbeit soll maximiert werden, was bedeutet, dass Anforderungen nicht einfach umgesetzt werden, sondern der Nutzen der Anforderung immer im Vordergrund steht (nichts entwickeln/umsetzen, dass keinen klaren Nutzen hat) und auch mögliche alternative Lösungen angedacht werden sollen,
- Experimente dienen dem Lernen und die Verbesserung in der Projektarbeit erfolgt kontinuierlich,
- laufende Fortschritte im Sinne nutzbarer Produkte/Prozesse/Dienste werden angestrebt und diese gleich gemessen,
- „Never compromise quality" – „Setze nie die Qualität aufs Spiel", was bedeutet, dass eine angemessen hohe Qualität anzustreben ist (die zum Produkt/Prozess/Dienst) passen muss,
- Begrenzung von paralleler Arbeit und möglichst Arbeit mit fester Taktung und festen Zeiträumen,

- Erzielte Ergebnisse sind wichtiger als ausgelastete Ressourcen. (Kusay-Merkle, 2018, S. 56–59)

Agile Techniken dienen dazu, konkretes Projektmanagement zu ermöglichen, die folgende Tabelle gibt einen Überblick:
Die bekanntesten und wichtigsten Vertreter agiler Methoden sind Kanban und Scrum, diese werden in Abschn. 9.4 beschrieben.

Werden klassische und agile Methoden/Techniken miteinander kombiniert, spricht man von hybriden Modellen. Wie genau klassische und agile Methoden/Techniken miteinander kombiniert werden, ist nicht genau definiert. Hier kann man also den eigenen Bedürfnissen des Projektteams oder der Organisation entsprechend mischen. (Kuster et al., 2019, S. 61).

Im Folgenden werden die einzelnen Projektphasen aufgegriffen und es wird eine Auswahl an agilen Zugängen in aller Kürze vorgestellt.

9.2 Projektstart und Projektauftrag klären

Der Projektauftrag dient dazu, das Projektziel und den -nutzen zu definieren (siehe Abschn. 4.1). Beim agilen Projektmanagement können sich Kundenanforderungen und der Kundennutzen des Projektes im Projektverlauf ändern. Absolut klar definierte Ziele nach SMART-Kriterien zu formulieren ist deshalb schwierig und nicht zentrale Zielsetzung des agilen Projektmanagements in der Startphase des Projektes. Stattdessen werden die Projektvision, die Projekt-Charter, Team-Charter, eine Übersicht über die Projektstakeholder und agile Techniken zur Beschreibung von Anforderungen genutzt.

Kusay-Merkle (2018) beschreibt die Elemente der Projektvision, Projekt-Charter oder Project Canvas, Team-Charter und Stakeholder wie folgt:

- Die Projektvision gibt die Zielrichtung vor, sie beschreibt das Zielbild, was genau getan/erreicht werden soll. Sie soll sicherstellen, dass Projektleitung/Projektteam und Projektauftraggebende das gleiche Verständnis vom Projekt haben.
- Die Projekt-Charter (der Projektauftrag) stellt die wichtigsten Rahmendaten des Projektes dar, wie die Gründe für das Projekt, die messbaren Projektziele, Inhalt und Umfang des Projekts, Betroffene/Stakeholder, Ressourcen und Zeitrahmen sowie Leitlinien, wie das Projekt umgesetzt werden soll. Alternativ kann auch ein Project Canvas mit den folgenden Elementen verwendet

werden: Projekthintergrund und Ausgangssituation, künftige Situation, Projektziele, erwartete Ergebnisse und Ergebnistypen, Budget, Zeitleiste, grundlegenden Anforderungen, Zielen und Nicht-Zielen (in-scope & out-of-scope), Vorgehensweise und Risiken.
- Die Team-Charter ist kein Muss, aber hilfreich vor allem für neue Teams. Sie dokumentiert den Zweck des Teams, die Rollen im Team, die üblichen Kernarbeitszeiten, die Werte und Spielregeln (z. B. Verhalten in Meetings, Feedback-Regeln).
- Stakeholder haben Erwartungen an das Projekt, Wünsche oder Anforderungen, unterschiedliche Einflussmöglichkeiten und Kommunikationswünsche, die bekannt sein sollten. Informationen zu den Stakeholdern werden in einem Stakeholder-Register gesammelt. (Kusay-Merkle, 2018, S. 69 f.)

Ein Beispiel einer Technik zur Beschreibung von Anforderungen sind sogenannte User Storys. Kund*innen oder andere Stakeholder werden dazu aufgefordert, in eigenen Worten zu formulieren, welche Anforderungen das Projektergebnis – in der Regel ein Produkt oder eine Dienstleistung – erfüllen soll. Kund*innen/Stakeholder formulieren damit indirekt Ziele, die bei der Projektdurchführung berücksichtigt werden.

So könnte ein Beispiel für das Qualitätsmanagement einer Kinder- und Jugendhilfeeinrichtung lauten:

- „Ich möchte als Mitarbeiterin der Wohngruppe wissen, was ich machen soll, wenn ein/e Bewohner*in abends nicht nach Hause kommt".

Um die User Story zu konkretisieren, helfen „wozu" Fragen (Preußig, 2018, S. 69):

- Wozu möchten Sie wissen, was Sie machen sollen? – Weil ich unsicher bin, wie ich mich richtig verhalten soll.
- Wozu brauchen Sie die Sicherheit? – Weil ich nie weiß, wann ich meine Aufsichtspflicht verletze und mich strafbar mache.

Anschließend werden Kriterien festgelegt, die deutlich machen, wann diese interne Mitarbeiterin, die in dem Fall die Kundin des Qualitätsmanagements ist, ein Ergebnis akzeptieren würde:

- Wenn ein/e Bewohner*in abends nicht nach Hause kommt, wird ein Zeitraum festgelegt, wie lange gewartet werden muss.

9.2 Projektstart und Projektauftrag klären

- Es werden Kontaktpersonen genannt, mit denen Rücksprache gehalten werden soll, um den individuellen Fall zu besprechen.
- Es wird ein Zeitraum definiert, ab wann der/die Bewohner*in polizeilich vermisst gemeldet werden muss.

Diese Akzeptanzkriterien dienen dazu, die Anforderungen zu konkretisieren.

Aus Tab. 9.1 ist erkennbar, dass die User Story die kleinste Einheit zur Erhebung von Kundenanforderungen darstellt. Verschiedene User Stories können einen Anwendungsfall (Use Case) ergeben, bei dem verschiedene Szenarien der Verspätung von Bewohner*innen abgebildet werden. Umgekehrt können auch Anwendungsfälle durch User Stories konkretisiert werden. Weitere Anwendungsfälle zu anderen Herausforderungen der Betreuung der Wohngruppe zu Nachtzeiten (z. B. Bewohner*innen halten sich nicht an die Nachtruhe, erläutert mit jeweils unterschiedlichen User Stories) können zu einem Epic zum Thema Nachtdienst in der Wohngruppe zusammengefasst werden. Die Zielsetzung des Qualitätsmanagements kann in diesem Fall sein, auf Basis dieses Epics mit der Bündelung der wesentlichen Use Cases und User Stories, die Mitarbeitenden im Nachtdienst bestmöglich durch definierte Standards und Prozesse zu unterstützen, die Sicherheit für die Fachkräfte bieten.

Ergänzend zu den beschriebenen Techniken werden Personas verwendet, um Interessen von Kund*innen abbilden zu können. Unter Personas versteht man idealtypische Kund*innen oder Anwender*innen des Systems oder des Produkts. Die Personas sollen lebendig mit typischen Eigenschaften und Verhaltensweisen beschrieben werden und stellvertretend für die unterschiedlichen Nutzergruppen stehen. Anforderungen von Nutzer*innen sollen damit besser verstanden und priorisiert werden können. Die unterschiedlichen, relevanten Personas sollten gemeinsam im Projektteam erarbeitet werden, damit diese möglichst realistisch beschrieben werden. Je nach Projekterfordernissen können die Beschreibungen mehr oder weniger ausführlich gestaltet sein. Sie enthalten pro idealtypischer Beschreibung folgende Elemente: Einen Namen der Persona, die Nutzerrolle, die Beschreibung als Nutzer*in, einen Satz zur Grundanforderung an das Produkt/den Prozess, Informationen zur Motivation bzw. zum Bedürfnis der Nutzung, ideale Produkt-/Prozessfeatures und Anwendungsfälle der Nutzung bzw. das Kernangebot. (Kusay-Merkle, 2018, S. 101 ff.) Welche Elemente genau genutzt werden, hängt von den Projektanforderungen ab. Ein Beispiel für die Beschreibung einer Persona finden Sie in Abschn. 9.7. bei den Fallangaben zum Anwendungsbeispiel des Zentrums für Kindheit und Jugend e. V.

Tab. 9.1 Erster Überblick über wichtige agile Techniken. (Darstellung in Anlehnung an Preußig, 2015, S. 78 f., Tabelle modifiziert und ergänzt auf Basis der Erläuterungen von Preußig, 2015, S. 78–119)

Zweck	Bezeichnung	Zielsetzung	Kurzbeschreibung der Umsetzung der Technik
Projekte steuern	Task Board	Übersicht über aktuelle Aufgaben	Wand oder Tafel zur Visualisierung von Aufgaben („To Do", „In Work", „Done")
	Daily-Standups	Effektive Statusmeetings	Kurze Besprechungen im Stehen, zum Status der Aufgaben, der geplanten Aufgaben des Tages und eventuellen Hindernissen (mit kurzer Lösungssuche)
	Osmotische Kommunikation	Gleichen Informations-stand herstellen	Gemeinsame Büros/Pausenbereiche schaffen, oder bei räumlich entfernten Teams: Chatrooms, Telefonkonferenzen
	WIP (Work in Progress)-Limits	Begrenzung von Parallel-Aufgaben zur Wahrung der Produktivität	Projektmitarbeitende können gleichzeitig unterschiedliche Aufgaben bearbeiten, aber die Anzahl der Aufgaben in Bearbeitung („in Work") ist z. B. mit vier Aufgaben pro Projekt begrenzt (vom Team definiert)
Projektanforderungen im Griff haben	Use Cases: Anwendungsfälle	Anforderungen aus Kundensicht beschreiben	Anforderungsbeschreibung in eigenen Worten, verschiedene Szenarien oder Situationen werden aus Sicht der Kund*innen beschrieben
	User Stories	Sehr kurze Anwendungsfälle	Der Anwendungsfall wird auf grober Ebene in einem oder ein paar wenigen Sätzen beschrieben

(Fortsetzung)

9.2 Projektstart und Projektauftrag klären

Tab. 9.1 (Fortsetzung)

Zweck	Bezeichnung	Zielsetzung	Kurzbeschreibung der Umsetzung der Technik
	Epic	Zusammenfassung von verwandten Anwendungsfällen	Zusammenfassung mehrerer, miteinander in Verbindung stehender Use Cases, um Teilbereiche des Produktes/des Prozesses/des Dienstes zu erfassen
	Persona	Perspektive des/der Kund*in einnehmen	Eine Persona beschreibt eine/n idealtypische/n Kund*in als fiktive Person, Personas sollen Kundenerwartungen lebendig in die Projektentwicklung einfließen lassen
	Geschäftswert	Möglichst frühzeitige Erkennung von Kundennutzen	Stakeholder wünschen sich eine Reihe von Merkmalen, die aber nicht die gleiche Priorität haben, Iterationen mit hohem Geschäftswert soll Vorrang eingeräumt werden
Projekt-controlling	Planning Poker	Aufwandsschätzung im Team	Ein Schätzteam mit Schätzkarten in einer Sitzung schätzt den Arbeitsaufwand ein, die höchste und niedrigste Schätzung wird begründet und die Schätzung wiederholt
	Story Points	Einheit für Aufwandsschätzungen	Einschätzung, für welche Anwendungsfälle in welcher Zeit Lösungen/Teilprodukte geliefert werden können

(Fortsetzung)

Tab. 9.1 (Fortsetzung)

Zweck	Bezeichnung	Zielsetzung	Kurzbeschreibung der Umsetzung der Technik
	Burn-Down Charts	Visualisierung des Arbeitsstandes	Visualisiert den Gesamtaufwand und die Teilaufgaben in einem Kurvendiagramm, bei Abschluss der Aufgabe wird die Zeit der Teilaufgabe von der Gesamtzeit (in Stunden oder Tagen) abgezogen, bis die Kurve bei 0 ankommt
	Timeboxing	Feste Zeitvorgaben gelten jedenfalls	Striktes Einhalten aller Termine ist Priorität in agilen Projekten (z. B. Lieferdatum, Besprechungszeiten…), wenn die Zeit nicht ausreicht, muss der Umfang sinnvoll reduziert werden
	Definition of Done	Klare Festlegung, wann eine Aufgabe als fertiggestellt gilt	Konkrete Kriterien werden durch Teammitglieder aufgestellt, wann Aufgaben als komplett erledigt gelten (z. B. Vier-Augen-Prinzip bei Abschluss nötig)
	Earned Value	Fortschritts- und Budgetkontrolle	Ein Earned-Value-Diagramm zeigt neben den erledigten Aufgaben auch die laufenden Projektkosten
	Cumulative Flow Diagramme	Engpässe erkennen in mehrstufigen Prozessen	Für jede Stufe des Prozesses werden die Anzahl der anliegenden Arbeitsaufträge mit Zeitachse eingezeichnet

9.3 Projektplanung und Projektkonzept agil gestalten

Das Product Backlog (oder auch als User Story Backlog bezeichnet) ist ein zentrales Instrument der Planung in agilen Projekten. Aus dem Backlog sind alle Arbeiten für das Projekt ersichtlich, die zu leisten sind. Diese unterschiedlichen Arten von To-dos nennt man Product Backlog Items und diese Liste hat drei besondere Eigenschaften: a) Das Backlog ist so priorisiert, dass die wichtigsten Dinge oben stehen und als erstes behandelt werden, b) Items oben auf der Liste sind bereits detailreich ausgearbeitet und unten stehende vielleicht nur mit Stichworten vermerkt und c) das Backlog lebt und kann neu priorisiert werden, Items können hinzukommen oder entfallen. (Kusay-Merkle, 2018, S. 70 f.)

Die Elemente im Product Backlog haben einen unterschiedlichen Detailgrad. Themen (Themes) sind wie grobe Überschriften, Epics und Features/Use Cases sind größere Einheiten die noch relativ grob sind, User Stories sind kleinere Einheiten, können aber wieder in mehrere Tasks, also kleinere Arbeiten unterteilt werden. Das initiale (erstmalige) Befüllen des Product Backlogs erfolgt in einem oder mehreren Workshops, oder auf Basis von Gesprächen. Anschließend werden die Product Backlog Items im Projektteam und in Abstimmung mit Projektauftraggebenden priorisiert. (Kusay-Merkle, 2018, S. 73)

Das Product Backlog ist eine priorisierte Sammlung von Anforderungen an das Produkt, das im Unterschied zum Pflichtenheft/Lastenheft des traditionellen Projektmanagements laufend aktualisiert und weiter ausdetailliert wird. User Stories werden meist aus der Sicht einer menschlichen Rolle formuliert, Einträge im Lastenheft beschreiben hingegen sachliche Anforderungen an ein System. Das Product Backlog muss regelmäßig aktualisiert werden, die Projektdurchführung und Projektplanung erfolgen iterativ (in laufenden, sich wiederholenden Schleifen). Es ist Aufgabe des Project Owners diese laufenden Aktualisierungen im Product Backlog und die Einschätzung der Größe der Items (Einschätzung der Arbeitszeit) mit Story Points zu veranlassen. (Timinger, 2017, S. 169)

Das Product Backlog gibt noch keine Auskunft darüber, wann die User Stories von wem und wie genau umgesetzt werden. (Timinger, 2017, S. 169) Die Roadmap oder auch das Story Mapping bringt die Planung in eine Übersicht der geplanten Teillösungen, die ausgeliefert werden und/oder für die bei Stakeholdern Feedback eingeholt wird. Grundfrage dabei ist immer, was die „schmalste Lösung" ist, mit der bereits ein erster Schritt getan und Nutzen für den/die Kund*in erwirkt werden kann. Im Unterschied zum traditionellen Projektmanagement geht es hier nicht um Meilensteine, zu denen Tätigkeiten erledigt sein sollen, sondern bei den zeitlich definierten Meilensteinen im agilen Projektmanagement geht es um konkrete (Teil-)Lösungen, die bereits im Alltag eingesetzt werden können. Zur (Teil-)Lösung wird gezielt Feedback eingeholt, um diese zu verbessern oder abzuschließen. Agiles Projektmanagement arbeitet nicht alle Details aus, sondern lernt laufend dazu. Die Wertstiftung für die Nutzer*innen und deren Feedback ist entscheidend für die Weiterentwicklung des Projekts. Product Backlog und Roadmap werden als lebendige, sich laufend entwickelnde Instrumente verstanden. Die Roadmap oder Story Map hat das Ziel, eine ganzheitliche Sicht auf das Produkt/den Prozess zu zeigen und die zeitliche Abfolge zu visualisieren. Bei der agilen Planung wird sehr viel Wert auf gemeinsame Diskussion und das Erarbeiten von Ergebnissen gelegt, Wissen wird gemeinsam aufgebaut. (Kusay-Merkle, 2018, S. 74–77)

Die Story Map und das Product Backlog werden im agilen Projektmanagement als Artefakte bezeichnet, diese gehören zu den agilen Techniken der Projektplanung. Beide Instrumente haben unterschiedliche Aufgaben und ergänzen einander, wie die Tab. 9.2 zeigt:

Aus der Story Map entsteht der Überblick über die anstehende Arbeit und auch über die geplanten (Teil-)Ergebnisse. Die Einträge können in das Product Backlog können gesamt übertragen werden, oder nur jeweils für den Teilschritt, der als nächstes geplant ist. (Kusay-Merkle, 2018, S. 187)

Der nächste wichtige Schritt im agilen Projektmanagement ist die Visualisierung der anstehenden Aufgaben. Bei der Methode des Scrum wird ein sogenanntes Taskboard verwendet, bei der Methode des Kanban erfolgt die Visualisierung über das Kanban-Board. Diese beiden Visualisierungstechniken werden nun kurz vorgestellt, bevor im nächsten Kapitel auf die Prozesse und die Gestaltung der einzelnen Methoden eingegangen wird.

Bei der Methode des Scrum kann ein Taskboard als physische Pinnwand oder auch elektronisch (z. B. im einfachsten Fall mit einer Tabelle z. B. in Microsoft Excel) angelegt werden. Eine physische Pinnwand ist sinnvoll in kleinen, räumlich zusammenarbeitenden Teams, um Besprechungen direkt am Board abzuhalten, bei räumlich entfernten Teams ist eine elektronische Version vorteilhafter. Alternativ zum Taskboard könnte auch ein Kanban-Board genutzt werden. (Timinger, 2017, S. 175) Die folgende Abb. 9.3 zeigt ein schematisches Taskboard mit User Stories und Bearbeitungsstatus:

Aus Abb. 9.3 ist ersichtlich, dass ausgewählte User Stories der Ausgangspunkt für das Taskboard sind und sich das Taskboard immer auf einen Sprint (Projektdurchlauf) bezieht. Was genau ein Sprint ist und wie dieser abläuft, wird in Abschn. 9.4 Projektdurchführung beschrieben.

Tab. 9.2 Story Map/Roadmap und Product Backlog/User Story Backlog im Überblick. (Darstellung nach Kusay-Merkle, 2018, S. 185, ergänzt und leicht modifiziert)

Beschreibung	Story Map/Roadmap	Product Backlog/User Story Backlog
Zielsetzung	Überblick über Produkt oder Prozess, dient dem Entdecken des Produktes oder Prozesses	Ist eine Aufstellung der To-dos, eine Liste aller anstehenden Aufgaben in ihrer Reihenfolge der Bearbeitung
Zielgruppe	Dient der Kommunikation mit den Stakeholdern	Dient dem Projektteam mit Blick auf die Details und die Priorisierung der User Stories
Detailgrad	Ist gröber gefasst und noch nicht im User Story Format, ermöglicht Überblick über Zeit und Ablauf	To-dos nahe an der Umsetzung werden im User Story Format formuliert, weiter in der Zukunft liegende Items sind gröber (als Features oder Themes)
Priorisierung	Priorisierung mit Blick auf das Gesamtprodukt möglich	Priorisierung erfolgt bezogen auf die Detailarbeit pro Product Backlog Item
Zweck	Definiert Meilensteine im Sinne kleiner (Teil-)Lösungen zur Auslieferung	Definiert die Tätigkeiten in Listenform und zeigt, welche Tätigkeiten zuerst bearbeitet werden
Lückensuche	Hilft beim Entdecken von Lücken	Lücken im Projekt sind nur schwer erkennbar
Nutzerperspektive	Bildet die Sicht verschiedener Nutzer*innen ab, jeweilige Nutzer*innen pro Meilenstein können auch angegeben werden	Benutzersicht nicht deutlich erkennbar, sondern über die Angabe der Rolle in der User Story bei Detaildurchsicht erkennbar

Das Kanban-Board nimmt das Product Backlog als Ausgangspunkt, die Backlog To-dos werden mit Tickets als Arbeitsschritte symbolisiert. Die Tickets auf dem Kanban-Board visualisieren (ganz ähnlich dem Scrum-Taskboard) die nächsten Schritte, was bereits in Arbeit ist und was fertig ist. Im Unterschied zu Scrum gibt es neben dem Product Backlog als Ausgangspunkt noch das Work-in-Progress-Limit (WIP-Limit), das aus der Zahl im Spaltenkopf der Tickets in Arbeit ersichtlich ist und die Anzahl der Tätigkeiten des Projekts zeigt, die gleichzeitig bearbeitet werden dürfen. (Kusay-Merkle, 2018, S. 206 f.)

Ziel des Kanban-Boardes ist es, die Arbeit im Projekt wie in Abb. 9.4 dar-

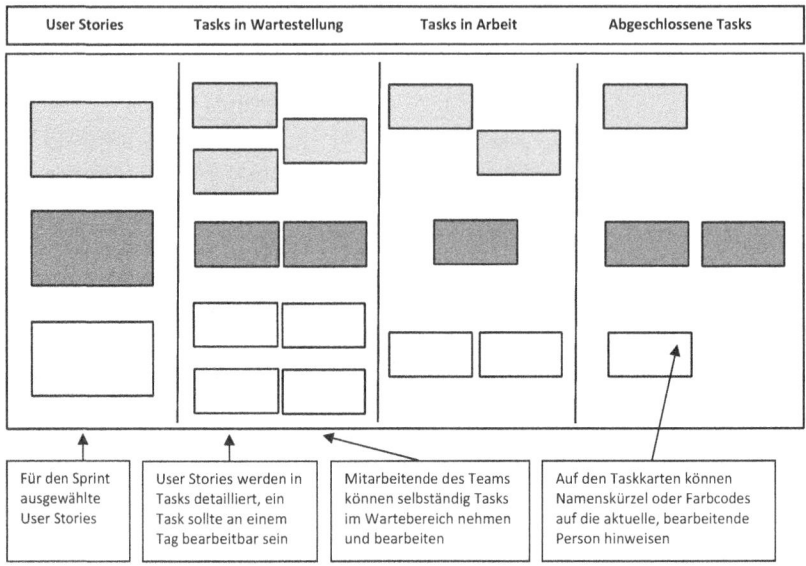

Abb. 9.3 Schematische Darstellung eines Scrum Taskboards mit Erklärungen. (Darstellung nach Timinger, 2017, S. 175, leicht modifziziert)

gestellt zu visualisieren. Kanban eignet sich immer dann besonders, wenn das Umfeld und die Arbeit von Unterbrechungen geprägt sind, die Mitarbeitenden sich nicht nur auf ein Projekt konzentrieren können, sondern unterschiedliche Tätigkeiten meistern müssen und daher die Arbeit nicht in festen Timeboxes (siehe Tab. 9.1) und Iterationen möglich ist (wie bei Scrum). Kanban eignet sich auch, um kurzfristige Änderungen und Anforderungen mit aufzunehmen und zu bearbeiten, was ein Verschieben der Prioritäten erforderlich macht. (Kusay-Merkle, 2018, S. 206) Zu beachten ist, dass das Scrum Taskboard und das Kanban-Board jeweils eine Visualisierungstechnik darstellen. Scrum und Kanban als Methoden beschreiben jedoch einen prozeduralen Ablauf der Umsetzung der konkreten Projektarbeit.

Die agilen Techniken bieten die nötigen Instrumente für die Arbeit und die agilen Methoden schaffen den prozesshaften Rahmen für den Projektverlauf. Die beiden bekanntesten und am häufigsten angewandten Methoden Scrum und Kanban werden im nächsten Kapitel erläutert.

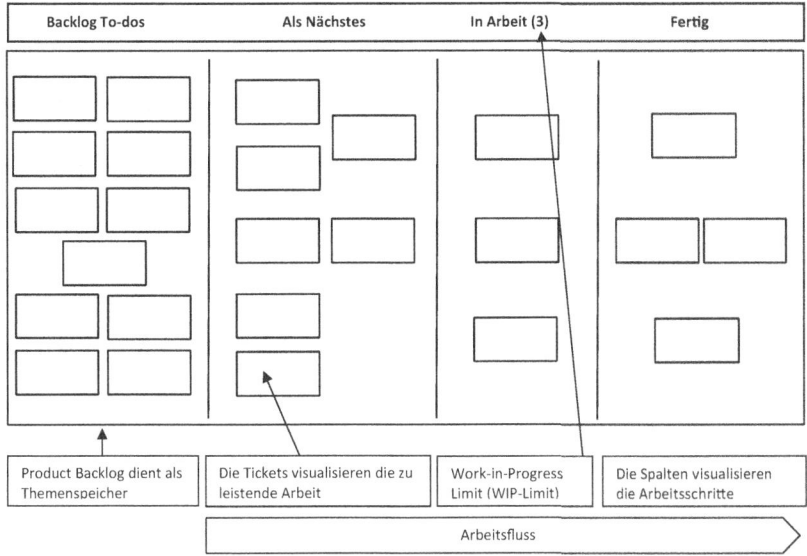

Abb. 9.4 Beispiel für ein Kanban-Board mit Erklärungen zur Grafik. (Darstellung nach Kusay-Merkle, 2018, S. 206, leicht modifiziert)

9.4 Projektdurchführung methodisch begleiten

Für die Projektdurchführung ist es sinnvoll, sich agiler Methoden zu bedienen. Agile Methoden sorgen für den organisatorischen Rahmen im Projekt. Projekte werden dadurch in einer bestimmten Art und Weise angegangen und die Agilität des Projektes damit gewährleistet. Grundlage für agile Methoden sind agile Techniken, agile Prinzipien und agile Werte. Abb. 9.5 stellt den Zusammenhang von agilen Werten, Prinzipien, Techniken und Methoden dar.

Dabei wird in Abb. 9.5 deutlich, dass agile Werte das Fundament von agilem Projektmanagement bilden. Agile Prinzipien stellen Handlungsgrundsätze dar, die auf die Werte aufbauen. Die Umsetzung von Prinzipien und Werten erfolgt über agile Techniken. Agile Methoden letztlich geben einem Projekt die agile Grundstruktur, die auf agilen Techniken aufbaut (Preußig, 2018, S. 143). Die bekanntesten Methoden sind Scrum und Kanban. Die beiden Methoden verbindet, dass die Arbeit im Projekt begrenzt wird. Sie basieren auf selbstorganisierten, kleinen Teams. Beide Methoden versuchen das System zu optimieren, indem

Agile Methoden
geben
Grundstruktur

Agile Techniken
konkrete Verfahren zur
Umsetzung der Werte und
Prinzipien

Agile Prinzipien
bilden Handlungsgrundsätze,
basieren auf den agilen Werten

Agile Werte
bilden das Fundament

Abb. 9.5 Bausteine des agilen Projektmanagement. (Darstellung nach Preußig, 2018, S. 143)

immer wieder Daten ausgewertet und die Erkenntnisse im weiteren Projektverlauf genutzt werden. Sie setzen auf Transparenz (Dechange, 2020, S. 311). Scrum und Kanban werden nun überblicksartig vorgestellt.

Scrum ist ein Rahmenwerk für agiles Prozessmanagement. Es beschreibt Rahmenbedingungen, die nötig sind, um agil arbeiten zu können. Ziel von Scrum ist es, Teilprodukte zu entwickeln, die dazwischen von Kund*innen getestet werden (Wolter & Sommerhoff, 2019, S. 57). Festgeschrieben sind lediglich die Rollen im Team, drei sogenannte Artefakte und fünf Ereignisse. Tab. 9.3 gibt eine Übersicht über Rollen, Artefakte und Ereignisse.

Tab. 9.3 geht zuerst auf die *Rollen im Team* ein. Diese legen Verantwortlichkeiten fest. Die Projektgruppe selbst, das sogenannte „Development-Team", hat keine spezifische Projektleitung und deshalb viel mehr Verantwortung für die Zusammenarbeit und die Qualität des entwickelten Produkts. Die Rolle „Product-Owner" kennt die Kundenanforderungen und hat das Projekt wirtschaftlich zu vertreten. Die Rolle „Scrum-Master" hingegen trägt keine inhaltliche Verantwortung, unterstützt aber bei einer effizienten Arbeitsweise und beim Einhalten der Regeln (Dechange, 2020, S. 292). Neben den Rollen im Team, werden in Tab. 9.2 die *Artefakt*e aufgezählt. Artefakte widmen sich den Kundenanforderungen und versuchen diese im Blick zu behalten. Um Kundenanforderungen zu erfüllen, benötigt man die sogenannten *Ereignisse*, die Abläufe und dazugehörige

Tab. 9.3 Scrum-Rahmenwerk. (Eigene Zusammenfassung in Anlehnung an Preußig, 2018, S. 144–156; Wolter & Sommerhoff, 2019, S. 57–63)

Kategorie	Elemente	Erläuterung
Rollen im Team	Scrum Master	Verantwortlich für Regeleinhaltung im Prozess wie z. B. Zeit, Moderation
	Product Owner	Kennt die Kundenanforderungen an das Produkt
	Development Team	Entwicklungsteam, entwickeln das Produkt anhand der Kundenanforderung
Artefakte	Sprint (Iteration/Inkrement)	Ein Teilprodukt, entspricht einer Iteration/Inkrement
	Product Backlog	Liste umzusetzender Aufgaben und Anforderungen insgesamt
	Sprint Backlog	Aufgaben und Anforderungen für das nächste Teilprodukt (Sprint)
Ereignisse	Sprints	Ein Teilprodukt, es wird innerhalb eines Monats entwickelt
	Sprint Planning	Sitzung zu Beginn des Sprints, um Anforderungen an ein Teilprodukt zu formulieren und wie es erreicht wird.
	Daily Scrum	Kurze tägliche Besprechung zur Koordination der Teamarbeit, meist im Stehen durchgeführt (auch Stand Up Meeting genannt)
	Sprint Review	Besprechung am Ende des Sprints mit Stakeholdern. Das Teilprodukt wird vorgestellt.
	Sprint Retrospective	Reflexion der Zusammenarbeit und der verwendeten Werkzeuge im Team

Besprechungen in der Methode Scrum konkretisieren. Das Ende eines Ereignisses erfolgt nach spätestens einem Monat, wenn ein Sprint abgeschlossen wird und ein Teilergebnis vorliegt. Die dazugehörigen Besprechungen haben einen festgelegten zeitlichen Rahmen und eine definierte Abfolge. Sie erfolgen zu Beginn und am Ende des Sprints im größeren zeitlichen Rahmen. Zusätzlich gibt es täglich ganz kurze Besprechungen als sogenannte Stand-up-Meetings.

Bei Scrum geht man davon aus, dass Mitarbeitende für das Projekt freigestellt sind, um ausschließlich an den Teilergebnissen (Sprints) zu arbeiten. Unter dieser Grundvoraussetzung lässt sich auch erklären, warum die zeitliche Befristung von einem Monat im Zentrum eines Sprints steht. Es sollen während eines Sprints keine weiteren Anforderungen an das Team herangetragen werden. Wenn nötig, kann das Team den Umfang eines Sprints sogar begrenzen, um sich an die Monatsfrist halten zu können (Preußig, 2018, S. 152 f.). Wenn ein Sprint beginnt, wird im Sprint Planning festgelegt, welche Anforderungen aus dem Product Backlog in das aktuelle Sprint Backlog Eingang finden, dazu muss festgelegt werden, welche Arbeiten realistischerweise erfüllt werden können. Der Product Owner muss dem Team erläutern, was unter den Produkteigenschaften im Blacklog zu verstehen ist. Der Scrum-Master hingegen hat darauf zu achten, dass das entsprechende Zeitfenster eingehalten wird. Bei einem Sprint mit einer Dauer von einem Monat, darf das Sprint Planning maximal 8 h dauern. (Preußig, 2018, S. 154)

Beim Daily Scrum wird in kurzen Einheiten ein tägliches Stand-up-Meeting durchgeführt. Es sollte 15 min dauern und täglich am gleichen Ort zur gleichen Zeit stattfinden. Es dient der Koordination des Teams. Am Ende des Sprints wird im Sprint Review den Stakeholdern, also insbesondere Kund*innen das Teilergebnis vorgestellt. Am Ende eines Monats muss ein Teilergebnis vorliegen, das die Kundenanforderungen erfüllt und von den Kund*innen bereits anwendbar ist. Diese Sitzung mit einer Dauer von vier Stunden führt dazu, dass Kund*innen Anforderungen nochmal konkretisieren können. Das Product Backlog kann sich also durchaus im Verlauf der Produkterstellung nochmal ändern. Darauf muss im nächsten Sprint Rücksicht genommen werden, weshalb am Ende des Sprint Review die nächsten Product Backlogs vorbereitet werden. In der abschließenden Sprint-Retrospektive werden in maximal drei Stunden Verbesserungsmaßnahmen für kommende Sprints identifiziert. (Dechange, 2020, S. 301)

Die Methode Scrum sorgt also dafür, dass der zeitliche Rahmen des Projektes festgelegt ist. Das Ziel wird jedoch in monatlichen Abschnitten neu geplant und abgesteckt. Die Striktheit, mit der ein zeitlicher Plan, die sogenannte Timebox, verfolgt wird, gehört zu den Wesensmerkmalen von Scrum (Preußig, 2018, S. 157). Zu Visualisierung der Aufgaben wird das Taskboard verwendet.

Neben Scrum ist *Kanban* eine bekannte Methode des agilen Projektmanagements. Hier steht nicht die Begrenzung des Projektes über die Zeit mit Sprints im Mittelpunkt, sondern über die Menge an Arbeit, die für das Projekt zur Verfügung steht (Kusay-Merkle, 2018, S. 45). Kanban gibt dabei wie Scrum keine ganz genauen Abläufe oder Strukturen vor, sondern fördert die Selbstorganisation, indem Mitarbeitende Aufgaben selbstständig an sich nehmen. Diese Grundidee wird als „Pull Prinzip" bezeichnet. Kanban hat laut Kuster et al. (2019, S. 22) vier Grundprinzipien und sechs Praktiken als Grundlage:

„Die vier Grundprinzipien von Kanban lauten:

9.4 Projektdurchführung methodisch begleiten

- Starte mit dem, was Du gerade machst.
- Strebe inkrementelle, evolutionäre Veränderungen an.
- Respektiere aktuelle Prozesse, Rollen, Verantwortlichkeiten und Titel.
- Fördere Führung und Verantwortung auf allen Ebenen der Organisation.

Die sechs Praktiken von Kanban sind:

- Mache die Arbeit sichtbar (Kanban Board...).
- Limitiere die Menge angefangener Arbeiten.
- Messe und manage den Fluss.
- Mache Prozessregeln explizit: eindeutig und bekannt.
- Entwickle Rückmeldemechanismen.
- Führe gemeinschaftlich Verbesserungen durch." (Kuster et al., 2019, S. 22)

Die sechs Praktiken werden im Folgenden mit Bezug auf Dechange (2020, S. 306 ff.) genauer ausgeführt. Um erstens die *Arbeit sichtbar* zu machen, wird das in Abschn. 9.3 vorgestellte Kanban Board genutzt. Damit wird der rote Faden, der Workflow, des Projektes deutlich. Entscheidend ist an der Stelle, die Menge der Arbeitspakete, die sogenannten Work-Items, pro Phase des Projektes zu begrenzen. Damit wird zweitens die Menge angefangener *Arbeiten limitiert*. Das Limit wird über den Work in Progress (WIP) dargestellt. Meist werden nicht mehr als drei Work-Items gleichzeitig pro Phase bearbeitet. Ein viertes Item dürfte dann von der Projektgruppe nicht mehr angenommen werden. Zusätzlich zur Limitierung pro Phase kann auch ein Limit pro Mitarbeitenden gesetzt werden. Über die Work-Items genannten Arbeitspakete entsteht ein Arbeitsfluss. Drittens wird dieser *Fluss gemessen und gemanagt*. Im Zentrum steht dabei der Workflow. Es wird also gemessen, wie lange es dauert, bis eine Aufgabe (Work-Item) bzw. die Gesamtsumme an Work-Items erledigt ist (Durchlaufzeit). Daneben muss auch erfasst werden, wie viele Work Items pro Zeitraum, beispielsweise in einer oder zwei Wochen erledigt werden können. Dies wird über den Durchsatz erfasst. Die Wartezeit hingegen ist der Zeitraum, in der ein Item nicht bearbeitet wird, weil das Work-Item-Limit bereits erreicht wurde. Der kumulative Fluss wird als letzte zu erhebende Kennzahl bezeichnet, wie viele Work Items in einer bestimmten Phase überhaupt bearbeitet werden können. Das Messen und Managen hat zum Ziel, den Arbeitsfluss zu steuern und zu optimieren, das Projekt voranzubringen, aber die Ressourcen von einzelnen Personen im Blick zu behalten. Viertens sollen die *Regeln für den Prozess* offen gelegt werden. Dabei geht es vor allem um Regeln zur Zusammenarbeit und Prozesssteuerung. Diese betreffen beispielsweise die Gestaltung von Besprechungen und Sitzungen, den Umgang mit dem Kanban

Board, der Begrenzung von Arbeit, dem Setzen von Prioritäten und der Definition, wann ein Work Item als erledigt zu betrachten ist (die sogenannte Definition of Done). *Rückmeldesysteme* sollen fünftens genutzt werden, um sechstens *Chancen für Verbesserungen* zu identifizieren. Dazu können Kennzahlen wie Durchlaufzeit und Durchsatz verwendet werden, aber auch tägliche Stand Up Meetings vor dem Kanban Board erfüllen diesen Zweck. Generell alle, aber insbesondere schwierige Tickets werden kurz durchgesprochen und die Herangehensweise geklärt. Jeden Monat sollte ein größeres Meeting stattfinden, in dem Arbeitsprozesse besprochen und verbessert werden. (Dechange, 2020, S. 306 ff.)

Somit wird nochmal deutlich: Scrum limitiert den Aufwand über die Zeit, Kanban über die Menge an Arbeit. Kusay-Merkle (2018, S. 46) hat eine Gegenüberstellung der Methoden Scrum und Kanban erstellt, die in Tab. 9.4 ersichtlich wird:

Tab. 9.4 Wesentliche Unterschiede zwischen Scrum und Kanban (Kusay-Merkle, 2018, S. 46)

Scrum	Kanban
Iterationen (Sprints) in fest definierten und geplanten Zeitrahmen	Iterationen sind optional
Begrenzung der Arbeitsmenge durch den Sprintplan (Ergebnis aus dem Sprint Planning) und die Sprintlänge	Begrenzung der Arbeit durch ein WIP-Limit (WIP = Work in Progress)
Arbeit muss so heruntergebrochen werden, dass sie in einem Sprint fertiggestellt werden kann	Keine Größe der „Arbeitshappen" vorgegeben
Schätzen ist vorgeschrieben	Schätzen ist optional
Das Sprint Backlog gehört einem spezifischen Team	Ein Kanban-Board kann von mehreren Teams oder individuellen Mitarbeitern geteilt werden
Scrum schreibt drei Rollen vor: Product Owner, Scrum Master, Development Team	Kanban schreibt keine Rollen vor
Ein Scrum-Board oder Task-Board (auf dem die Aufgaben in einem Sprint mitverfolgt werden) wird zwischen jedem Sprint zurückgesetzt. Es bildet nur den jeweiligen Sprint ab	Ein Kanban-Board ist persistent; der Inhalt bleibt erhalten (Es sei denn, er wird bewusst archiviert oder entfernt)
Scrum schreibt ein priorisiertes Product Backlog vor	Bei Kanban ist es optional

In Tab. 9.4 wird deutlich, dass Scrum und Kanban durchaus Ähnlichkeiten aufweisen, sich aber im Umgang mit Iterationen, der Art der Limitierung der Arbeit, der Definition von Rollen und dem Umgang mit Prioritäten im Projekt unterscheiden.

Auch Projekte, denen agile Werte zugrunde liegen, müssen zum erfolgreichen Abschluss kommen und irgendwann offiziell beendet werden. Wie sie sich dabei vom klassischen Projektmanagement unterschieden, wird anschließend dargestellt.

9.5 Projektabschluss und Projektreview laufend integrieren

Sehr schnell wird deutlich, dass das Projektreview und der Teilabschluss des Projektes laufend erfolgt. Die Interaktion mit Kund*innen ist besonders hoch. Es wird also nicht am Ende das eine Ergebnis präsentiert, sondern Auftraggeber regelmäßig über den Projektfortschritt informiert. Besonders deutlich wird dieser Grundgedanke bei der Methode Scrum. Am Ende eines Sprints wird nach spätestens vier Wochen ein Teilergebnis vorgelegt, das in einer festgelegten Sitzung, dem Sprint Review, mit den relevanten Anspruchsgruppen besprochen wird. Das Teilergebnis muss für die Kund*innen bereits anwendbar sein. In einem weiteren Sprint kann es optimiert werden oder weitere Teilergebnisse werden geliefert, die am Ende alle zusammen das Gesamtergebnis bilden. Die Abnahme der Leistung erfolgt also kontinuierlich und nicht am Ende einmalig. Das Projektreview erfolgt ebenfalls immer wieder am Ende eines Sprints. In der als „Sprint Retrospective" bezeichneten Reflexionssitzung denkt das Projektteam über die Zusammenarbeit im Team nach und strebt Verbesserungen an. Im Review müssen auch immer wieder die Aspekte „Kosten", „Ressourcen", „Zeit", „Qualität" und „Risiken" besprochen werden, die im klassischen Projektmanagement zum Controlling gehören (Benkhofer et al., 2019, S. 159). Agile Methoden werden nicht determiniert durch ein festgelegtes Ergebnis, das in einem bestimmten Zeitraum zu erreichen ist, sondern das Ende des Projektes erfolgt durch die festgelegten Kosten und den vorher definierten Aufwand für das Projekt.

Auch ein agiles Projekt muss jedoch bewusst beendet werden. Laut Kuster et al. (2019, S. 231) ist die Komplettierung und Aktualisierung von Dokumenten am Ende von Projekten vor allem dann mit einer geringen Motivation verbunden, wenn die Nutzer*innen sehr zufrieden sind. Dennoch bedarf es der Erstellung von Abschlussdokumenten. Fehlen die Abschlussdokumente kann dies bei einer späteren Überarbeitung des Projektergebnisses hinderlich sein. Aus dem Grund ist ein

Projektabschussbericht zu erstellen, der Ergebnisse darstellt und Aussagen zum Prozess liefert. Es bedarf einer Schlussrechnung und eines Abnahmeprotokolls. Hier unterscheiden sich also agile Methoden nicht vom klassischen Projektmanagement. Zudem müssen aber auch Product Backlogs mit Anwendungen, die nicht realisiert wurden, archiviert werden, damit sie bei einer Überarbeitung vorliegen. Nicht vergessen werden darf auch eine entsprechende persönliche Würdigung der Projektmitarbeitenden. (Kuster et al., 2019, S. 232)

9.6 Digitale Tools zur Unterstützung einsetzen

Die Planung und Durchführung von Projektmanagement kann auch digital unterstützt werden. Dies bietet sich vor allem dann an, wenn die Teammitglieder nicht alle an einem Arbeitsort versammelt sind und deshalb zeitlich und örtlich unabhängig voneinander arbeiten. Nichtsdestotrotz muss der Zugang zu Informationen und Dokumenten gewährleistet sein. Letztlich bleibt es jedem selbst überlassen, welche digitale Tools als hilfreich angesehen werden. Hier soll lediglich auf die verschiedenen Anwendungsfelder eingegangen werden.

Die digitale Unterstützung geschieht auf mehreren Ebenen. Digitale Werkzeuge können erstens behilflich sein, die Zusammenarbeit im Team und das Teilen von Dokumenten zu erleichtern. Teamsitzungen etwa können ebenfalls digital stattfinden. Digitale Werkzeuge können auch zweitens mit ganz konkreten Anwendungen bei der Umsetzung der Projektplanung behilflich sein. Drittens können mit Hilfe von digitalen Werkzeugen auch einzelne Methoden und Techniken umgesetzt werden.

Für die Zusammenarbeit im Team eignen sich sogenannte Collaborationtools. Dort können Dokumente eingestellt, von mehreren Personen bearbeitet und gesichert werden. Manche dieser Collaborationstools haben auch Konferenzsoftware integriert, sodass ein kleiner Videoanruf über das Internet auch bei räumlicher Trennung eine persönliche Form des Austausches zulässt. Teambesprechungen können zum Teil auch über Collaborationtools abgewickelt werden, manchmal bedarf es aber auch eines extra Videokonferenzsystems. Viele Softwarehersteller bieten mittlerweile solche Tools an. So kann „MS Teams" oder als Alternative ohne Videokonferenzsystem „Slack" oder „Etherpad" genutzt werden. Doch auch digitale Tools, die das Teilen von Dokumenten erlauben, sind bereits hilfreich. Hier kann man etwa „nextcloud" wählen oder „OneDrive".

Bei der konkreten Anwendung von Projektmanagementtools kann ebenfalls auf unterschiedliche Softwarelösungen mit unterschiedlichem Komplexitätsgrad zurückgegriffen werden. Die Tools lassen es zu, Arbeitspakete zu definieren, mit

Verantwortlichkeiten und einer zeitlichen Planung zu hinterlegen. So kann jedes Teammitglied jederzeit den Projektstatus überblicken und erledigte Aufgaben abhaken.

Abschließend lässt sich noch festhalten, dass die Anwendung kleiner Methoden möglich ist. Meist reicht es, eine App herzunterzuladen. So arbeitet die App „Trello" wie ein digitales Kanban-Board, ebenso die App „meistertask".

Es ist schwirig, konkrete Tipps für Online-Anwendungen zu geben, denn neue Anwendungen werden entwickelt und Angaben sind schnell überholt. Die hier genannten Werkzeuge sollen Beispiele verdeutlichen und stellen keinerlei Empfehlungen dar. Datenschutzrechtliche Aspekte muss jeder/jede Anwender*in selbst überprüfen. Es bleibt also niemandem erspart, sich selbst einen Überblick über konkrete Anwendungstools zu verschaffen.

9.7 Anwendungsbeispiel: Agilität der Projekte des Zentrums für Kindheit und Jugend e. V

Rückblickend haben Sie in den vorangehenden Kapiteln die folgenden Projekte des Zentrums für Kindheit und Jugend e. V. kennen gelernt:

- Freizeitpädagogisches Angebot: Konzeption einer Spiel- und Sportwoche sowie einer Action- und Sportwoche. Der Projektstatus ist als abgeschlossen zu bezeichnen, das Projekt wird in das reguläre Angebot der Organisation überführt und ist nun im Zuständigkeitsbereich der Abteilung Freizeitpädagogisches Angebot.
- Jubiläumsfeier: Der Projektstauts ist als abgeschlossen zu bezeichnen, als zentrales Learning aus dem Projekt wird mitgenommen, das die Projektabschluss- und Projektreviewphase in künftigen Projekten besser eingeplant werden müssen.
- Folgeprojekt Freizeitpädagogisches Angebot zur Konzeption einer Musik- und Gesangswoche: Das Projekt ist in der Projektstartphase und der Projektauftrag ist zu klären, damit das Projektmanagement in die weiteren Phasen gehen kann.
- Qualitätsmanagement: Der Projektstart und Projektauftrag sind erfolgt, einzelne Aktivitäten zum Qualitätsmanagement wurden gesetzt. Derzeit stagniert das Projekt jedoch und die Mitarbeiter*innen in der Organisation hinterfragen, ob das Projekt überhaupt Relevanz für die tägliche Arbeit hat und ob sich der Aufwand für dieses Projekt lohne.

Die Überlegungen zum agilen und digitalen Projektmanagement nehmen diese genannten Projekte als Beispiele zur Reflexion der erläuterten Theorie. Die Lern- und Kontrollfragen und Musterlösungen finden Sie im nächsten Kapitel.

Zur genaueren Betrachtung und Anwendung des agilen Projektmanagements wird das Projekt Qualitätsmanagement in weiterer Folge als Beispiel herangezogen. Nach Abstimmung mit der wirtschaftlichen und pädagogischen Leitung sowie dem ehrenamtlichen Vorstand soll mit den Qualitätsmanagementmaßnahmen in einer der Wohngruppen begonnen werden.

In Abschn. 9.2 haben Sie bereits eine User Story aus der Wohngruppe kennengelernt, in der beschrieben wird, welche Herausforderungen durch verspätetes Heimkommen der Bewohner*innen entstehen. In weiterer Folge werden Sie die Wohngruppe noch genauer kennenlernen. Das Qualitätsmanagement wird mit Prozessbeschreibungen und der Bereitstellung von Informationen und Checklisten in der Wohngruppe starten. Die Herausforderungen der Nachtschicht in der Wohngruppe werden als Erstes bearbeitet.

Damit Anforderungen an das Qualitätsmanagement noch klarer werden, kann auch mit Personas gearbeitet werden. Bei der Beschreibung von Personas wird mit Alliterationen gearbeitet, dies bedeutet, dass der Name der Person mit einem Wesensmerkmal verknüpft wird und der Name und das Wesensmerkmal mit dem gleichen Anfangsbuchstaben beginnen. Damit sollen die Personas und deren Eigenschaften leichter zu merken sein. Die verschiedenen Personas sollen die Nutzergruppen des Qualitätsmanagements abbilden, in unserem Anwendungsbeispiel unterschiedliche idealtypische Mitarbeiter*innen der Wohngruppe. Das Beispiel „Evelin, die Erfahrene" wurde bereits vom Qualitätsmanagement erarbeitet. Das Beispiel dieser Persona in Abb. 9.6 beschreibt eine erfahrene Mitarbeiterin, die schon seit 10 Jahren in der Wohngruppe tätig ist.

In der Wohngruppe bleibt die Nachtbereitschaft eine Herausforderung. Für Personen, die neu in der Einrichtung arbeiten, ist oft nicht klar, welche Aufgaben in der Nachtbereitschaft erledigt werden sollen. Doch auch erfahrene Kräfte stehen immer wieder vor pädagogischen Herausforderungen. Was soll getan werden, wenn die Jugendlichen sich gerade unter der Woche nicht an die Nachtruhe halten, im Zimmer z. B. so laut sind, dass sie andere stören oder mit digitalen Medien beschäftigt sind und nicht schlafen? Problematisch ist teilweise auch, dass sich weder die Familien noch die Kinder und Jugendlichen an Vereinbarungen halten, wann sie nach Hause kommen sollen. So erscheinen Kinder immer wieder nach einem Besuch bei der Herkunftsfamilie nicht pünktlich in der Wohngruppe. Doch auch bei Verabredungen mit Freunden mangelt es an Zuverlässigkeit. So kann es sein, dass Jugendliche abends Stunden zu spät nach Hause kommen.

9.8 Fragen und Musterlösungen zum ... 217

Evelin, die Erfahrene
Nutzerrolle: Langjährige Mitarbeiterin in der Wohngruppe mit viel Erfahrung
Beschreibung: Engagierte Mitarbeiterin, seit 20 Jahren in der Sozialen Arbeit tätig, seit 10 Jahren in der Wohngruppe, hat berufsbegleitend das Studium der Sozialen Arbeit absolviert, ist in der stellvertretenden Leitung tätig. Sie will die Prozesse in der Wohngruppe verbessern, um die Jugendlichen besser zu unterstützen und ist davon überzeugt, dass dies nur mit professioneller Teamarbeit und gut ausgebildeten, motivierten Mitarbeiter*innen möglich ist.

Evelin lässt Kolleg*innen gerne an ihrem Wissen teilhaben, will dieselben Informationen jedoch nicht laufend wiederholen müssen, um Zeit für andere Aufgaben zu haben.

Sie möchte in ihrer Freizeit auch tatsächlich entspannen, wird jedoch häufig von Kolleg*innen informell telefonisch kontaktiert, um Fragen oder Probleme in deren Dienst zu lösen und kann dazu schwer „Nein" sagen.

Bedürfnis:
Zeit für die Jugendlichen und für wichtige Themen sowie die Weiterentwicklung von Prozessen in der Wohngruppe zu haben. Routinetätigkeiten sollen schnell erledigt werden können. Die Mitarbeiter*innen sollen selbstständig arbeiten können. In der Wohngruppe gibt es jedoch hohe Fluktuation sowie viele Teilzeitbeschäftigte und damit ein großes Team. Die Einschulung soll schneller und professioneller möglich sein.

Kernangebot:
Gut aufbereitete, knappe Informationen zu den wichtigsten Prozessen in der Wohngruppe mit Erklärungen zu den Abläufen und Verweis auf die jeweils relevanten gesetzlichen Grundlagen.
Eine Auflistung der häufigsten Problem- und Ausnahmefälle mit Darstellung der Lösungsmöglichkeit(en).
Klare Regeln, in welchen Ausnahmefällen erfahrene Mitarbeitende in ihrer Freizeit von Kolleg*innen kontaktiert werden dürfen.

Abb. 9.6 Musterbeispiel einer Persona – Evelin, die Erfahrene. (Eigene Darstellung)

Was in diesen Fällen von den pädagogischen Fachkräften getan werden kann, soll nun in sogenannten Prozessbeschreibungen festgehalten werden. Diese werden gemeinsam vom Qualitätsmanagement-Projektteam mit den Mitarbeiter*innen der Wohngruppe erstellt.

9.8 Fragen und Musterlösungen zum agilen Projektmanagement im Zentrum für Kindheit und Jugend e. V.

Beantworten Sie die nachstehenden Fragen für die Projekte des Zentrums für Kindheit und Jugend e. V. und vergleichen Sie Ihre eigenen Lösungen anschließend mit den Musterlösungen:

- Überlegen Sie für die vier angesprochenen Projekte des Zentrums für Kindheit und Jugend e. V. in Abschn. 9.7, ob sich diese besser für das klassische oder agile Projektmanagement eignen und begründen Sie Ihre Entscheidung.
- Gestalten Sie eine Beschreibung der Persona „Anna, die Anfängerin". Anna ist eine Absolventin eines Bachelorstudiums Sozialer Arbeit und hat ihre Tätigkeit in der Wohngruppe vor drei Monaten begonnen. Bisher hat sie nur Pflichtpraktika absolviert, eines davon war in einem Jugendzentrum und das zweite war in der Wohngruppe, in der sie jetzt beruflich tätig ist. Anna möchte möglichst selbstständig arbeiten können, ihr ist allerdings bewusst, dass sie noch sehr viel über die genauen Abläufe in der Wohngruppe lernen muss und vor allem in schwierigen Situationen Unterstützung braucht. Erarbeiten Sie die Beschreibung der Persona in Anlehnung an das Musterbeispiel der Persona „Evelin, die Erfahrene" in Abschn. 9.7 und versuchen Sie sich möglichst gut in eine Berufsanfängerin in einer Wohngruppe hineinzuversetzen. Welche weiteren Personas könnten sinnvoll sein?
- Product Backlogs oder User Story Backlogs sind wesentliche Artefakte, mit denen im agilen Projektmanagement gearbeitet werden. Sie bestehen aus den Themes (Themen), Epics (Sammlung von Erzählungen zu einem Thema), Use Cases (Anwendungsfällen) und User Stories (kleine Situations-/Problemdarstellungen von Nutzer*innen). Erklären Sie die Unterschiede dieser Elemente am Beispiel „Nachtschicht in der Wohngruppe des Zentrums für Kindheit und Jugend e. V. Ihre Aufgabe ist, für jedes genannte Element 2–3 Beispiele zu finden, die Sie ganz kurz erläutern.
- Eignet sich Scrum oder Kanban für die Projekte des Zentrums für Kindheit und Jugend e. V.? Begründen Sie Ihre Auswahl, indem Sie auf die unterschiedlichen Charakteristika der beiden Methoden eingehen. Verwenden Sie für Ihre Lösung die Tab. 9.4: „Wesentliche Unterschiede zwischen Scrum und Kanban".
- Unter welchen Voraussetzungen macht es Sinn, beim Projekt „Qualitätsmanagement" digitale Tools für die Zusammenarbeit zu nutzen?

Musterlösung zur Eignung von agilem Projektmanagement für die Projekte des Zentrums für Kindheit und Jugend e. V.:

- Freizeitpädagogisches Angebot: Konzeption einer Spiel- und Sportwoche sowie einer Action und Sportwoche: Das Projekt wäre prinzipiell für die Anwendung des agilen Projektmanagements geeignet, in der ursprünglichen Fassung des Projektauftrages war die Aufgabe enthalten, mehrere verschiedene freizeitpädagogische Wochen zu konzipieren. Der Zeitrahmen mit einem

Jahr wäre festgelegt und die verfügbaren Ressourcen (Personal und Zeit) wären zu definieren. Die Projektgruppe hätte bei der Perfektion der Freizeitpädagogischen Wochen sparen müssen und hätte wahrscheinlich mehrere Themenwochen geschafft. Allerdings setzt dies voraus, dass das Projektteam Erfahrungen im agilen Projektmanagement gehabt hätte. Ab der genauen Definition der Spiel- und Sportwoche und Action und Sportwoche reduziert sich die Komplexität des Projektes und das klassische Projektmanagement wird wieder vorteilhafter.

- Freizeitpädagogisches Angebot – Folgeprojekt einer Musik- und Gesangswoche: Prinzipiell kann agiles Projektmanagement für die freizeitpädagogischen Maßnahmen sinnvoll sein. Kundenanforderungen in den Blick zu nehmen und dabei schnell und flexibel Veränderungen herbeizuführen, kann hier Marktvorteile versprechen. Da das Folgeprojekt allerdings sehr ähnlich gestaltet werden soll, wie das Vorprojekt können sehr viele Vorerfahrungen genutzt werden, die das klassische Projektmanagement als vorteilhafter erscheinen lassen. Die Projektgruppe ist zudem nicht mit den Methoden des agilen Projektmanagements vertraut, was zu Verzögerungen im Projekt führen würde. Aus Sicht der Kund*innen (Eltern und Kinder) sind Teilleistungen nur sinnvoll, wenn sie die gesamte freizeitpädagogische Woche von Montag bis Freitag umfassen.
- Jubiläumsfeier: Beim Projekt der Jubiläumsfeier gibt es von Projektstart an ein relativ klares Bild der Projektziele, der Projektauftrag lässt sich vergleichsweise einfach konkretisieren. Im Zuge des Projektverlaufes gibt es Änderungen oder Herausforderungen, die auch sehr gut mit klassischem Änderungsmanagement in Projekten gelöst werden können. Durch agiles Projektmanagement in mehreren iterativen Schleifen würde ein Zusatzaufwand entstehen, der sich für dieses recht überschaubare und klar zu definierende Projekt nicht lohnen würde. Hier ist eindeutig das klassische Projektmanagement als vorteilhafter zu sehen.
- Qualitätsmanagement: Dieses Projekt ist sehr umfangreich, das Qualitätsmanagement betrifft nicht nur einzelne Stellen oder eine Projektgruppe, sondern muss in der gesamten Organisation umgesetzt werden. Für dieses Projekt ist das agile Projektmanagement eindeutig zu empfehlen. Durch User Stories und Anwendungsfälle kann das Qualitätsmanagement greifbar für die Mitarbeiterinnen und Mitarbeiter heruntergebrochen werden. Die Zweifel über die Sinnhaftigkeit von Qualitätsmanagement können durch die Einbindung der Mitarbeiter*innen als interne Kund*innen des Qualitätsmanagements relativiert werden. Es wird durch diese Zugänge möglich zu zeigen, dass Qualitätsmanagement in der täglichen Arbeit Relevanz hat. Da das Projekt noch in der Start- und Planungsphase ist und die Organisation ohnehin Neuland mit

diesem Projekt betreten muss, können agile Methoden und Techniken sinnvoll in die Projektplanung und -umsetzung integriert werden.

Musterlösung für die Beschreibung der Persona – Anna, die Anfängerin (Abb. 9.7) Weitere Personengruppen zu beschreiben ist dann sinnvoll, wenn sie unterschiedliche Merkmale und Bedürfnisse aufweisen und für die qualitätsvolle, fachliche Zusammenarbeit in der Wohngruppe relevant sind. Beispiele dafür wären Praktikant*innen, die in Kurz- oder Langzeitpraktikant*innen unterschieden werden können oder Mitarbeiter*innen mit einer unterschiedlich langen Berufserfahrung.

Wesentlich bei der Beschreibung von Personas ist, dass nur die wichtigsten Gruppen vertreten sein sollen, damit Erkenntnisse aus den Beschreibungen gewonnen werden. Neue Personas anzulegen macht also dann Sinn, wenn daraus andere Bedürfnisse und Anforderungen an das Kernangebot resultieren.

Musterlösung zu Elementen des Product Backlogs bzw. User Story Backlogs

Das übergeordnete Thema lautet „Nachtbereitschaft" in der Wohngruppe und ist durch die Fragestellung bereits festgelegt.

Die kleinste Einheit ist die Erhebung von Kundenanforderungen, in dem Fall den Mitarbeiter*innen der Wohngruppe. Deren *User Stories* werden genutzt, um den Anwendungsfälle zu definieren. Eine User Story kann lauten, dass die Jugendlichen am Sonntag Abend von der eigenen Familie zu spät zurück in die

Anna, die Anfängerin

Nutzerrolle:
Berufseinsteigerin in der Wohngruppe direkt nach dem Studium

Beschreibung:
Engagierte Mitarbeiterin, hat das Bachelorstudium der Sozialen Arbeit gerade erst abgeschlossen und bisher nur Praktika absolviert (Jugendzentrum und Wohngruppe). Als Neuling ist ihr bewusst, dass sie die Prozesse und vor allem den Umgang mit Ausnahmesituationen erlernen muss.

Bedürfnis:
Möglichst rasch in die Routineprozesse der Wohngruppe reinfinden, um diese selbstständig lösen zu können.

Kernangebot:
Gut aufbereitete Informationen zu den wichtigsten Prozessen, um nachlesen zu können, wenn etwas in Vergessenheit geraten ist oder länger nicht mehr als Tätigkeit zu erledigen war.
Eine Ansprechperson für Fragen und vor allem für Herausforderungen mit den Jugendlichen zu haben.

Anna möchte selbstständig arbeiten und braucht Basiswissen über die Abläufe in der Wohngruppe und über den Umgang mit Ausnahmen.

Sie will sich sicher in ihrer Tätigkeit fühlen und möchte eine erfahrene Ansprechperson haben, wenn es Probleme gibt.

Abb. 9.7 Musterlösung zur Persona – Anna, die Anfängerin. (Eigene Darstellung)

9.8 Fragen und Musterlösungen zum ...

Wohngruppe kommen. Eine andere User Story bezieht sich darauf, dass Jugendliche nachmittags mit Freunden außerhalb der Wohngruppe unterwegs waren und nicht wie vereinbart um 19.00 Uhr zurück kommen. Es ist bereits 21.00 Uhr und die Bewohnerin nicht über das Smartphone erreichbar. Die User Story ergeben zusammen einen *Use-Case*. Hier lautet der Anwendungsfall „Jugendliche kommen nicht zur vereinbarten Zeit zurück in die Wohngruppe". Ein anderer Use-Case könnte sein, dass sich die Jugendlichen nicht an die gebotene Nachtruhe halten. Diese Use Cases bilden zusammen ein *Epic*. Thema des bisherigen Epics ist es „Störungen in der Nachschicht" zu bearbeiten. Die Nachtschicht kann auch ganz regulär ohne Störungen verlaufen, sodass auch anderen User-Storys und Use-Cases, das Epic „genereller Ablauf der Nachtschicht" entsteht. Gemeinsam bilden Sie das Thema „Nachtschicht". Im Überblick lautet die Lösung folgendermaßen:

- Themes: Nachtbereitschaft
- Epics: 1. Störungen in der Nachtschicht; 2. Genereller Ablauf der Nachtschicht
- Use Cases: 1.1 Jugendliche kommen nicht zur vereinbarten Zeit in die Wohngruppe; 1.2 Jugendliche halten sich nicht an die Nachtruhe
- User Stories: 1.1.1 Jugendliche kommt zu spät nach Familienbesuch am Sonntag, 1.1.2 Jugendliche ist mit Freunden unterwegs, um 21.00 Uhr noch nicht in der Wohngruppe, vereinbart war 19.00 Uhr

Musterlösung zu Scrum oder Kanban – was eignet sich?

Scrum	Kanban
Iterationen (Sprints) in fest definierten und geplanten Zeitrahmen	Iterationen sind optional
• Für alle Projekte schwer umzusetzen. Ein Sprint beinhaltet, dass das Projektteam keine anderen Aufgaben übernimmt und von Linienaufgaben befreit ist. Das erscheint für die vorgestellten Projekte wenig realistisch.	• Dies kommt den Projekten des Zentrums sehr entgegen. Eine ständige Anpassung der Teilziele kann wie beim Qualitätsmanagement geboten sein, für die Jubiläumsfeier ist es unpassend. Kanban bietet hier Flexibilität.
Begrenzung der Arbeitsmenge durch den Sprintplan (Ergebnis aus dem Sprint Planning) und die Sprintlänge	Begrenzung der Arbeit durch ein WIP-Limit (WIP = Work in Progress)
• Ein Sprint dient dazu, ein Teilergebnis zu liefern und das Teilergebnis mit den Auftraggebern abzusprechen. Ständig die Kundenanforderungen anzupassen, wäre ggf. noch beim Qualitätsmanagement möglich, bei allen anderen Maßnahmen ist es eher nicht vorstellbar. Eine ständige Vorstellung der Teilergebnisse bei Zielgruppen oder beim Jugendamt würde die Parteien überfordern. Gerade bei der Jubiläumsfeier ist zudem das Ziel	• Dies ist in den Projekten des Zentrums sehr gut möglich. Die Aufgabenmenge wird durch die zur Verfügung stehende Zeit begrenzt. Das lässt sich bei allen Projekten umsetzen, eignet sich aber insbesondere für das Qualitätsmanagement. Eher unflexibel und nicht ganz so gut geeignet für die Jubiläumsfeier, die das Ziel zu einem festen Zeitpunkt erreichen muss.

sehr klar definiert, Scrum ist daher eher ungeeignet.	
Arbeit muss so heruntergebrochen werden, dass sie in einem Sprint fertiggestellt werden kann • Wenn Teilergebnisse nicht zielführend sind, entfällt auch das Herunterbrechen der Arbeit	Keine Größe der „Arbeitshappen" vorgegeben • Die Menge an zu erledigender Arbeit ist über den Faktor „Arbeitszeit" limitiert. Somit kann ein Arbeitspaket flexibel groß ausgestaltet werden. Gleichzeitig sollen nicht zu viele Aufgaben zeitgleich erledigt werden. Dieser Grundgedanke ist bei allen Projekten umsetzbar.
Schätzen ist vorgeschrieben • Wenn Projekte von externen Geldgebern finanziert sind, muss der Ressourcenverbrauch an Zeit und Geld explizit kalkuliert sein. In der Regel wird er sehr konkret geschätzt.	Schätzen ist optional • Wenn Projekte von externen Geldgebern finanziert sind, muss der Ressourcenverbrauch an Zeit und Geld explizit kalkuliert sein. In der Regel wird er sehr konkret geschätzt. Eine Option ist dies nicht, sondern aufgrund der Verwendung öffentlicher Mittel Pflicht.
Das Sprint Backlog gehört einem spezifischen Team • Ein festgeschriebenes Team mit einer Aufgabe zu versorgen wäre möglich	Ein Kanban-Board kann von mehreren Teams oder individuellen Mitarbeitern geteilt werden • Das Kanban-Board visualisiert zu erledigende Aufgaben und kann in allen Projekten genutzt werden.
Scrum schreibt drei Rollen vor: Product Owner, Scrum Master, Development Team • Arbeit ohne Projektleitung ließe sich umsetzen, sofern die Verantwortlichkeit „Product Owner" klar geklärt ist.	Kanban schreibt keine Rollen vor • Theoretisch kann ein Projekt auch ohne klare Rollen funktionieren, was es in der Sozialen Arbeit auch oft genug tut. Es bleibt aber schwierig, dann Verantwortlichkeiten festzulegen, weshalb davon abgeraten wird. Zumindest die Projektleitung muss definiert werden.
Ein Scrum-Board oder Task-Board (auf dem die Aufgaben in einem Sprint mitverfolgt werden) wird zwischen jedem Sprint zurückgesetzt. Es bildet nur den jeweiligen Sprint ab. • Da die wenigsten Projekte ständig die Anforderungen ändern, macht ein zurücksetzen keinen Sinn. Gerade die Jubiläumsfeier z. B. erfordert eine kontinuierliche Weiterarbeit, bis das Ziel erreicht ist.	Ein Kanban-Board ist persistent; der Inhalt bleibt erhalten (Es sei denn, er wird bewusst archiviert oder entfernt) • Diese Methode ist für die Projekte des Zentrums anwendbar. So bleibt immer deutlich, welche Aufgaben bereits erledigt sind und an welchen noch gearbeitet werden soll.
Scrum schreibt ein priorisiertes Product Backlog vor • Diese Product Backlogs können auch für die Soziale Arbeit hilfreich sein, um Anforderungen der Zielgruppe zu identifizieren und Ziele zu definieren. Dies bietet sich bei allen Projekten an.	Bei Kanban ist Product Backlog optional • Wie bereits erwähnt, ist die Methode bei den Projekten gut einsetzbar. Es geht aber auch ohne Product Backlogs, wenn Ziele klar formuliert werden können.

Insgesamt lässt sich feststellen, dass Scrum für die Projekte des Zentrums kaum geeignet erscheint. Eine Freistellung mehrerer Mitarbeitenden nur für das Projekt wird in den seltensten Fällen erfolgen. Zudem haben wir es wenig mit der inkrementellen Entwicklung von Produkten zu tun. Das Kanban-Board mit seiner Fokussierung auf wenige, aber klare Aufgaben scheint hier sinnvoller einsetzbar. Letztlich wird eine Kombination von klassischen und agilen Methoden, wie der

Einsatz des Kanban-Boards, Product Backlogs usw. eine realistische Möglichkeit sein, Projekte in der Sozialen Arbeit zu verwirklichen.

Musterlösung zu digitalen Werkzeugen
Digitale Werkzeuge sind vor allem dann sinnvoll, wenn die Personen Dokumente teilen wollen. Dokumente, die von allen eingesehen werden können, wie etwa Prozessbeschreibungen, sind im Qualitätsmanagement elementar. Es macht also Sinn, diese digital so abzulegen, dass jede Beteiligte darauf Zugriff hat.

Neben geteilten Dokumenten kann auch das Projektmanagement selbst digital unterstützt werden. Das ist vor allem dann sinnvoll, wenn die Arbeitsplätze zeitlich und räumlich verteilt sind und man sich nicht problemlos auf Zuruf absprechen kann. Zu erledigende Arbeitspakete und deren Stand der Bearbeitung können digital erfasst werden. Dies nutzt auch dem Controlling. So kann der Bearbeitungsstand überprüft und auf Meilensteine geachtet werden.

Literatur

Benkhofer, S., Esswein, W., Hülsbeck, M., Krippendorff, T., Liebens, P., & Mandel, C. (2019). *Projektmanagement nach DIN ISO 21500:2016-02*. Schäffer-Poeschel.
Dechange, A. (2020). *Projektmanagement – Schnell erfasst*. Springer. https://doi.org/10.1007/978-3-662-57667-0.
Kusay-Merkle, U. (2018). *Agiles Projektmanagement im Berufsalltag: Für mittlere und kleine Projekte*. Springer Gabler. https://doi.org/10.1007/978-3-662-56800-2.
Kuster, J., Bachmann, C. & Huber, E. (2019). *Handbuch Projektmanagement: Agil – klassisch – hybrid* (4. überarb. Aufl.). Springer Gabler.
Kuster, J., Bachmann, C., Huber, E., Hubmann, M., Lippmann, R., Schneider, E., Schneider, P., Witschi, U., & Wüst, R. (2019). *Handbuch Projektmanagement*. Springer. https://doi.org/10.1007/978-3-662-57878-0.
Patzak, G., & Rattay, G. (1998). *Projekt-Management: Leitfaden zum Management von Projekten, Projektportfolios und projektorientierten Unternehmen* (3. Aufl.). Linde.
Preußig, J. (2015). *Agiles Projektmanagement: Scrum, User Stories, Timeboxing & Co.* Haufe-Lexware.
Preußig, J. (2018). *Agiles Projektmanagement: Agilität und Scrum im klassischen Projektumfeld*. Haufe.
Ries, A. (2019). *Projektmanagement Schritt für Schritt: Arbeitsbuch*. UVK.
Timinger, H. (2017). *Modernes Projektmanagement: Mit traditionellem, agilem und hybridem Vorgehen zum Erfolg*. Wiley.
Willkommer, J., & Storz, S. (2017). *Modernes (Projekt-)Management: Scrum, Kanban, Management 3.0 & Co.: das Whitepaper für Entscheider*. TechDivision GmbH.
Wolter, O. & Sommerhoff, B. (2019). *Agiles Qualitätsmanagement*. Hanser. https://doi.org/10.3139/9783446457607.

Zusammenfassung und Ausblick 10

Das Buch bietet einen grundsätzlichen Überblick über klassisches Projektmanagement und bietet der Zielgruppe Studierende und Praktiker*innen einen Einblick in Methoden und Verfahren. Projekte sind Maßnahmen, die zeitlich befristet sind, mit definierten Ressourcen und einem abgrenzbaren Ziel. Das Buch macht deutlich, wie Projektmanagement üblicherweise aufgebaut ist, wie Projekte geplant, durchgeführt und abgeschlossen werden.

Ziel des Buches ist es vor allem Studierenden und Praktiker*innen in der Sozialen Arbeit einen Überblick über Projektmanagement zu geben, Methoden vorzustellen und die Anwendung in der Sozialen Arbeit zu ermöglichen. Die Gliederung folgt dabei dem klassischen Projektaufbau.

Ein Projekt beginnt mit dem Projektstart und Projektauftrag. Dort werden die wesentlichen Ergebnisse als Ziele definiert, Teilaufgaben und Arbeitspakete definiert, mit Verantwortlichkeiten versehen und terminiert.

In der Phase der Projektplanung werden Methoden der Aufgaben- und Ablaufplanung angewendet. Die verschiedenen Planungstools werden gebündelt. Zudem wird die Finanzierung von Projekten vor allem im sozialen Bereich thematisiert.

Während der eigentlichen Durchführung wird die Kommunikation mit wichtigen Stakeholdern nochmal in den Mittelpunkt gerückt, aber auch, wie mit Abweichungen umgegangen werden soll. Projektcontrolling kommt als wesentliches Steuerungsinstrument ins Spiel.

Zu guter Letzt müssen Projekte aber auch systematisch abgeschlossen und evaluiert werden. In einem Projektreview werden Erkenntnisse für Nachfolgeprojekte und Fördermittelgeber gesichert.

Im Buch stehen vor allem klassische Projektmanagementtools im Fokus. Aber auch agile Methoden des Projektmanagements werden erläutert. Hier wird vor allem berücksichtigt, dass bestimmte Projekte kein klar definiertes Ziel haben können, dafür aber die Zeit oder Ressourcen wie die aufzuwendende Arbeitszeit klar beschränkt sind.

Anhand des Zentrums für Kindheit und Jugend e. V. werden Projekte aus der Sozialen Arbeit auch praktisch vorgestellt. Alle diese Techniken und Methoden werden anhand der drei möglichen Projekte dieser Organisation vorgestellt. Die drei Projekte mit unterschiedlichem Komplexitätsgrad und unterschiedlicher Projektdauer sind die Einführung von Qualitätsmanagement, die Einführung neuer freizeitpädagogischer Angebote und die Planung und Durchführung einer Jubiläumsfeier.

Inhaltliche Ergänzungen finden sich durch die Themenfelder „Team" und „Lernen". Das Projektteam und die Rolle der Projektleitung werden ebenso thematisiert wie Aspekte des Lernens und der Wissenssicherung.

Im Buch werden also einerseits wesentliche Methoden des Projektmanagements vorgestellt, diese aber auch gleichzeitig auf konkrete Maßnahmen in der Sozialen Arbeit übertragen. Im Mittelpunkt stehen neben den Fakten zum Projektmanagement die Fragen zu den einzelnen Kapiteln und insbesondere die dazugehörigen Musterlösungen, die dazu dienen, nochmal den Wissensstand überprüfen zu können.

Literatur

Antes, W. (2014). *Projektarbeit für Profis: Praxishandbuch für moderne Projektarbeit* (3. Aufl.). Beltz Juventa.
Bär, C., Fiege, J., & Weiß, M. (2017). *Anwendungsbezogenes Projektmanagement*. Springer. https://doi.org/10.1007/978-3-662-52974-4.
Bea, F. X., Scheurer, S., & Hesselmann, S. (2020). *Projektmanagement* (3. überarb. Aufl.). UTB GmbH; UVK.
Belbin, M. (1993). *Team roles at work* (2. Aufl.). Butterworth-Heinemann.
Belbin, R. M. (2004). *Management teams: Why they succeed or fail* (2. Aufl.). Elsevier/Butterworth-Heinemann.
Benkhofer, S., Esswein, W., Hülsbeck, M., Krippendorff, T., Liebens, P., & Mandel, C. (2019). *Projektmanagement nach DIN ISO 21500:2016-02*. Schäffer-Poeschel.
Boos, M., Hardwig, T., & Riethmüller, M. (2017). *Führung und Zusammenarbeit in verteilten Teams*. Hogrefe Verlag. http://sub-hh.ciando.com/book/?bok_id=2245722.
Buchinger, K. (2009). Teamarbeit und der Nutzen der Gruppendynamik für heutige Organisationen. In P. Heintel (Hrsg.), *Schriften zur Gruppen- und Organisationsdynamik. betrifft* (S. 91–125). Springer Fachmedien.
Dalkir, K. (2011). *Knowledge management in theory and practice* (2. Aufl.). MIT.
Dechange, A. (2020). *Projektmanagement – Schnell erfasst*. Springer. https://doi.org/10.1007/978-3-662-57667-0.
Dehnbostel, P. (2018). Beruf und informelles Lernen. In M. Harring, M. D. Witte, & T. Burger (Hrsg.), *Handbuch informelles Lernen: Interdisziplinäre und internationale Perspektiven* (2. Aufl., S. 426–439). Beltz Juventa.
Diethelm, G. (2001). *Projektmanagement. Betriebswirtschaft in Studium und Praxis*. Verlag Neue Wirtschafts-Briefe.
Diethelm, G., & Bernard, T. (2000). *Projektmanagement. Betriebswirtschaft in Studium und Praxis*. Verlag Neue Wirtschafts-Briefe.
Drews, G., Hillebrand, N., Kärner, M., Peipe, S., & Rohrschneider, U. (2016). *Praxishandbuch Projektmanagement* (2. Aufl.). Haufe.

Gareis, R. (2005). *Happy projects!: Project and programme management, project portfolio management, management of the project-oriented organization, management in the project-oriented society; new theories, models, best practices, case studies*. MANZ.

Glatz, H., & Graf-Götz, F. (2011). *Handbuch Organisation gestalten: Für Praktiker aus Profit- und Non-Profit-Unternehmen, Trainer und Berater*. Beltz.

Greving, H. (2008). *Management in der sozialen Arbeit. Kernkompetenzen soziale Arbeit und Pädagogik*. Klinkhardt.

Heinrich, M. (2002). Gruppenarbeit: Theoretische Hintergründe und praktische Anwendungen. In H. Kasper, & W. Mayrhofer (Hrsg.), *Personalmanagement, Führung, Organisation* (3. Aufl., S. 289–333). Linde.

Kamiske, G. F. (Hrsg.). (2015). *Handbuch QM-Methoden: Die richtige Methode auswählen und erfolgreich umsetzen*. Hanser.

Kerth, K., Asum, H., & Stich, V. (2015). *Die besten Strategietools in der Praxis: Welche Werkzeuge brauche ich wann?; Wie wende ich sie an?; Wo liegen die Grenzen?* (6. überarb. Aufl.). Hanser.

Kolhoff, L. (2020). *Projektmanagement* (2. überarb. Aufl.). Nomos.

Kraus, G. & Westermann, R. (2019). *Projektmanagement mit System*. Springer.

Kusay-Merkle, U. (2018). *Agiles Projektmanagement im Berufsalltag: Für mittlere und kleine Projekte*. Springer Gabler. https://doi.org/10.1007/978-3-662-56800-2.

Kuster, J., Bachmann, C., & Huber, E. (2019). *Handbuch Projektmanagement: Agil – klassisch – hybrid* (4. überarb. Aufl.). Springer Gabler.

Kuster, J., Bachmann, C., Huber, E., Hubmann, M., Lippmann, R., Schneider, E., Schneider, P., Witschi, U., & Wüst, R. (2019). *Handbuch Projektmanagement*. Springer. https://doi.org/10.1007/978-3-662-57878-0.

Litke, H.-D., Kunow, I., & Schulz-Wimmer, H. (2015). *Projektmanagement* (3. überarb. Aufl.). Haufe.

Madauss, B.-J. (2000). *Handbuch Projektmanagement: Mit Handlungsanleitungen für Industriebetriebe, Unternehmensberater und Behörden* (6. überarb. Aufl.). Schäffer-Poeschel.

Madauss, B.-J. (2017). *Projektmanagement*. Springer. https://doi.org/10.1007/978-3-662-54432-7.

Meyer, H., & Reher, H.-J. (2016). *Projektmanagement: Von der Definition über die Projektplanung zum erfolgreichen Abschluss*. Springer Gabler. https://doi.org/10.1007/978-3-658-07569-9.

Michels, B. (2015). *Projektmanagement Handbuch: Grundlagen mit Methoden und Techniken für Einsteiger*. Benjamin Michels Self Publishing.

Miebach, B. (2017). *Handbuch Human Resource Management: Das Individuum und seine Potentiale für die Organisation*. Springer. https://doi.org/10.1007/978-3-658-10239-5.

Millner, R., & Majer, C. G. (2013). Projekt- und Prozessmanagement. In R. Simsa, M. Meyer, & C. Badelt (Hrsg.), *Handbuch der Nonprofit-Organisation* (S. 335–375). Schäffer-Poeschel.

Mittelmann, A., & Della Schiava, M. (2019). *Wissensmanagement wird digital*. BoD – Books on Demand.

Moos, G. (2014). Risikomanagement. In U. Arnold, K. Grunwald, & B. Maelicke (Hrsg.), *Lehrbuch der Sozialwirtschaft* (4. Aufl., S. 733–742). Nomos.

Moos, G., & Peters, A. (2015). *BWL für soziale Berufe: Eine Einführung* (2. überarb. Aufl.). Reinhardt.

Nagel, G. (1999). *Wagnis Führung: 365 Tage aus dem Leben eines Change-Managers*. Hanser.
Patzak, G., & Rattay, G. (1998). *Projekt-Management: Leitfaden zum Management von Projekten, Projektportfolios und projektorientierten Unternehmen* (3. Aufl.). Linde.
Peipe, S. (2018). *Crashkurs Projektmanagement: Grundlagen für alle Projektphasen* (7. Aufl.). Haufe.
Possehl, K. (2014). *Management in sozialen Organisationen: Leitung von Teams und teilautonomen Arbeitsgruppen: Theoretische Grundlagen und 12 Fallbeispiele aus der Sozialen Arbeit*. Peter Lang GmbH Internationaler Verlag der Wissenschaften. https://doi.org/10.3726/978-3-653-04460-7.
Prenzel, T. (2016). *Projektentwicklung mit System: Von der Idee zum fertigen Konzept: Planung, Organisation, Projektantrag* (2. überarb. Aufl.). Wochenschau Verlag.
Preußig, J. (2015). *Agiles Projektmanagement: Scrum, User Stories, Timeboxing & Co*. Haufe-Lexware.
Preußig, J. (2018). *Agiles Projektmanagement: Agilität und Scrum im klassischen Projektumfeld*. Haufe.
Projekt Management Austria – PMA. (Hrsg.) (2020). *Standard Projekthandbuch*. https://www.pma.at/de/service/downloads. Zugegriffen: 15. Dez. 2020.
Ries, A. (2019). *Projektmanagement Schritt für Schritt: Arbeitsbuch*. UVK.
Sagmeister, M. (2019). Situiertes Lernen: Informelles Lernen am Arbeitsplatz in der Community of Practice. In M. W. Fröse, B. Naake, & M. Arnold (Hrsg.), *Perspektiven Sozialwirtschaft und Sozialmanagement. Führung und Organisation: Neue Entwicklungen im Management der Sozial- und Gesundheitswirtschaft* (S. 417–432). Springer VS.
Schawel, C., & Billing, F. (2009). *Top 100 management tools: Das wichtigste Buch eines Managers* (2. überarb. Aufl.). Gabler.
Schellberg, K. (2018). Finanzierung in der Sozialwirtschaft. In K. Grunwald, & A. Langer (Hrsg.), *Sozialwirtschaft : Handbuch für Wissenschaft und Praxis* (S. 499–513). Nomos.
Schober, C., Rauscher, O., & Millner, R. (2013). Evaluation und Wirkungsmessung. In R. Simsa, M. Meyer, & C. Badelt (Hrsg.), *Handbuch der Nonprofit-Organisation* (S. 451–470). Schäffer-Poeschel.
Schreckeneder, B. C. (2005). *Projektcontrolling: Projekte überwachen, steuern und präsentieren* (2. überarb. Aufl.). Haufe.
Steinmann, H., & Schreyögg, G. (2002). *Management: Grundlagen der Unternehmensführung; Konzepte, Funktionen, Fallstudien* (5. Aufl.). *Gabler-Lehrbuch*. Gabler.
Stöger, R. (2019). *Wirksames Projektmanagement: Mit dem Project Model Canvas zu Resultaten* (4. überarb. Aufl.). Schäffer-Poeschel.
Stöger, R., & Salcher, M. (2006). *NPOs erfolgreich führen: Handbuch für Nonprofit-Organisationen in Deutschland, Österreich und der Schweiz*. Schäffer-Poeschel.
Sturzenhecker, M., Amerein, B., & Andrä, R. (2019). *Sozialmanagement: Organisation, Leitung und Management sozialer Einrichtungen*. Verlag Europa-Lehrmittel Nourne.
Timinger, H. (2017). *Modernes Projektmanagement: Mit traditionellem, agilem und hybridem Vorgehen zum Erfolg*. Wiley.
Tuckman, B. W. (1965). Developmental Sequence in Small Groups. *Psychological bulletin*, *63*, 384–399. https://doi.org/10.1037/h0022100.
Tuckman, B. W., & Jensen M. A. (1977). *Phasen der Entwicklung in Kleingruppen. Gruppen- und Organisationsstudien*, *2*(4), 419–427. https://doi.org/10.1177/105960117700200404.

Tynjälä, P. (2008). Perspectives into learning at the workplace. *Educational Research Review, 3*, 130–154.

Wageman, R., Fisher, C. M., & Hackman, J. R. (2009). Leading teams when the time is right. *Organizational Dynamics, 38*(3), 192–203. https://doi.org/10.1016/j.orgdyn.2009.04.004.

Willkommer, J., & Storz, S. (2017). *Modernes (Projekt-)Management: Scrum, Kanban, Management 3.0 & Co.: das Whitepaper für Entscheider*. TechDivision GmbH.

Wolf, R. (2000). Methoden zur Zielformulierung in Projekten(6), 1–6. https://www.projektmagazin.de/artikel/methoden-zur-zielformulierung-projekten_426. Zugegriffen: 15. Dez. 2020.

Wolter, O., & Sommerhoff, B. (2019). *Agiles Qualitätsmanagement*. Hanser. https://doi.org/10.3139/9783446457607.

Wurster, M., Prinzessin von Sachsen-Altenburg, M., & Küstenmacher, W. T. (2015). *Helden gesucht: Projektmanagement im Ehrenamt*. Springer Gabler. https://doi.org/10.1007/978-3-662-43923-4.

The manufacturer's authorised representative in the EU is Springer Nature Customer Service Centre GmbH, Europaplatz 3, 69115 Heidelberg, Germany. If you have any concerns regarding our products, please contact ProductSafety@springernature.com

Printed and bound by CPI Group (UK) Ltd, Croydon, CR0 4YY

25/03/2026

02078226-0003